인문학의 미래

FUTURE OF THE HUMANITIES:
Teaching Art, Religion, Philosophy, Literature and History
by Walter Kaufmann
Introduction by Saul Goldwasser

인 문 학 의   미 래

비전을 만드는 인문학, 가르치고 배우기

월터 카우프만

박중서 옮김

반비

인문학에 대한 내 첫사랑을
일깨워주신 분들께 이 책을 바친다.

우리 부모님께,
그리고
우리 어머니의 아버지께.

일러두기
1. 옮긴이 주석은 각주로, 개정판 서문의 원저자 주석은 후주로 달았다.
2. 옮긴이가 추가한 내용은 대괄호([ ])로 표시했다.
3. 본문 중에 인용된 문헌의 번역은 모두 이 책의 옮긴이가 옮긴 것이다.

차례

서론 9

1장 네 가지 종류의 정신 25

2장 읽기의 기술 91

3장 서평의 정치학, 번역과 편집의 윤리학 143

4장 고등 교육에서 종교의 위치 199

5장 선견은 가르칠 수 있다. 하지만…… 237

6장 학제 간 시대 275

감사의 말 315

개정판 서문(솔 골드워서) 319

해제|소크라테스적 질문을 되살리기 위한
브레이크는 어디에?(조형근) 342

옮긴이의 말|21세기에 다시 묻는 인문학의 미래(박중서) 348

찾아보기 357

서론

1

인문학이 표류하고 있다. 나는 인문학이 어느 곳으로 표류할지 예견하려는 것은 전혀 아니다. 내 목표는 인문학의 미래를 예언하려는 것이 아니라, 오히려 인문학의 미래에 영향력을 발휘하려는 것이다.

인문학의 슬픈 상황은 우리 모두의 중요한 관심사가 되어야 마땅하다. 물론 인문학을 가르치고 연구하는 사람들 대다수가 하는 일은 비전문가들에게는 거의 관심의 대상이 아니게 마련이다. 실제로 가르치고 간행하는 내용의 상당 부분은 굳이 배우거나 읽을 만한 가치가 없는 것이다. 따라서 상당수의 학생이 대학은 시간 낭비일 뿐이라고 판단하는 것이라든지, 상당수의 학부모가 대학은 돈 낭비가 아닐까 하고 의구심을 갖는 것도 딱히 놀라운 일은 아니다. 하지만 할 수 있는 일과 실제로 하는 일 사이에는 분명히 차이가 있다.

그 차이는 오로지 인문학의 가치 평가에만 중요한 것도 아니다. 그것은 인류에 전적으로 중요하다. 우리는 우리가 할 일에 대해서, 우리의 목표에 대해서 반드시 숙고해야 한다. 인문학은 바로 이에 관한 내용이 되어야 마땅하다. 비록 대부분 (특히 인문학 분야의) 교사와 학생은 이를 미처 깨닫지 못한 것 같지만 말이다.

인문학은 심각한 문제를 겪고 있다. 고등 교육 관련 사업을 하는 사람들은 뭔가 조치를 할 필요가 있다는 데에 동의한다. 하지만 정작 무엇이 잘못되었는지에 관한, 그리고 목표에 관한 논의는 여전히 불충분하다. 내 목표는 이에 대한 진단을 제공하는 한편, 인문학을 어떻게 가르치고 왜 가르쳐야 마땅한지에 대한 견해를 제공하는 것이다. 이 과정에서 오늘날 위기에 처해 있는 것은 다름 아닌 인류의 미래임이 명백해져야 할 것이다.

그렇다면 '인문학'이란 정확히 무엇인가? 그리고 인문학의 상황이 걱정스럽다는 것은 정말로 사실인가? 이런 질문들에 대해서는 처음부터 간략하게 답변해야 한다.

종교와 철학, 미술과 음악, 문학과 역사라는 여섯 가지 큰 분야를 통틀어 '인문학'이라고 종종 지칭한다. 이 가운데 처음 네 가지의 경우, 단과 대학과 종합 대학에서는 보통 서로 다른 학과에서 연구하는 반면, 문학은 (예를 들어 영어나 로망어처럼) 언어나 언어군 한 가지씩을 다루는 여러 학과에서 연구한다. 이 여섯 가지 분야는 자연과학 및 사회과학과 대조된다. 인문학은 과거에만 해도 더 위신이 높다고 간주되었지만, 2차 대전 이후로는 자연과학이 가장 큰 위신과 재정 지원을 얻게 되었으며, 사회과학도 그에 비견할 만한 성취까지는 아니더라도 '과학적'이라는 이유에서 일종의 반사적 영광을 얻고 있다. 여러 역사가들도 인문학자라기보다는 사회과학자로 간주되며,

다른 '인문학' 학과의 여러 교수들도 마찬가지다. 이것이야말로 인문학이 직면한 여러 가지 문제 가운데 하나다.

또 한 가지 문제는 1970년대에야 대두했지만, 실제로는 훨씬 더 위협적이다. 인문학 분야에서 박사 학위를 받은 젊은이들이 교사로서 일자리를 찾기가 갑자기 거의 불가능해진 것이다. 여기에는 주로 두 가지 이유가 있다. 첫째는 1940년대의 출생률 급증이(즉 베이비 붐이) 지속되지 않았기 때문이다. 그로 인해 1960년대 내내 이루어진 단과 대학과 종합 대학의 급속한 성장이 갑작스레 중단되고 말았다. 한때는 교사가 부족했기 때문에 훌륭한 대학원생이라면 박사 학위 과정을 다 마치지도 않은 상태에서 높은 봉급을 주겠다는 초빙 제안을 받았지만, 그 시기가 지나자 새로운 기회가 생기지 않았다. 둘째로 지난 사반세기 동안 워낙 많은 자리가 (종신 재직권을 부여하는 교수 직위도 포함해서) 젊은 사람들로 채워졌기 때문에, 은퇴로 생기는 빈자리가 드물어졌기 때문이다. 이 두 가지 결과는 예측하기 쉬운 편이었지만, 그럼에도 기성 학계를 급습했으며 대학원들은 이처럼 변화된 상황에 극도로 느리게 적응했다.

비교적 최근인 1961년에 카네기 교육진흥재단(Carnegie Foundation for the Advancement of Teaching)의 전직 이사장이 내놓은 『대학원 교육(*Graduate Education*)』이라는 저서를 보면, 핵심 문제는 대학이 1970년대의 필요를 충족시킬 만큼 충분히 많은 박사 학위 소지자를 내놓지 못하는 것이라는 주장이 나온다! 이 저자는 "사실 확인 차 40여 개 종합 대학을 방문했다."고 주장하면서, "박사 학위 소지자의 부족 현상 증대" 운운하는 장(章)에 각종 수치(數値)를 잔뜩 집어넣어 두었다.(이

11

것 역시 과학의 위신을 보여주는 증상이다.) 하지만 1975년에만 해도 미국에는 철학 분야 교사 일자리를 찾지 못한 박사 학위 소지자가 무려 2000명에 달했으며, 이런 문제는 전 세계에 걸쳐 일어났다.

1976년 2월 4일자 《뉴욕 타임스》(38면) 기사를 보면, "미국 노동통계국 산하 인력 및 직업 전망 부서의 가장 최근 수치에 따르면, 1972년부터 1985년까지 …… 예술 및 인문학 분야 박사 졸업자의 전망은 암울할 것으로 추산되는데 …… 졸업자가 7만 9600명인 데 비해 이용 가능한 직위는 1만 5700개에 불과하다." 결국 80퍼센트 이상이 자기가 훈련받은 분야의 일자리를 찾으리라고 기대할 수 없다는 뜻이다.

이 상황이 예술과 인문학 분야에서 특히나 심각한 까닭은, 이들 분야의 박사 학위는 단과 대학과 종합 대학에서의 교사 경력을 위한 인증 기능 이외에는 다른 기능이 없기 때문이다. 반면 박사 학위를 얻은 과학자라면 교사 경력 이외에도 다른 선택지, 심지어 더 수지맞는 선택지를 갖게 마련이다. 어쩌면 현재의 박사 학위 소지자 잉여 인력을 이용해서 중등학교 교육을 향상하는 방안을 생각할 사람도 있을 것이다. 하지만 출생률 저하는 결국 이 층위에서도 마찬가지로 기회가 거의 없음을 뜻한다. 나아가 이런 혁신은 거꾸로 박사 학위가 없는 젊은이들의 중요한 직업 기회를 닫아버리고 말 것이다. 게다가 지금 가르치는 방식대로 인문학을 가르치는 한 중등 교육을 진정으로 향상하지도 못할 것이다. 박사 학위 소지자 대부분은 비전문가 10대 학생을 가르칠 준비가 전혀 되어 있지 않기 때문이다.

결국 인문학 대학원 과정 대부분은 크게 줄어야 한다는 결론이 도출된다. 상당수의 과정은 (가급적 가장 덜 두드러진 것들부터) 완전히 포기되어야 할 것이며, 교수 대부분은 학부생에게 더 많은 관심을 가져야 할 것이다. 그리고 인문학 교육은 재고되어야 할 것이다.

물론 자연과학과 사회과학도 이렇게 상황을 면밀히 검토해본다면 유익을 얻을 것이다. 이뿐만 아니라 우리의 교육 문제는 중등학교 및 초등학교 층위에서부터 또는 그보다 더 먼저 우리의 가정 및 문화 환경에서부터 시작된다. 만약 대학에 들어오는 학생이 지금보다 훨씬 더 잘 준비되어 있다면, 고등교육의 전망은 더 밝을 것이다. 하지만 인문학만이 아니라 자연과학과 사회과학까지 다루는, 또는 단과 대학과 종합 대학뿐만 아니라 초등학교와 고등학교까지 다루는 서적이라면, 어마어마하게 길거나 대책 없이 피상적일 수밖에 없을 터이다. 내가 이 책에서 다루고자 하는 분야는 충분히 넓으며, 심지어 지금도 나는 (예를 들어, 내가 좋아하기는 하지만 정작 절반도 교육을 받아보지 못한 분야인) 음악에 대한 지식 부족으로 인해 약점을 느끼고 있는 실정이다. 사회과학에서 어느 부분이 허위이고 어느 부분이 유익한지를 판단하는 것은 워낙 큰일이기 때문에 다른 누군가가(가급적 사회과학자가) 해야 마땅할 것이다. 게다가 대학 진학 이전 시기에 무슨 일을 할 수 있느냐 하는 것은 워낙 중요한 질문이기 때문에, 현재의 맥락에서 간략하게 고려될 수는 없다. 반면 간략함의 미덕이란 것도 있으므로, 이를 염두에 두고서 나는 이 책에 언어 교육이나 창작 예술을 포함하지는 않았다. 양쪽 모두 위에서 언급한 여섯 가지 주요 분야의 연구와는 상당히 다른 문제를 제기하고 있기 때문이다. 반면 위에서 언급한 여섯 가지는 유사한 문제를 겪고 있으며, 이 여섯 가지의 교육을 제공하는 이유는 대개 똑같다. 따라서 이 여섯 가지를 통틀어 '인문학'이라고 간주하는 것이 이치에도 맞는 것이다.

오래전에 교육에 관한 최초의 주요 저술에서 플라톤은 우리가 지속되는 문제를 다루면서도 여전히 구체적으로 될 수 있음을 보여주었다. 나는 더 큰 질문들에 관심이 있지만, [이 책에서는] 내내 구체적이고자 했고, 심지어 (플라톤도 했던 것처럼) 강의에 대한 구체적인 제안을 내놓는 선까지 가려고 노력했다. 이 모든 사례에서 나는 한 학기가 10주로 이루어져 있다고 가정했다. 상당수의 학교에서는 한 학기가 이보다 더 긴데, 그렇다면 더 많은 것을 할 수 있을 터이니 오히려 좋은 일일 것이다.

추상성을 회피하는 또 한 가지 방법은 (예를 들어, 1장에서 네 가지 종류의 정신을 구분할 때에 했던 것처럼) 실례를 제시하고 이름을 거론하는 것이다. 물론 특정인을 굳이 어떤 유형으로 분류하지 않기가 더 편하기는 하다. 어떤 저자가 특정인을 언급하는 바로 그 순간부터 그 저자를 겨냥한 반박이나 적이 나타날 가능성이 생기기 때문이다. 하지만 실제 인물을 다루어야만 비로소 유형이 구체화되게 마련이다. 설상가상으로 모든 사람이 똑같은 이름에 익숙하지는 않을 터이니, 상당수의 독자는 때때로 친숙하지 않은 이름을 마주하고 당황할 것이다. 혹시 이에 대해서 불편함을 느끼는 사람이 있다면 딱한 일이다. 독자로선 각자의 경험에서 딱 어울리는 실례를 찾아보는 것이 좀 더 적절할 것이다.

첫 번째 장에서는 곧바로 따라올 수 있는 것보다 더 많은 주제를 소개할 것이다. 주석을 덧붙임으로써 수선을 시도하는 대신, 이후의 여러 장에서 주요 주제를 발전시키고자 한다. 이 책은 여섯 장 전체가 한 덩어리이므로, 각 장을 따로 떼어놓고 바라보지 말고 전체적으로 바라보아야 한다.

따라서 이 책은 짧게 쓸 필요가 있었고, 그래서 나는 고등 교육을 다룬 방대한 문헌에 관한 논의를 한사코 피했다. 나는 반대와 대안을 고려하는 것의 중요성을 강조했고, 보통은 내가 설교하는 내용을 실천하기 위해서 노력했다. 이전에 간행한 저서에서 나는 종종 다른 학자들과 의견을 달리하는 이유를 설명하는 데에 상당한 공간을 할애하곤 했다. 하지만 이 책에서는 일관적인 견해를 매우 간략하게 내놓는 것, 그리하여 비교적 사소한 요점들의 논증 속에서 길을 잃는 법 없이 그 모두를 대번에 알아보도록 하는 것이 오히려 중요해 보인다.

마찬가지 이유에서 나는 지금 잘못된 것들의 사례를 더 많이 제시하고 싶은 마음을 억제했다. 비록 그런 사례가 이 책을 더 재미있게 만들 수도 있겠지만, 자칫하면 산만한 내용이 될 수도 있다. 대부분의 독자는 '각자가' 목격했던 여러 가지 함정을 문제없이 머릿속에 떠올릴 수 있을 것이다. 내 목표는 그 기나긴 함정의 목록에 내용을 더하려는 것이 아니라, 얼마나 많은 것들이 딱 맞아떨어지는지, 그리고 그것에 대해서 어떤 조치를 해야 하는지를 보여주려는 것이다.

인문학이 표류하고 있다. 뱃사공의 숫자야 충분한 정도 이상으로 많지만, 대부분의 교수와 학생은 목표에 대해서 거의 생각하지 않는다. 만약 인문학 분야의 사람들이 목표에 대해서 숙고하지 않는다면, 과연 누가 해야 한단 말인가?

일부 교수와 학생은 게임을 하느라 바쁘다. 더 많은 교수와 학생은 게임을 분석한다. 대부분의 교수와 학생은 게임에서 몇 수를 분석한다. 이나마 일부는 매우 잘하지만, 대부분은 그렇지도 않다. 하지만 그들의 활동의 요점에 관해서, 그들의 논문과 서적에 관해서, 그들의 강의나 연구에 관해서 물어보는 것은 무례하다고 간주한다.

이른바 지식이란 그 자체로 보상이라는 둥, 그리고 진리가 이끄는 곳 어디든지 따라간다는 둥 상투적 표현은 자칫 우선 순위라는 중대한 질문을 무시해버리고 만다. 지식이라고 해서 항상 동등한 보상을 내놓는 것은 아니다. 우리는 미국 부통령 후보로 나섰다가 낙선한 사람의 비서의 아버지에 관한 진실을 추구하기 위해 몇 년을 허비하라며 학생과 교수를 독려하지 않는다.(이제는 일부 학자가 실제로 연구하고 있지 않을 법한 주제의 사례를 생각해내는 것도 더 이상 쉽지 않은 지경이다.)

그 와중에 심지어 일부 종합 대학의 총장들은 여전히 인문학에 관해서 마치 '인문학적(humanistic)'과 '인도주의적(humanitarian)'이 동의어인 것처럼 말하고 있다. 비록 이 분야에서 이루어진 연구 가운데 상당수가 명백히 사소한 것이기는 하지만, 인문학이야말로 인류의 미래의 열쇠를 지니고 있으리라고 널리 여겨졌다. 하지만 지금 너무 흔히 나타나는 방식대로 가르칠 경우, 인문학은 단지 스스로가 들어갈 관(棺)의 열쇠를 지니고 있을 뿐이다.

목표를 생각하지 못하는 것이야말로 급속한 변화의 시대에는 위험한 일일 수밖에 없다. 항해에 대해서는 전혀 생각도 하지 않은 채 오랫동안 닻을 내리고 있었던 선박의 경우라면 목표에 관한 이야기야 없어도 그만일 것이다. 하지만 지속적인 움직임과 항상 변화하는 시야 속에 있는 선박의 경우라면 목표에 대해 생각하기를 거부함으로써 재난이 초래될 것이다.

인문학을 가르치는 이유는 최소한 네 가지다. 첫 번째 목표는 인류의 가장 위대한 업적의 보전과 육성이다. 그 정의상 인문학은 인류의 역사와 성취를 다룬다. 하지만 왜 우리가 과거의 업적에 신경을 써야 할까? 역사의 대부분은 전적으로 낙담스러우며, 인간의 우둔과 맹목과 잔혹에 관한 끝없는 이야기일 뿐이다. 하지만 이런 비참이 모두 무의미한 것은 아니다. 때때로 승리는 고통 가운데 최소한 몇 가지를 상쇄한다. 이 보기 드문 승리라는 귀중한 유산의 축복을 얻었음에도 이걸 향후 세대에게 전달하려 노력하지 않는다면, 우리는 인류의 배신자가 되고 말 것이다.

인문학을 가르치는 것은 숭배가 불러온 경건한 행위이지만, 그렇다고 해서 항상 과거만 바라보는 것은 결코 아니다. 또 우리는 그리스 비극, 렘브란트, 모차르트가 젊은이들을 인간답게 만드는 효과를 발휘하기 바란다. 이것은 단지 순진한 어리석음에 불과할까? 독일에서는 나치가 권력을 장악한 1933년 이전의 한 세기 동안 고전 연구가 번성했으며, 렘브란트와 모차르트도 널리 존경받았다. 결국 비인간적인 유미주의자는 비인간적인 인문학 교사만큼이나 흔하다고 볼 수 있겠다.

따라서 가르치는 내용만 중요한 것이 아니라, 가르치는 사람이며 가르치는 방법도 중요하다. 만약 비극 시인들과 렘브란트와 모차르트를 생생하게 되살려내서, 그들의 인간성뿐만 아니라 타인에 대한 그들의 종종 비범했던 감성까지 학생들 앞에 제시한다면, 학생들을 인간답게 만드는 효과도 그리 큰 바람은 아닐 것이다. 다만 이럴 경우에는 자칫 가르침이 설교로 축소되고, 학술성이 교화로 축소되고 마는 것일까? 나는 뒤에 나올 읽기의 기술에 관한 장과 번역에 관한 논의에서, 내가 선호하는 이 접근법이야말로 오늘날 이루어지는 대부분의 연구보다 훨씬 더 학술적이라는 점을 보여주기를 희망한다.

나는 위대한 작가나 예술가를 단지 그 해석자의 견해를 위한 대변자로 축소하는 그 어떤 접근법에도 강력하게 반대한다. 바로 이런 부적절한 습관이야말로 가장 설교적이고 지루한 이야기를 만들어내게 마련이다. 과거의 위대한 사람들을 생생하게 되살려내려면 그들과 그들의 다양성에 대한 존중이 필요하다. 학생들은 반드시 대안에 노출되어야만 한다.

3

인문학을 가르치는 두 번째 이유는 이 요점과 밀접한 관계가 있다. 철학과 종교, 문학과 예술은 삶의 목적과 인간 존재의 가능한 목표, 우리의 궁극적 목적을 어느 정도씩 다룬다. 하지만 이에 대한 올바른 답변이 이미 확실하게 계시되었을 뿐만 아니라 그 어떤 도전도 불허한다고 믿는 사람들이라면, 굳이 대안을 연구할 필요성을 전혀 느끼지 못할 것이다.

사실 대안에 관한 꾸준한 관심은 지금으로부터 2000년 전에 유대교 랍비들 사이에서 발전했는데, 이들은 계시된 답변을 믿기는 했지만, 한편으로 이와 경쟁하는 해석 역시 반드시 고려되어야 한다고 확신했다. 중세 학자들 역시 그런 선례를 따랐다. 당시 고려되었던 대안들조차도 오늘날의 인문학자라면 기꺼이 질문할 법하지만 그 당시에는 질문하지 않기로 한 합의에 맞아떨어졌다. 즉 대안의 물색조차도 충분히 멀리까지는 가지 않았다.

사려 깊은 사람이라면 목표를 숙고하고 대안에 관심을 기울여야 마땅하다. 이렇게 하지 못한다면, 우리는 합의의 포로가 되어서 그 합의를 경쟁자들과 비교하는 일은 전혀 없이 맹목적으로 복종하는 상태로 남아 있을 것이다. 인문학 연구는 정신을 해방하고 우리를 자율성에 더 가깝게 데려가기 위해서 (즉 대안에 눈이 열린 상태에서 운명적인 선택을 하기 위해서) 고안되어야 마땅하다.

인문학을 가르치는 사람들이 그 목적에 대한 질문에 직면하기를 거부하는 상황은 우리 예상보다 더 심각하다. 그 어느 때보다도 더한 전문화를 통해서 안정과 확실성을 추구하게 된 반면, 목표와 목적에 대한 고려는 업신여김을 당했고, 이 중요한 고려가 학계에서 그 안식처를 잃게 되었다. 사실상 학생들은 맹목적으로, 즉 대안에 대해서 눈을 감은 채로 가장 중요한 선택을 내리라고 독려받는 셈이다. 전문화의 옹호에 대해서도 할 말이 많으므로, 나는 5장에서 자율성을 위해서는 전문화된 훈련이 필요하다는 사실을 보여주려 한다. 하지만 전문화가 근시안으로, 심지어 맹목으로 귀결되기가 얼마나 쉬운지를 깨닫는 것도 중요하다.

　인문학이 직면한 문제들에 대한 고전적인 공식화는 바로 산상수훈에 나온다. "만약 소금이 그 맛을 잃어버린다면, 무엇을 가지고 소금 치겠는가?(If the salt have lost its savour, wherewith shall it be salted?)" 그런데 가장 최근의 성서 영역본은 킹 제임스(King James) 성서의 이런 글맛을 잃어버리고 말았다. 신영역 성서(The New English Bible, NEB)에서는 이렇게 묻는다. "어떻게 그 소금기를 회복할 것인가?(How shall its saltness be restored?)" 구어체가 아니라서 아쉽다면, 그리스어 원문을 다음과 같이 옮기는 것이 더 이치에 맞을 것이다. "소금이 싱겁게 되면, 어떻게 소금 칠 수 있는가?(When the salt becomes insipid, how can one salt it?)"

　맛을 잃어버렸다는 이미지는 마치 뭔가가 예전에는 좋았다는 사실을 암시할 수도 있다. 하지만 나는 굳이 현재를 희생하면서 과거를 예찬하려는 의도는 없다. 소금이 예전에는 더 짰는데 요즘에는 안 그렇다고 불평하는 사람이 있다면, 오히려 입맛을 잃어버린 것이 아닌가, 늙은 것이 아닌가 의심해볼 만하다. 과거의 시대가 병들지는 않았다고 믿는 사람이라면 인문학을 공부해야 마땅하다.

4

인문학을 가르치는 세 번째 주된 이유는 선견(先見, vision)을 가르치기 위해서다. 겉으로는 그런 일이 불가능해 보일 수도 있다. 단어의 엄밀한 의미에서 보자면, 오로지 소수만이 선견자(先見者, visionary)다. 그리고 모든 대학생을 선견자로 만든다는 생각은 한마디로 어리석다. 이 문제에 대한 해결책은 선견이 무슨 의미인지에 달려 있다.

1장에서 나는 선견자라는 용어를 엄밀한 의미에서 다른 세 가지 인간 유형과 대조할 것이며, 교수와 학생은 이 세 가지 유형을 대안 모델로 고려할 수 있을 것이다. 2장에서는 읽기의 여러 가지 방법을 다룰 것인데, 인문학 연구에서는 읽기의 기술이 절대적으로 중심이기 때문이다. 3장에서는 서평, 번역, 판본에 관한 논의를 통해서 이 주제를 더 살펴보도록 하겠다. 서평가, 번역가, 편집자는 그 자신이 독자이며, 나아가 다른 사람들의 읽기 방식에 영향력을 발휘한다. 그리고 책에 관심이 있는 사람들이 서평가, 번역가, 편집자에게 의존하는 경우는 점점 더 늘어난다.

4장에서는 인문학 가운데 하나인 종교에 대해서 길게 다룬다. 만약 인문학 연구의 요점이 인류의 가장 위대한 업적의 보전, 대안적 목표에 대한 숙고, 사람들을 덜 맹목적으로 만들려는 시도 등이라고 가정하면, 인문학의 중심 자리에는 반드시 비교 종교를 놓아야 한다. 성서나 『법구경』이나 『도덕경』에 감히 비견할 만한 문학 작품은 극소수이기 때문이다. 또한 가장 위대한 회화, 조각, 건물, 음악 가운데 상당수가 종교적인 맥락에서 유래했기에, 이와 동떨어져서는 완전하게 이해할 수 없다. 하지만 비교 종교를 가르치는 방법을 어느 정도 자세하게 보여주지 않는 한, 그렇다고 말로만 주장해보았자 얻는 것은 거의 없을 터이다. 개론 강의는 항상 몇 가지 면에서 피상적일 수밖에 없으며, 따라서 그런 강의는 (비록 한때는 애호를 받더라도) 결국 악평을 얻게 되고 만다. 따라서 구체적으로 되는 것이 필수적이다. 아울러 개론 강의가 한 가지 텍스트에 대한 집중 연구로 보충될 수 있고, 또 보충되어야 마땅하다는 사실을 보여주는 것이 필수적이다. 확장된 논의에서 나는 「창세기」를 선택했다.

이어서 나는 선견을 가르치는 방법에 대한, 그리고 전문화와 규율이 그 목적에 필수적인 이유에 대한 문제로 돌아갈 것이다. 마지막 장에서는 가르침의 방식에 관해서, 강의와 프로그램에 관해서, 그리고 학제 간 연구의 중대한 역할에 관해서 다룬다.

이 여섯 개의 장 모두는 하나의 (이 단어의 일반적인 의미에서) '선견'의 일부분이다. 그 기본 요소를 여기서 서술한 까닭은 중요한 부분들이 어떻게 서로 맞물리는지를 보여주기 위해서다. 예를 들어 1장의 유형론은 그 자체로 목적이 아니라, 단지 읽기의 여러 가지 방식에 관한 논의를 소개하기 위해서였으며, 이는 또다시 종교 텍스트와 관련해서 더 발전한다.

누군가가 선견을 전달한다는 주장은 항상 뭔가 좀 과장된 것처럼 들리고, 또한 그 사람이 권위를 주장한다고 암시할 수도 있다. 하지만 그것이야말로 내 진심과는 영 딴판이며, 그 점은 대안을 연구할 필요가 있다는 내 주장으로 마땅히 드러날 것이다. 우리는 표류하고 있으며, 반드시 목표를 논의해야만 한다. 여기에는 내 목표 가운데 일부가 있지만, 나는 결코 무비판적인 수용을 바라지 않으며, 어떤 교사가 최대한 설득력을 발휘하려고 시도해야 마땅하다고 생각하지도 않는다. 부정 없는 긍정은 공허하며, 나는 내가 부정하는 것을 명백히 설명함으로써 내 견해를 대안으로 제시하려고 했다. 주로 자기 견해를 뒷받침하려는 의도에서 남을 인용하는 사람들, 그리하여 모든 분별 있는 사람들이 동의하는 듯한 인상을 부여하는 사람들의 태도와 비교했을 때, 나의 이런 태도는 오히려 더 많은 격분을 자아낼 것이다. 하지만 그런 것은 비판적인 정신을 육성하는 방법이 아니다. 그리고 비판적인 정신의 육성이야말로 인문학을 가르치는 네 번째 이유다.

1장
네 가지 종류의
정신

5

이 세상에는 선견자와 현학자가 있다. 이 구분은 인문학의 이해를 위해서는 물론이고 자연과학과 사회과학의 이해를 위해서도 필수적이다. 고등 교육의 질환에 대한 그 어떤 진단도 이 기본적인 대조를 무시해서는 안 된다.

선견자는 외톨이다. 자기 시대의 상식으로부터 소외된 상태에서 이들은 세계를 다르게 바라보고, 자신의 선견을 상술하려고 지속적으로 시도한다. 이들은 대개 기존 언어가 부적절하다는 사실을 깨닫고, 종종 심각한 의사소통의 문제를 직면한다.

반면 현학자는 여러 학교를 돌아다니고, 자기네 엄밀성과 전문가주의에 자부심을 가지며, 자기네 합의나 공통적인 '요령'에 크게 의존한다. 이들은 보통 동시대의 선견자에게 적대적이며, 특히 자기 분야의 선견자를 그렇게 대하는 반면 과거의 일부 선견자를 오히려 신봉한다.

종교에서는 종종 선견자를 가리켜 예언자(prophet)라고 부르고, 현학자를 가리켜 사제(priest)라고 부른다. 철학과 문학,

25

그리고 역사와 예술에서는 이 두 가지 유형을 가리키는 전통적인 용어가 없지만, 때때로 선견자를 가리켜 천재(genius)라고 부른다.

과학에서는 이른바 선견자로서의 미치광이 과학자(mad scientist)라는 대중적 이미지, 또 이른바 과학적이라는 것의 의미에 대한 실증주의자들의 매우 다른 개념, 이 두 가지 사이의 대조가 오래전부터 있었다. 토머스 쿤(Thomas Kuhn)은 『과학 혁명의 구조(The Structure of Scientific Revolutions)』(1962)에서 사실상 선견자와 '정상(normal)' 과학자 모두가 과학사에서 어떤 작용을 하는지를 보여주었다. 그는 '정상 과학'이 우선 공인된 틀 안에서 '문제 해결'을 담당하고, 곧이어 세계관의 변화로 귀결되는 과학적 발견의 대두를 다룬다고 묘사했다. 그는 인간 유형을 주로 다루지는 않았으며, 자신이 정상이라고 일컬은 것을 폄하하지도 않았다. 오히려 정반대로 근면한 노동자의 업적이 얼마나 필요한지를 보여주려고 했다. 그의 저서가 발휘한 영향력은 정말 어마어마했다.

그로부터 한 세대 전인 1918년에 알베르트 아인슈타인은 막스 플랑크의 60세 생일에 짧은 연설을 내놓았다. 그는 현학자 진영을 둘로 구분함으로써 모두 세 가지 유형을 인식했다. 우선 "자신의 우월한 지적 능력이 주는 즐거움을 누리려고 과학을 다루는" 사람들이 있는데, 이들에게 과학은 자신의 야심을 만족시키도록 허락해주는 일종의 "스포츠"다. 반면 많은 다른 사람들은 "순전히 실리적인 목적에서" 과학의 신전에 들어선다. 그리하여 "주님의 천사가 나타나서 신전에 있는 모든 사람을 이 두 가지 범주로 나누어 내보내면", 여전히 신전에 남아 있는 몇 사람이 있는데, 그중에 바로 플랑크도 있으며 "바로 그것이야말로 우리가 그를 사랑하는 까닭"이라는 것이었다.

쿤의 유형론과 달리, 아인슈타인의 유형론은 가치 중립적인 것과는 거리가 멀다. 심지어 쿤의 대조와는 완전히 다른 것처럼 보이고, 심지어 우리의 목적에는 부적절한 것처럼 보일 수도 있다. 비록 그 연설이 저서인 『나의 세계관(*Mein Weltbild*)』에 수록되었으며, 그의 에세이를 모은 몇 가지 영어판 선집에도 「연구의 원칙들(Principles of Research)」이라는 제목으로 수록되었음에도, 여기서 아인슈타인은 연구의 심리학적 동기를 다루었기 때문이다. 하지만 '그의' 동기가 무엇이었던 간에, 거기서 플랑크를 비롯한 극소수가 상징하는 세 번째 유형이야말로 우리의 선견자에 상응한다는 사실만큼은 의심의 여지가 없다. 일부 사례에서는 정확히 선을 긋기가 어려울 수도 있음을 시인한 다음, 아인슈타인은 자기가 한 가지를 확신한다고 말한다. "만약 우리가 방금 이야기한 유형들만 이 세상에서 유일한 유형들이었다면, 그 신전은 결코 존재하지 않았을 것이며, 이는 오로지 덩굴 식물로만 이루어진 숲을 가지는 것과도 마찬가지였을 것입니다."

이해할 만한 일이지만, 아인슈타인의 유형론이 직접적 영향력을 크게 발휘하지는 못했다. 그 내용을 구체적으로 서술하지 않았을 뿐만 아니라, "덩굴 식물"에 대한 폄하 때문에라도 인기가 있을 수는 없었다.

아인슈타인의 견해가 얼마나 과도한 것이었는지는 주목할 만한 가치가 있다. 제임스 D. 왓슨이 노벨상을 타게 된 과정을 설명한 명석하고도 재치 있는 기록인 『이중나선』(1968)을 읽은 독자 대부분은 그만큼 저명한 과학자들 가운데 일부가 과학을 일종의 스포츠로 경험한다는 사실을 보고 놀랐다. 그리고 왓슨은 거의 매 걸음 원래의 길에서 벗어나면서까지 자기 같은 사람과 진짜 선견자인 라이너스 폴링(Linus Pauling) 사이의 커다란 차이를 강조한다. 그럼에도 왓슨은 자기 수준의 과학자들이 기본적으로 대부분의 학자들과 비슷하다고 생각하지는 않았다. 자기 저서를 토대로 한 교육용 텔레비전 영화에서 그는 이 핵심을 간결하게 내세웠다. 즉 훗날 함께 상을 받게 된 프랜시스 크릭에게 자기가 곧바로 매력을 느낀 이유를 설명한 것이었다. "대부분의 사람이 자기 시간을 허비하는" 반면, 크릭은 자기 시간을 허비하지 않았기 때문이었다. 비록 아인슈타인만큼 과도하지는 않지만, 왓슨 역시 대부분의 현학자를 향한 경멸 비슷한 뭔가를 느낀 것이 분명하다. 반면 쿤은 현학자가 필요한 이유를 보여주려고 했다.

우리의 유형론을 가치 중립적인 상태로 계속 유지할 것인지 말 것인지를 결정하기 전에, 일단 아인슈타인보다 먼저인 괴테로 거슬러 올라가서 그 근본적인 대조를 추적해보자. 괴테는 가장 위대한 독일 시인일 뿐만 아니라, 주목할 만한 과학자이기도 했다. 자신의 그 어떤 작품 못지않게 중요하다고 간주했던 저서 『색채론』(1810)에서 그는 뉴턴에 대한 반대 주장을 펼친다. 아인슈타인이 뉴턴을 능가한다고 확신하는 사람들조차 대개는 괴테가 뉴턴을 능가하지 못했다고 생각하며, 따라서 괴테의 『색채론』은 무시해도 그만이라고 여긴다. 하지만 이 저서는 괴테나 뉴턴의 색채 관련 견해가 옳았는지에 대한 질문과는 별개로 그 나름대로 장점을 갖고 있다.

괴테는 과학에 대한 인문학적 접근법을 개척했다. 아름다운 서문에서 그는 이렇게 말한다.

> 우리는 뉴턴의 색채 이론을 오래된 성(城)에 비유한다. 즉 그 건설자가 젊은이다운 성급함으로 처음에 계획했다가, 시간이 흐르면서 건설자에 의해 확장되고, 시기와 상황의 필요에 따라 설비되었으며, 충돌과 전투의 와중에 점점 더 많이 보강되었다고 보는 것이다.

괴테는 누군가가 "탑을, 퇴창을, 성가퀴를 덧붙이고", 이와 더불어 다른 여러 가지 설비를 덧붙임으로써, 이 성이 점차 확장되는 과정을 묘사한다. 그 와중에 또 이런 일도 벌어진다.

> 누군가는 오래된 성을 숭앙한다. 왜냐하면 그 성은 한 번도 정복되지 않았고, 워낙 많은 공격을 격퇴했고, 워낙 많은 적을 좌절시켰고, 그 순수성을 간직했기 때문이다. 이런 주장, 이런 평판은 여전히 지속된다. 이 오래된 건물에 사람조차 살 수 없게 되었다는 사실은 아무도 눈치채지 못한다.

어쩌면 놀라울지도 모르지만, 괴테의 중심 목적은 자신의 학설이 진리이고 뉴턴의 학설이 거짓임을 보여주려는 것이 아니었고, 또한 자신의 건축물로 저 "오래된 성"을 대체하려는 것도 아니었다.

> 설령 우리가 최대한의 능력과 실력을 이용함으로써 이 성채를 함락

시키고[즉 과학 혁명을 가져오고—저자 주] 자유로운 공간을 얻는 데 성공한다 치더라도, 새로운 건물로 그곳을 뒤덮고 다시 괴롭히는 것은 결코 우리의 의도가 아닐 것이다. 우리는 일련의 아름다운 형태들을 제시하기 위해서 그곳을 사용하는 편을 더 선호한다.

따라서 세 번째 부분은 역사적 연구와 준비에 할애했다. 앞서 우리는 인간사가 인간을 보여준다고 말했는데, 이제는 과학사가 과학을 보여준다고 주장할 수도 있을 것이다. 우리 이전의 다른 사람들이 무엇을 보유했는지를 알기 전까지는, 우리가 보유한 것에 대한 순수한 인식을 얻을 수 없다. 우리가 과거의 이점을 식별하는 방법을 모른다면, 우리 자신의 시대의 이점을 진정하고도 정직하게 즐기지도 못할 것이다. 하지만 색채의 학설의 역사를 쓴다는 것은 …… 뉴턴의 학설이 이 분야를 장악하고 있는 한에는 불가능한 일이다. 뉴턴 학파는 자기네 앞에 또는 옆에 달성된 모든 것을 항상 단죄해 왔는데, 그 어떤 귀족적 자부심도 자기와 같은 길드에 속하지 않은 사람들을 향해 그토록 많은 불관용적 오만을 드러내며 낮춰본 적이 없었다.

여기서 우리와 관련이 있는 내용은 괴테와 뉴턴의 다툼이 아니다. 뉴턴으로 말하자면 괴테와 마찬가지로 역사상 가장 위대한 선견자 가운데 하나이니 말이다. 대신에 뉴턴 학파에 대한, 즉 현학자에 대한 괴테의 비판에 주목하자. 1829년에 그는 「분석과 종합(Analyse und Synthese)」이라는 제목의 (사후에야 비로소 간행된) 글에서 이 주제로 다시 돌아왔다.

가설이 아예 없는 것보다는 차라리 잘못된 가설이 더 나은데, 왜냐하면 그런 가설은 잘못된 까닭에 아무런 해악도 끼치지 않기 때문이다. 하지만 그 가설이 스스로를 보강할 경우, 즉 그 가설이 보편적으로 수용된 나머지 아무도 의심해서는 안 되고 아무도 조사해서는 안 되는 일종의 신조가 되었을 경우에는, 이후 몇 세기 동안 감내해야 하는 재난이 되어버린다.

뉴턴의 학설은 남들 앞에 제시될 수 있었다. 심지어 그가 살던 시대에도 그 결함 때문에 그 학설에 대한 반대가 있었지만, 그의 다른 여러 장점이라든지 사회와 학계에서 차지하는 그의 지위라든지 하는 것들 때문에 반박은 아무런 입지를 얻을 수 없었다. 특히 프랑스인은 이 학설의 전파와 고착화에 대해서 다른 누구보다도 더 많이 비난받아야 마땅하다. 따라서 19세기에 이들은 이 복잡하고도 얼어붙은 가설에 대한 신선한 분석을 선호함으로써 이 실수를 벌충해야 마땅하다.

괴테는 워낙 많고도 타당한 주제를 차마 잊지 못할 이미지에 담아 소개했기 때문에, 좀 길더라도 그가 직접 말하도록 내버려두는 편이 최선일 듯하다. 여기서는 어느 대(大)선견자가 현학주의에 반대하는 주장을 내놓고 있다. 이 주장은 울화에서 비롯된 것이 아니라, 오히려 인간 정신의 자유에 대한 우려에서 비롯된 것이다. 그는 과학사라는 새로운 인문학의 학과를 개척했으며, 누적적 진보에 대한 독단적인 믿음을 거부했다. 그런 믿음이야말로 한 세기 반이 더 지나 쿤의『과학 혁명의 구조』에서 의문을 제기하기 전까지 널리 공유되던 것이었다. 물론 불연속성이라는 주제는, 그리고 과학 역시 (시와 음악과 역사와 철학과 미술과 종교와 마찬가지로) 인간의 노력이라는 통찰은 헤겔의 사상에서는 물론이고 니체의 사상에서도 두드러진다. 하지만 영어권에서는 2차 대전 이후에야 비로소 입지를 얻었다.

인문학 분야의 수많은 교수와 학생들은 '과학'을 모범으로 받아들이는 한편, 누적적 진보에 대한 실증주의적 믿음을 여전히 공유하고 있다. 하지만 괴테는 자신의 과학적 발견이 시인으로서 자신의 작품과 완전히 다르지는 않다는 사실을 알고 있었다. 양쪽 모두 선견과 관계되기 때문이었다. 그리고 괴테가 고안했던 과학사란 과학을 인간의 맥락에 놓았기 때문이었다.

또 다른 저서에서 나는 이런 괴테의 개념이 어떻게 해서 독일에 여전히 살아남아 있는지를, 그리고 어떻게 해서 헤겔과 니체를 이해하는 데만이 아니라 실존주의와 정신분석을 이해하는 데에도 도움이 되는지를 보여주려 시도했다. 쿤 역시 비록 간접적이나마 이 전통에 빚을 진 셈이었으며, 이는 워낙 의심의 여지가 없는 사실로 공공연히 인정된 바 있다. 그리고 2차 대전 이후 미국 여러 캠퍼스에서 과학사 프로그램이 신속히 확산된 것이야말로 지난 수십 년 동안 인문학에서 일어난 극소수의 바람직한 발전 가운데 하나다.

6

내가 선견자와 현학자를 대조한 것은 오래된 주제의 변형을 상징한다. 이는 두 가지 방식으로 발전시켜볼 수 있다. 첫째로 우리는 아인슈타인을 좇아서 선견자란 플랑크를(아울러 아인슈타인과 괴테, 베토벤과 미켈란젤로, 플라톤과 모세를) 포함한 극소수의 사람이라고 생각할 수 있다. 이런 선견자들은 장인 정신 면에서 누구에게도 뒤지지 않는다. 정의상 그 자체로는 위대한 선견을 지니지 못하게 마련인 현학자들과 이런 유형의 사람들을 대조할 경우, 이런 이분법은 어쩐지 둘 중 한쪽이 모든 선을 갖춘 선악 이분법이 되어버리고 만다.

이런 상황을 회피하려면 두 번째 방식도 좋다. 예를 들어 선견자의 범주를 확장해서 기인(奇人)까지 포함할 수도 있다. 또한 선견자와 현학자 모두가 '좋을' 수도 있고 '나쁠' 수도 있다고 주장할 수도 있다. 선견자도 고정 관념을 지닌 상태에서 정교한 논증으로 이를 뒷받침할 수 있다. 선견자도 강박적이거나 편집증적일 수 있으며, 종종 둘 다일 수 있다. 심지어 가장 위대한 선견자조차도 때로는 비록 잠깐이나마 이런 유형에 속해 있었다. 예를 들어 뉴턴도 그러했는데, 이런 유형에 속한 사람은 대부분 뉴턴의 천재성이 없게 마련이다.

심지어 한 걸음 더 나아가, 남다른 세계관을 지닌 사람들은 정신 병원에 상당히 흔하다고, 또는 환각 역시 일종의 선견이라고, 또는 괴테와 같은 부류의 사람들은 단지 선견자의 한 가지 유형에 불과하며 전체 집단의 극소수에 불과하다고 주장할 수도 있다. 이런 접근법의 미덕은 결코 선악 이분법적이거나 단순화된 것이 아니라는 점이다. 대신에 인문학의 미래와 관련해서는 전혀 관심의 대상이 아닌 유형들을 우리 앞에 잔뜩 쌓아둔다는 점이 단점이다.

물론 이 세상에는 수많은 인간 유형이 있으며, 어쩌면 현학자도 하위분류를 하고 미세한 구분을 내리며 즐거운 시간을 보냈을 수도 있다. 하지만 우리의 목적을 위해서는 애초에 내놓은 정의를 고수하는 편이 가장 결실이 클 것이다. 남다른 선견을 상술하려는 지속적인 시도는(이것이야말로 선견자에 대한 내 정의 가운데 일부다.) 실력의 숙달을 필요로 한다. 비록 선견을 지니고 있지만, 정작 그 선견을 지속적인 방식으로 상술할 능력을 결여한 사람들은 우리의 관심사가 아니다. 따라서 현학자를 선견자와 구분 짓는 특징은 엄격성이 아니라 합의에 대한 의존성, 그리고 남다른 선견의 결여다.

그렇다고 해서 모든 선견자가 '좋고', 모든 현학자가 '나쁘다'는 결론이 자연스레 나오지는 않는다. 남다른 선견 모두가 설득력 있거나, 아름답거나, 결실을 맺는 것은 아니다. 또 어쩌면 수많은 현학자들의 공동 노력을 통해 어떤 선견의 세부 사항이 드러나야만 비로소 우리가 그 가치를 판단할 수 있는 경우도 있다.

니체 사후에 간행된 글의 한 대목은 지당하다. "최초의 신봉자는 그 학설에 '반대되는' 것을 전혀 입증하지 못한다." 프로이트도 이 말에 동의할 만한 이유가 충분히 많았지만, 추종자들에 대한 온갖 불만에도 불구하고 자기 이론을 검증하려면 그들이 필요했다. 그는 선견자였다. 그는 자기 선견을 상술하려고 지속적으로 시도했다. 그는 지속적인 자기 분석을 통해서, 환자들에 대한 분석을 통해서, 그리고 상당한 독서를 통해서 자기 선견을 계속 검증했다. 하지만 그는 이 모두가 충분하지 않다는 사실을 알았다. 그에게는 현학자도 필요했던 것이다.

요약하자면, 특별히 결실이 있지는 않은 고정 관념을 지닌 선견자도 수없이 많다. 또한 상상력이 결여된 거북이와는 완전히 딴판으로 매우 필요한 과제를 수행하는 현학자도 수없이 많다. 위대한 선견자가 기술적 탁월성까지 겸비해서 우리의 감탄을 자아낼 경우라 해도, 반드시 혼합 유형이라고 간주할 필요는 없다. 하지만 중간 유형도 분명히 있기는 하다. 예를 들어 특정 학파에 소속되어서 그 합의에 의존하면서도 자신의 지각 가운데 일부를 상술하려 노력하는 현학자가 그렇다. 이 지각의 크기는 매우 다양하지만, 선견자가 아닌 사람이라면 합의의 대안에 해당할 만큼의 포괄적인 선견에는 미치지 못하게 마련이다. 이런 유형의 사람들이 바라보는 것은 단지 자기 학파의 합의를 뒷받침하는 새로운 방법인 경우가 종종 있다. 아인슈타인의 말을 빌리자면, 어떤 경우에는 구분 선을 정확히 긋기가 "매우 감질나는 일"일 수도 있다. 하지만 일반적으로 이런 유형의 사람들은 현학자로 간주하는 편이 최상이다. 그렇다면 지금까지 우리에게는 두 가지 기본 유형이 있는 셈이다.

7

어떤 시기는 다른 시기보다 더 학술적이었다. 현학주의는 한 분야의 주도적인 인물들이 학파에서, 또 단과 및 종합 대학에서 발견될 때마다 유행하게 마련이다.

원래 '현학자(scholastics)'라는 용어는 학교에서 가르치고, 사상 학파에 속하고, 섬세함과 엄격함을 중요시하고, (그들로서는 의문을 제기하지 않는) 합의에 크게 의존하는 중세 철학자를 가리켰다. 여러 면에서 20세기의 철학자 대부분은 (그리고 다른 분야의 교수들도 역시) 현학자를 닮았다.

하지만 17세기와 18세기에 가장 기억해둘 만한 철학자들은 학교에서 가르치지 않았고, 또한 어떤 사상 학파에 속하지도 않았던 선견자들이었다. 대표적으로 베이컨, 홉스, 데카르트, 스피노자, 로크, 라이프니츠, 버클리, 흄, 루소가 그러했다. 칸트는 위대한 근대 철학자들 가운데 교수를 겸했던 최초의 인물이었다.

칸트는 선견자였지만 57세 때까지, 즉 교수 직위를 유지한 지 11년째가 될 때까지는 아무도 그런 사실을 알지 못했다. 저 대담했던 선견과는 정반대로 그는 여러 면에서 소심했으며, 자신의 선견을 서적 한 권에 담으려 하는 과정에서 힘겨운 시간을 보냈다. 마침내 시도가 성공했을 때, 그의 산문은 마치 현학주의의 패러디처럼 보였다. 심지어 자기 세기의 독일 교수들이나 중세의 현학자들보다 더 아는 척하려고 애썼던 것처럼 보이기도 한다. 하지만 그의 독일 후계자들은 그의 태도를 재빨리 채택했고, 머지않아 헤겔이 그 패러디를 완성했다. 19세기에는 철학자 대부분이 교수였으며, 그중 상당수는 칸트와 헤겔처럼 글을 쓰려고 시도했다. 우리 시대에는 상당수의 철학자와 문학 비평가, 심지어 일부 사회과학자가 여전히 그렇게 하고 있다. 예를 들어 장 폴 사르트르의 철학 저술을 보라.

만약 칸트와 헤겔을 현학자로 분류할 수만 있다면, 모든 천재는 둘 중 어느 한쪽에 속한다는 식의 이분법을 회피할 수 있다. 이런 행보를 옹호하기 위해서 누군가는 이 두 사람 모두 한때는 합의를 지지했다는 사실을 지적할 수도 있을 것이다. 하지만 이들 각자가 당시의 어떤 합의와도 중요한 면에서 달랐던, 저 남다르고 예외적으로 포괄적인 선견을 가졌다는 사실을 우리가 이해하지 못하는 한, 우리는 이들 가운데 어느 한쪽도 이해하기 시작할 수 없을 것이다. 이들 가운데 누구도 업계 동료들의 동의에, 또는 그 분야의 동료 연구자들이 공유한 방법에 의존하지 않았다. 둘 다 외톨이였으며, 각자의 가장 창의적인 세월 동안 선견을 상술하려고 지속적으로 시도했다.

두 철학자에 대한 현학적 비평가와 해석자는 다음과 같은 사실을 종종 이해하지 못한다. 즉 칸트와 헤겔은 자기가 옳다고 믿었는데, 단지 한두 가지 주장이 옳았기에 그렇게 믿은 것이 아니다. 오히려 자기 철학의 주요 부분들이 어떻게 서로 연결되고 지지하는지를 볼 수 있다고 생각했기에 그렇게 믿었다는 사실이다. 바로 이런 이유 때문에, 칸트는 특유의 도덕적 엄격주의를 완화하여 그의 윤리를 좀 더 부드럽고 인간적으로 만들어보라는 악의 없는 제안을 좋게 받아들이지 않았다. 그로부터 한 세대 뒤에 헤겔이 '체계(system)'라고 부른 것에도 이런 엄격주의가 필요했다.

19세기에도 주요 철학자 가운데 몇몇은 철학 교수가 아니었다. 예를 들어 존 스튜어트 밀과 니체가 그러했다. 하지만 20세기에는 철학뿐만 아니라 미술, 음악, 종교, 문학, 역사도 거의 전적으로 학계에 속하게 되었다. 2차 대전 이후로는 학자가 된 화가와 시인과 작곡가와 소설가가 어느 때보다 더 많아졌다. 그리고 교수 대부분은 곧 현학자였다.

8

거의 모든 교사가 곧 현학자가 될 수밖에 없었던 것이야말로 대중을 위한 고등 교육의 불가피한 결과인 것처럼 보일 수도 있다. 더 많은 학생을 상당히 잘 가르치려 할수록 더 많은 교사가 필요한데, 정작 선견자는 드물기 때문이다.

그뿐만 아니라 대부분의 선견자는 상당한 정도의 고독이 필요한데, 그래야만 자신의 남다른 선견을 단단히 유지할 수 있기 때문이다. 게다가 선견자는 보통 자신의 창의적인 작품을 가지고 수많은 학생을 가르치기를 선호한다. 거꾸로 선견자가 학계 생활에 몰두하고, 많은 동료 및 학생과 함께 지내려고 할 경우, 선견자는 점점 더 현학적으로 되는 경향이 있다.

선견자는 학계라는 환경을 편안하게 느끼는 경우가 드물다. 스피노자는 이 사실을 알았기에 하이델베르크에서 교수가 되어달라는 초청을 거부했고, 니체도 이 사실을 깨달았기에 바젤에서 고전 문헌학 교수 직위를 사임했으며, 비트겐슈타인은 케임브리지 대학에 가서야 비로소 이 사실을 발견했다. 반면 거절하지도 사임하지도 않은 선견자는 유행 중인 현학주의를 용인하라는 유혹을 지속적으로 받는다.

현학자 간의 합의는 학파마다 현저히 다르지만 대개는 불관용적이게 마련이다. 규칙이 지속적으로 의문시되면 게임에 집중할 수가 없기 때문이다. 이처럼 현학자가 들어가서 다양한 퍼즐을 풀기 위해 노력하는 전체 틀을 의문시하는 사람이 바로 선견자다. 또는 아인슈타인의 비유를 좀 더 발전시켜 설명하자면, 덩굴 식물이 기어올라 번성하는 나무를 베어 넘어트리기 위해서 미리 표시하는 사람이 바로 선견자다.

"덩굴 식물"이라는 용어는 저 위대한 선견자가 사랑하지 않는 계급에게 느낀 적대감을 암시하는 폄하적인 느낌을 지닌다. 그 동의어들은 다른 이미지를 지니고 있지만, 그렇다고 해서 더 친근해지지는 않는다. 예를 들어 '반연(攀緣) 식물'이나 '만생(蔓生) 식물'이 그렇다.[1] 아인슈타인이 사용한 독일어는 Schlingpflanzen인데, 마치 먹이를 휘감아 질식시키고 박살 내는 커다란 뱀처럼 나무를 휘감는 식물을 가리킨다. 또한 schlingen은 게걸스럽게 먹는다는 뜻이어서, 아인슈타인이 의도한 전체 이미지를 통해서 그가 덩굴 식물이나 반연 식물을 일종의 기생체로 생각했음을 알 수 있다.

그러니 현학자들이 선견자로부터(물론 자신들이 생계가 걸려 있는 대상인 선견자들은 예외로 하고) 위협을 받는다고 느끼는 것도 놀라운 일은 아니다. 이런 적대감은 상호적이다. 그리고 선견자들이 일반적으로 아인슈타인과 비슷하다고 가정하는 것은 전적으로 비현실적일 것이다. 그의 매력과 인간성이야말로 그의 천재성만큼이나 비범했으니 말이다.

학교에서 채용이나 승진을 고려할 만한 선견자의 경우, 거의 항상 전형적인 선견자와는 전적으로 급이 다르게 마련이다. 특정 학과에서 선호하는 게임을 하는 사람, 또는 규칙을 준수하는 사람, 또는 게임을 예외적으로 잘하는 사람을 학교에서는 매우 유능하다고 판정한다. 반면 규칙 가운데 일부를 경멸하는 사람, 또는 전적으로 다른 사업에 참여하는 사람, 또는 학과가 하는 게임에 대해서 냉담이나 경멸을 표시하는 사

---

1 '반연'은 '기어오른다'는 뜻이고, '만생'은 '덩굴 지어 자란다'는 뜻이다.

람을 학교에서는 단적으로 불건전하다고, 규율이 부족하다고, 무능하다고 간주한다. 이런 사람들 가운데 한두 명이라도 누군가의 과목에 덧붙일 가치가 있을 법한 선견을 갖고 있을 가능성은 훨씬 적다. 그럴 가능성은 희박하다. 고용과 승진에서 가장 안전한 절차는 자기가 잘 알고 판단할 수 있는 것을 고수하는 것이기 때문이다.

만약 어떤 학과가 매우 마음이 넓은 나머지, 학생들에게 두 개 이상의 대안을 제공하려는 열망을 품는다고 하더라도, 선견자에 대해서는 도박을 걸지 않는 편이 여전히 더 안전하다. 여기서 명백히 해야 할 일은 또 다른 사상 학파에 속한, 그리고 그 학파에서도 고도로 유능한 대표자로 추천된 현학자를 고용하는 것이다. 그 결과로 대학의 학과에서 지배적인 사상 학파의 합의에 대해 의문을 제기하는 교사들은 (혹시나 그가 폭넓은 추종을 얻음으로써 존경받을 만한 자격까지도 얻은 경쟁 사상 학파에 속하지 않은 한) 고용되거나 승진될 가능성이 적다. 선견자는 외톨이인 까닭에 학계에서 그리 많은 기회를 얻지 못한다.

졸저 『카인: 시 선집(*Cain and Other Poems*)』에 수록된 「학계라는 동물원(The Academic Zoo)」이라는 짧은 시의 결말 부분을 인용하자면 이렇다.

그물이나 고치를 짓는 것이라면
뭐든지 환영. 제아무리 빈약해도.
　　나비는
　　지원 불필요.

앞서 거론한 이유를 고려하면 놀랄 일도 아니다. 하지만 현학자가 그 당사자로선 혐오해 마지않을 종류의 평가하에 예언자를 파묻어버리는 모습이라든지, 또는 예언자의 정신에 대한 공감을 (십중팔구는) 거의 안 보여주는 모습이라든지, 또는 자기네가 하는 게임에 대한 예언자의 의견을 (어김없이) 쉽게 망각하는 모습을 바라보고 있으면 때때로 소스라치게 된다.

비트겐슈타인이 바로 이 점에서 두드러진 사례라는 사실은 익히 알려져 있다. 키르케고르 역시 두드러진 사례다. 그에 관해서 글을 쓰거나 그의 저술을 번역한 사람 대부분이 그의 신랄한 유머에 대한 공감을 전혀 갖고 있지 못한 것처럼 보인다는 사실을 지적하는 것만으로는 충분하지 않다. 또한 자신에 관한 문헌에 기여하는 성직자와 교수를 그가 어떻게 풍자했을지 상상해보는 것도 충분하지 않기는 마찬가지다. 키르케고르에 관한 연구서가 제아무리 철학자 본인조차 혐오했을 만큼 딱딱하고 둔감하다 치더라도, 만약 그 원고가 진정으로 학술적일 경우에는 학술 출판의 일선에 있는 우리의 대학 출판부에서 자연히 받아들여야만 한다. 하지만 정작 키르케고르로 말하자면 진정으로 학술적인 저자는 아니었다. 예를 들어 그가 『불안의 개념』이나, 『죽음에 이르는 병』이나, 기타 저서의 원고를 어느 훌륭한 대학 출판부에 제출했다고 가정해보자. 분명히 거절당했을 것이다.

키르케고르만큼 혁신적이고, 괴짜이고, 도발적인 사람이라면 학계에서 '성공'하리라는 기대는 거의 할 수가 없다. 이는 키르케고르의 시대에나 우리 시대에나 여전히 사실이다. 하지만 유난히 두드러지는 키르케고르의 사례에서도, 그의 주위에

모여든 현학자들 가운데 그의 진가를 제대로 감지한 사람은 극소수였던 것으로 보인다.

선견자와 "덩굴 식물" 간의 이런 대조야말로 정신의 삶(또는 '죽음'?)의 가장 만연한 특징들 가운데 하나임이 분명하다. 이것은 종교의 저주이며, 인문학 학과들의 주식(主食) 가운데 하나다. 20세기 영어권에서 아마도 가장 위대한 시인일 법한 윌리엄 버틀러 예이츠는 「학자(The Scholars)」라는 12행 시에서 이를 다음과 같이 다룬 바 있다.

> 대머리들은 그들의 죄를 망각하고,
>
> 늙고, 학식 있고, 존경받는 대머리들이
>
> 편집하고 주석한 행들을
>
> 젊은이들은, 침대에서 몸을 뒤척거리며,
>
> 사랑의 절망에 빠져서 읊는다네……
>
> 모두 남들이 생각하는 것을 생각하며……

이 시는 예이츠의 최고 걸작은 아니며, 늙은이와 젊은이를 대조시킨 까닭에 핵심이 흐릿해지고 말았다. 만약 이게 전부라면, 나는 여기서 이 핵심을 강조하지 않았을 것이다. 냉소주의자라면 심지어 이것이야말로 늙은이들에게는 그리 나쁜 직업도 아니라고 주장했을 것이다. 하지만 오늘날 대부분의 현학자는 젊은이이며, 그 대부분은 자기 학생들과 독자들이 "남들이 생각하는 것을 생각"하게 만들려고 다짐한다.

이 모두로 인해서 격분한 적이 전혀 없었던 사람이라면 고등 교육의 빈곤을 알지 못한다. 이에 대해서 눈을 감아버리고 그저 좋아 보이는 것을 강조하거나 그 익살극을 지켜보며 웃어버리고 체념에 빠지기는 오히려 쉽다. 하지만 이 모두는 불가피한 일이 '아니다.' 지금까지 제시한 이원론적 유형론은 부적절하다. 따라서 우리는 세 번째 유형을 도입해야 한다.

9

소크라테스는 현학자가 아니었다. 그는 외톨이였고, 당대의 상식에 의문을 제기했다. 하지만 자신의 선견을 상술하려 하지는 않았다. 그는 선견자가 되지 않는 것을, 그리고 사실상 반(反)현학자가 되는 것을 핵심으로 삼았다. 그는 당대의 믿음과 도덕을 검토했고, 합의에 대한 무비판적인 의존에 근거한 지식의 주장을 조롱했고, 대부분의 사람들이 (심지어 가장 유명한 교사들, 정치인들, 대중적 예언자들도 포함해서) 얼마나 무지하고 혼미하고 잘 속는지를 보여주려 애썼다. 따라서 '소크라테스는 세 번째 유형을 체화한다.'

이 유형의 가장 두드러진 특징은 비판(criticism)에 대한 집중이다. 하지만 내가 '비평가(critic)'와 선견자와 현학자에 관해서 이야기할 경우, 자칫 미술과 음악과 문학과 영화에 관해서 글을 쓰는 비평가들이야말로 바로 이 유형의 예시인 듯한 오해를 초래할 수 있다. 실제로 그중 일부는 현학자이며, 나머지 대부분은 언론인(journalist)이다.

언론업은 교직과 마찬가지로 직업이다. 만약 우리가 언론인을 이런 의미에서 생각해본다면, 그들 모두가 한 가지 유형에 속하지 않는 것이 분명하다. 하지만 그 용어의 문자적 의미대로 '언론인을 네 번째 유형으로' 정의하는 것은 유용할 수도 있다. 문자적 의미대로 이해할 경우 언론인은 당일치기로, 즉 즉각적 소비를 위해 글을 쓴다. 자신의 상품은 내일이면 김이 빠져버릴 것이기 때문에, 지금 팔리지 않으면 결코 팔리지 않을 것임을 알고 있다. 언론인에게는 방대한 연구를 위한 시간이 없고, 현학자의 엄밀함 선호 취향이 없다. 언론인에게는 주석이 필요 없는 반면, 현학자는 주석을 덧붙이기 위해 자료를 다시 한 번 확인할 때마다 자신들의 사실이 약간의 수정이 필요하다는 점을 종종 발견한다. 따라서 현학자는 선견자 못지않게 언론인을 향한 경멸을 자주 느낀다.

조지 버나드 쇼는 『의사의 딜레마(*The Doctor's Dilemma*)』의 4막 서두에 나오는 무대 지시문에서 언론인을 다음과 같이 묘사했다.

> 쾌활하고 붙임성 있는 청년이지만, 자기가 본 것을 정확하게 서술하지 못하는, 또는 자기가 들은 것을 정확하게 이해하거나 보고하지 못하는 선천적인 결함으로 인해 평범한 사업을 추구할 수가 없다. 이런 결함이 전혀 문제시되지 않는 유일한 직업은 바로 언론업이므로 …… 그는 부득이하게 언론인이 되었다.

그런가 하면 바이런은 「영국의 시인과 스코틀랜드의 서평가(English Bards and Scotch Reviewers)」에서 다음과 같이 더 가혹하게 말했다.(976행 이하)

> 저급한 풍자문을 매달 쓰는 싸구려 작가,

꾸준하도록 저주받은, 세상 가장 비열한 자,

잡지를 위해서 거짓을 문질러 닦으니……

그야말로 인류의 살아 있는 명예 훼손일세.

언론업에 대한 니체의 반복적인 논박에서 우리는 또 한 가지 동기를 마주하게 되는데, 이것이야말로 그의 시대나 지금이나 인문학의 미래를 위해서는 여전히 중요하다. 1872년 1월 16일에 그는 바젤에서 '우리 교육 기관의 미래에 관하여 (Über die Zukunft unserer Bildungs-Anstalten)'라는 제목으로 총 6회 예정된 공개 강연 가운데 첫 번째를 실시했다. 이 강연 끝 무렵에 그는 훗날 낭만적으로 이른바 "순간으로부터의 구원자"라고 일컬은 천재와 이른바 "순간의 시종(侍從)인 언론인"을 대조한다. 니체의 경력 초창기의 이 강연에서 나타난 주제는 그로부터 1년 뒤에 간행된 저서 『반시대적 고찰』이라는 명민한 제목에서 변주된다.

니체가 중요하다고 생각했던 것은 이른바 "자신의 오늘과는 모순된" 입장에 서야만 하는 "내일과 모레의 인간"으로서의 철학자에 관한 그 자신의 선견이었다.(『선악을 넘어서』, 212절) 급기야 철학자는 "그 시대의 양심의 가책"이 되어야 마땅하다고 그는 주장했다. 곧이어 소크라테스야말로 그 시대의 무자비한 비평가인 모범적인 철학자로 묘사된다.

여기서 우리의 관심사는 인문학이며, 그 핵심은 (최소한 부분적으로는) 우리 시대에 관한 전망을 우리에게 제공하는 것이다. 이 주제는 나중에 가서 길게 발전되어야 하겠지만, 일단 시작 부분에서는 반드시 소개되어야 한다. 바로 이런 방식으로 인문학의 기풍(ethos)이 하나의 유형으로서 언론인의 기풍과 정반대되기 때문이다. 하지만 지금은 일단 쇼에게 돌아가보도록 하자.

쇼는 중요한 핵심을 지적했는데, 다만 나로선 "선천적인 결함"에 대한 예외를 지적하고자 한다. 여기서 말하는 태도는 진정으로 선천적인 것까지는 아니고, 오히려 주입되는 것이기 때문이다.

나는 학부생 시절, 그러니까 나치 독일을 떠나온 직후에 대학 신문과 인터뷰를 한 적이 있었다. 그 결과물을 보고 나는 소스라치고 말았는데, 한편으로는 전적으로 터무니없는 부정확성 때문이었고, 또 한편으로는 무엇보다도 내가 하지 않은 온갖 종류의 발언들에 대해 인용 부호를 넣은 이유에 대한 청년 기자의 평계 때문이었다. 그는 이 인용 부호 덕분에 내용이 더 흥미진진해질 것이라고, 그리고 기사에는 때때로 인용문을 집어넣는 것이 중요하다고 장담했다.

선견자와 현학자와 소크라테스 유형과 나란히 있는 하나의 유형으로서 언론인의 기풍은 첫눈에 흥미롭고 읽을 만해 보이는 내용을 제공하려는 것이지만, 그 내용이 꼼꼼한 검토까지 견딜 수 있으리라 기대되지는 않으며, 몇 년 뒤까지 견딜 수 있으리라고는 더더욱 기대되지 않는다. 이 기풍은 충분히 널리 퍼져 있어서 여기서도 논의할 만한 가치가 있다. 그리고 우리 가운데 상당수는 이런 기풍을 대화 중에 예증하는 사람들을 이미 알고 있다.

인문학은 물론이고 과학 분야의 상당수 교수는 학생들이 이 지저분한 습관에 물들지 못하게 단념시키고 길들이는 것을 자신의 업무 가운데 중요한 부분으로 간주한다. 이런 점에서 상당수의 현학자와 소크라테스적 교사는 한마음인 셈이다.

우리가 직접 목격한 어떤 사건에 관해 가장 훌륭한 신문에 실린 기사를 읽을 때면, 우리는 수많은 부정확성이 있다는 사실을, 그리고 기자나 편집자의 태도가 앞서 말한 학생 기자의 태도와 별 차이가 없다는 사실을 거의 항상 발견한다. 앞에서 인용한 쇼의 발언도 자주 상기하게 된다. 하지만 사회의 주요 지식인 명단을 작성한답시고, 결국 일간지에서 편집이나 기고를 빈번히 담당하는 사람들의 이름을 잔뜩 집어넣는 사람들은 기자들이 어떤 사람들인지를 제대로 생각하지 않는다.

이것은 까다로운 요점이지만, 회피한다고 그만인 것은 아니다. 역할 모델은 매우 중요하기 때문이다. 학생 기자부터 언론업의 가장 높은 영역까지 이어지는 시공 연속체가 있는데, 그중에서도 오로지 맨 꼭대기에 있는 사람들의 이름만 언급할 만한 가치가 있을 것이다.

10

20세기 미국 언론인 중에 에드먼드 윌슨(Edmund Wilson)만큼 중요한 지식인으로 널리 여겨지는 사람은 또 없을 것이다. 그는 오랫동안 《뉴요커》에 정기적으로 기고했으며, 말년에는 《뉴욕 리뷰 오브 북스》에도 정기적으로 기고했다. 일부 사람들이 그의 가장 뛰어난 저술이라고 간주하는 『핀란드 역으로』(1940)는 애초에 《뉴 리퍼블릭》의 지면에 부분적으로 게재한 것이었다. 나는 헤겔에 관한 대목을 보자마자 그의 '지식'

이 분명히 2차적일 뿐이며 심지어 상당히 잘못되었고, 마르크스에 관한 대목도 더 나은 것이 없음을 확인했다.

윌슨은 어쨌거나 주로 문학 비평가로 활동했기 때문이라고 반론을 제기할 수도 있을 것이다. 하지만 아마도 가장 높이 평가되는 그의 문학 비평 에세이 모음집인 『상처와 활(*The Wound and the Bow*)』(1941)을 살펴보아도 마찬가지다. 이 책의 제목은 소포클레스의 『필록테테스』를 인유한 것이지만, 결론에서 그가 이 비극을 얼마나 부주의하게 읽었는지가 드러난다. 그는 네오프톨레모스의 고귀함에 대해서 길게 묘사한 다음, 이것이 "필록테테스의 완고함을 해소함으로써 결국 그를 치료하고 그를 자유롭게 해주는 한편, 이로 인해 전투에서도 승리한다."고 주장한다. 그리고 이런 주장은 1947년의 '수정 신판'에서도 전혀 바뀌지 않은 채로 남아 있다.(295쪽. 283쪽도 참고하라.) 그런데 필록테테스는 네오프톨레모스에게 설복되어 자신의 분노를 포기한 적이 전혀 없었고, 실제로는 데우스 엑스 마키나인 헤라클레스가 천상에서 개입하여 필록테테스에게 자기 동포의 구원자가 되어야 한다고 명령한다.(이 차이가 얼마나 중요한지에 대해서는 다음 장에서 자세히 설명하겠다.)

소포클레스의 『안티고네』에 대한 윌슨의 요약도 마찬가지로 버나드 쇼의 비판을 상기시키며, 심지어 언론인은 항상 이름을 잘못 말하는 것 같다는 쇼의 주장에도 부응하는 듯하다. 심지어 수정 신판에도 오류는 수두룩해서, 크레온(Creon)을 줄곧 클레온(Cleon)이라고 적어놓았다. 클레온은 안티고네가 아니라 오히려 소포클레스의 동시대인이었던 아테네의 정치인일 뿐이다.

언론계에서는 《뉴요커》에 연재되었다가 단행본으로도 간행된 윌슨의 저서 『사해 두루마리(*The Scrolls from the Dead Sea*)』(1955)를 가리켜, 우리 시대의 가장 중요한 발견 가운데 하나에 대해 대중의 관심을 불러 모으는 데 크게 기여한 대단한 위업으로 간주한다. 하지만 이 책을 가리켜 20년 뒤에는 별로 좋아 보이지 않는다고 말하는 것조차도 오히려 과찬인 셈이다. 여기서 또다시 쇼의 주장은 진실에 매우 가까워지는데, 이 책에서 윌슨의 문제는 엉뚱한 사람들의 이야기에 귀를 기울였다는 데에 부분적 이유가 있는 셈이었다.

이런 문제는 단순히 한 작가에게만 국한되지 않음을 주목하는 것이 중요하다. 한나 아렌트를 매우 유명하게 만든 책은 의심의 여지 없이 『예루살렘의 아이히만』(1963)이었는데, 원래는 《뉴요커》에 기고한 글이었다. 이 책의 논제에 대해서는 상당히 많은 논의가 있었다. 예를 들어 "악의 평범성"이라는 저자의 개념에 대해서는 상당수의 비판자가 매우 거슬린다고 생각했다. 나는 굳이 여기서 그런 주장을 이어나갈 의향은 없다. 대신에 나는 졸저 『카인: 시 선집』에 수록된 짧은 3부작 시 「아이히만 재판(The Eichmann Trial)」에서 그 논제를 표현하려고 했다. 그중 두 번째 시는 다음과 같이 시작한다.

> 그는 커다란 고양이가 아니라 생쥐처럼 보였다.
> 그는 철저히 비낭만적이었다.
> 그는 관료였다는 사실을 자랑스러워했고,
> 여전히 학자인 척했다.

어째서 괴물은 크고 검을 수 없다는 말인가?

일부는 행정부와 닮았고,

때때로 지옥을 만들어내는 원인은 바로

감정과 상상력의 결여이니……

여기서 핵심은 새로운 것도 아니며, 예를 들어 내가 더 나중에야 읽은 톨스토이의 뛰어난 단편소설인 「무도회가 끝난 뒤(Posrednik)」에서도 찾아낼 수 있을 정도다.[2]

이 쟁점을 여기서 언급할 필요가 있는 까닭은, 아렌트가 서술한 사실 가운데 잘못을 찾아내는 사람은 항상 그녀의 논제를 파괴하려는 데에 관심이 있는 사람으로 곧바로 간주되기 때문이다. 언론인의 기풍에 의해서 대부분의 사람들이 얼마나 타락할 수 있는지를 이보다 더 잘 보여주는 사례는 또 없다. 설령 아렌트의 다른 논제들이 (내가 보기에는) 이 논제만큼이나 설득력이 있다 치더라도, 외관상 무엇보다 현학자이며 주도적인 인문학자인 사람이 그 활동에서 쇼의 묘사에 가까웠다는 사실은 여전히 중요한 스캔들일 수밖에 없다.

아렌트를 언론인으로 바라보고 나면, 그녀의 이전 저서들을 이해하는 데에도 도움이 된다. 물론 그 저서들은 잡지를 위해서 쓴 것이 아니고, 아주 '명백히' 언론인적인 것도 아니다. 실제로 그녀의 첫 주저 『전체주의의 기원』(1951)은 인상적이다

---

2 한 청년이 무도회에 참석했다가 자기가 연모하는 여성과 그 부친인 대령이 함께 춤추는 모습을 지켜보며 흐뭇한 기분을 느낀다. 하지만 무도회가 끝나고 밤거리를 헤매던 청년은 아까 본 대령이 탈영병을 붙잡아서 잔혹하게 구타하는 모습을 우연히 목격하고, 그 여성에 대한 애정이 식은 것은 물론이고 인생에 대해서도 환멸과 회의를 느끼게 된다는 줄거리다.

싶을 정도로 박식하다. 아렌트는 그 책의 처음 3분의 2를 반유대주의와 제국주의에 할애했지만, 정작 현학자들은 반드시 이 두 가지에서 전체주의의 기원을 찾아야 한다는 그녀의 주장을 결코 진지하게 받아들이지 않았다. 실제로 그녀는 항상 뉴스에 등장하고 정기적으로 단죄되는 악에 대해서 이야기하며, 이 책의 제목은 눈길을 끄는 신문 헤드라인과도 별로 다르지 않다.

　아렌트는 심지어 전체주의의 가장 중요한 원천이 이단 심문소라는 사실을 주목하지도 못했으며, 이와 더불어 플라톤의 『국가』라든지, 역시나 플라톤의 『법률』에 나오는 "야간 의회"까지도 깡그리 무시해버렸다. 물론 『법률』을 딱 한 번 언급하기는 했지만, 그저 "『법률』에서 …… 플라톤은 제우스에게 호소한다."고만 적었을 뿐이며, 오히려 기묘하게도 플라톤은 "법률이야말로 인간의 공적 임무에서 안정시키는 힘이라는 사실을 이해한" 최초의 인물이었다고 암시할 뿐이다. 사실 신에 대한 호소와 짝지어지는 저 통찰은 플라톤보다 대략 14세기 전에 살았던 함무라비 너머로까지 거슬러 올라갈 수 있다. 나아가 도스토옙스키는 『카라마조프가의 형제들』의 「대심문관」에서 전체주의가 하느님을 향한 호소와 양립 가능하다는 사실을 보여주었다. 하지만 아렌트는 볼셰비키 혁명가들에게 친숙한 가장 명석한 이 전체주의 분석을 단 한 번도 언급하지 않았다.(이단 심문소에 대해서 이와 관련된 더 자세한 설명은 졸저 『네 가지 차원의 종교(Religions in Four Dimensions)』 52절을 보라.) 아렌트는 시사적인 것을 서둘러 다루기를 좋아했고, 견고함과는 영 거리가 멀었다. 전체주의에 대해서도 이해력이 상당히 떨어졌으며,

(비록 아이히만 관련 저서에서 길게 서술했지만) 희생자의 행동에 대해서는 심지어 알렉산드르 솔제니친의 저서에서 발견되는 내용보다도 이해력이 상당히 떨어졌다.

언론업과 현학주의는 마치 정반대인 것처럼 보일 수도 있다. 현학자는 엄밀성과 견고함을 가치 있게 여기는 반면, 언론인은 속도와 흥미로움을 가치 있게 여긴다. 하지만 이 세상에는 언론인적 현학자도 있다. 바로 잡지에 기고하는 교수들인데, 여기서 말하는 잡지는 《뉴요커》부터 이른바 학술지까지 모든 범위에 걸친다. 그렇다면 이렇게 물어볼 수도 있을 것이다. 그게 뭐가 잘못되었다는 것인가?

잘못된 것은 없다. 직업 언론인이라고 해서 모두가 여기서 고려하는 유형에 속하는 것은 아니다. 또한 어쩌다 한 번 잡지에 기고하는 사람들 모두는 그런 유형에 속하는 경우가 더 드물 것이다. 다만 여기서 문제가 되는 것은 바로 기풍이다.

정기 간행물에 글을 써서 생계를 유지하는 사람도 가장 높은 정확성의 기준을 가질 수 있지만, 정작 그렇게 하다 보면 그들의 삶은 확실히 매우 어려워질 것이다. 정기 간행물에 결코 글을 쓰지 않는 사람 가운데 일부도 지적 고결성을 거의 안 갖고 있을 수 있다. 그뿐만 아니라 때로는 (비록 대부분의 사람들이 생각하는 것보다는 훨씬 드물지만) 속도가 실제로 핵심이며, 보도는 사실 확인과 이중 확인을 할 시간도 없이 서둘러 간행되어야 하게 마련이다.

여기서 주목해야 하는 점은, 서둘러 만들어내는 것들이 향후 30년간 버틸 수 있을지를 전혀 신경 쓰지 않는 사람들의 기풍이란, 예를 들어 "영원한 소유물"을 창조하려는 야심을 지녔던 투키디데스 같은 역사가의 기풍이라든지, 또는 "사후에 태어나기"를 바랐던 철학자 니체의 기풍과는 상당히 다르다는 점이다. 상당수의 현학자는 시기적절한 논제에 관해서 학술지에 글을 쓰고 대단한 엄밀성을 드러내지만, 정작 자신의 간행물이 30년은 고사하고 10년이라도 버틸 것이라는 희망은 전혀 품지 않고 있다. 자세히 살펴보면, 그들의 엄밀성은 단지 외양뿐인 경우가 종종 있고, 그들의 제조품은 첫눈에만 견고해 보였지 실제로는 조악하다는 사실이 드러난다.

언론인적 지향은 인문학의 미래에 막대한 위협을 가져온다. 일부 구식 인문학자는 최소한 열 번 읽을 만한 가치가 없는 글은 애초부터 읽을 가치가 전혀 없는 글이라고 느낀다. 그들은 이미 여러 세기 동안 생존한 서적에 집중하고, 일회적인 것처럼 보이는 것을 무시한다. 심지어 과학까지도 종종 무시하는데, 과학이 계속해서 변하기 때문이다. 언론인적 교사들의 '뉴스'에 대한 애호와 가장 최신 유행에 대한 관심은 인간 정신의 가장 위대한 작품의 보전을 위협한다. 작년의 헤드라인 대부분과 마찬가지로 얼마 지나지 않으면 시대에 뒤지고 기억에서 잊힐 만한 최신 논문과 서적만 잔뜩 읽은 상태에서 대학을 졸업하는 학생이 점점 더 많아진다. 그런 한편으로 이제는 심지어 미술사가조차도 성서를 잘 모르는 실정이다.

11

그렇다면 내가 왜 비평가 유형이 아니라 소크라테스 유형에 대해서 말하는지를 명백히 밝혀야겠다. 만약 우리가 비평가에 대해서 이야기한다면, 우리는 최소한 두 가지 유형을 더 구분해야 할 것이다. 첫째는 소크라테스적 비평가이고, 둘째는 언론인적 비평가다. 이 두 가지는 명백히 정반대다.

소크라테스는 자신의 지혜가 곧 자신의 무지에 대한 자각으로 이루어져 있다고 주장했던 반면, 그 당시에 현명하다고 간주되던 사람 대부분은 자기네가 실제로는 모르는 사실을 안다고 주장했다. 따라서 『변론』에서 그가 정의한 바에 따르면, 현명하다고 간주되는 사람들의 무지를 폭로하고, 그들의 지식에 대한 주장이 허위임을 폭로하는 것이야말로 그의 임무 가운데 일부가 되었다.

우리가 여기에서 정의한 언론인은 자기가 모르는 것을 안다고 주장한다. 그리고 어떤 경우에는 사실이 아님을 알면서도 사실이라고 주장하는데, 앞서 말했듯이 더 흥미로운 내용을 만들기 위해서 진술에 인용 부호를 넣는 경우가 그렇다. 소크라테스는 가장 경건하고 옹호 가능한 믿음조차도 결코 혼란이나 나쁜 논증을 정당화할 수는 없다고 주장했다. 그는 플라톤의 저술 가운데 일부에 등장인물로 나와 지적 고결성의 필요성을 후세에 각인시켰다. 하지만 소크라테스 자신의 논증을 엄밀히 검토해보면, 우리는 그가 종종 스스로의 기준에 미치지 못함을, 때로는 그가 다른 사람 놀려먹기를 즐기기 때문에 그렇다는 것을 발견하게 된다.

내가 소크라테스 유형이라고 지칭한 이들은 당대의 믿음과 도덕에 대해서 엄밀한 검토를 수행하고, 널리 공유되지만 거의 의문이 제기되지 않는 확신들의 교만을 폭로한다. 합의와 저명한 패러다임에 대한 의존이 주요 표적이다. 이 모두에는 외고집의 요소가 있을 수도 있다. 그렇다고 하더라도, 이런 유형의 사람들에게는 흐름에 거슬러 헤엄치는 것이 오히려 영광이다.

이 세상에는 유명한 선견자도 여럿이고, 현학자와 언론인도 무척이나 많다. 하지만 순수한 소크라테스 유형의 가장 유명한 사례는 아마 소크라테스 하나뿐일 것이다. 이 종류에 속하는 후대의 교사들은 애석하게도 플라톤을 제자로 두지 못했다. 선견도 없었고 저술도 하지 않았던 교사들은 제자들로부터는 종종 따뜻하고 존경스러운 회고의 대상이 되지만, 지속적인 명성을 얻지는 못한다.

이 유형이야말로 선견자와 현학자에 대한 뚜렷한 대안이라는 사실을 인식하는 것이 매우 중요하다. 교사 대부분은 어쨌거나 지속적인 명성을 얻지는 못할 것이며, 상당수는 주요 대안에 관한 마땅한 반성 이후에는 이런 기풍을 선택할 수도 있을 것이다.

더 나아가 소크라테스적 경향은 다양한 조합으로 나타나곤 했다. 사실 상당수의 교사와 작가가 두 가지 경향을 조합했다고 간주할 경우, 우리의 네 가지 종류의 정신은 무려 '열여섯 가지 유형'을 낳게 된다. 이 세상에는 오로지 네 가지 순수한 유형만 있는 것이 아니며, 그 각각은 다른 세 가지와 서로 결합되어서 나타나기도 하는 것으로 보인다. 만약 우리가 선견자 유형을 1로, 소크라테스 유형을 2로, 현학자 유형을 3으로, 언론인 유형을 4로 나타낸다면, 다음 열여섯 가지 유형이 가능할 것이다.(11, 12, 13, 14, 22, 21, 23, 24, 33, 31, 32, 34, 44, 41, 42, 43.) 어떤 사람은 (소크라테스의 요소를 지닌 선견자인) 12와

(선견자의 요소를 지닌 소크라테스 유형인) 21의 구분에 굳이 관심을 두지는 않을 것이다. 만약 우리가 이런 조합을 제외한다면, 결국 여섯 가지 유형이 사라져서 전체 목록은 열 가지 유형으로 줄어들 것이다. 다음 몇 가지 사례에 나온 것처럼 이는 무척 안타까운 일이다.

11. 블레이크와 예이츠.(다소 순수한 선견자)

12. 플라톤, 니체, 프로이트, 에우리피데스, 톨스토이, 고야.

13. 아리스토텔레스, 칸트, 헤겔.

14. 토인비, 버트런드 러셀의 『서양철학사』.

22. 소크라테스.

21. 레싱, 쇼, 하인리히 뵐, 도미에, 게오르게 그로스.

23. 여러 교수들.

24. 키르케고르, 카를 크라우스.(이 조합은 자기혐오를 낳는다.)

33. 사전, 용어집, 학술적 판본의 편찬자들.

31. 아퀴나스.

32. G. E. 무어와 다른 여러 교수들.

34. 틸리히와 다른 여러 교수들.

44. 대부분의 언론인과 베스트셀러 저자들.

41. 에드먼드 윌슨과 한나 아렌트?

42. 데이비드 서스킨드.

43. 찰스 라이시의 『미국 녹화(綠化)』.

어떤 사람은 개별 사례에 관해서 논증하고, 또 내가 분류한 사람 가운데 일부만이 아니라 다른 사람들도 포함시키는 과정에서 상당한 재미를 맛볼 것이다. 또 어떤 사람은 유명한 사람들이 이 세 가지 유형의 조합이라는 사실을, 아울러 장 폴 사르트르는 이 네 가지 모두의 요소를 강하게 지니고 있음을 주목할 수도 있을 것이다. 현학자가 이 유형론을 가지고 무엇을 할 수 있을지 알고 싶다면, 폴로니어스가 햄릿에게 한 말을 상기해보면 그만이다.

> 세계에서 가장 훌륭한 배우는 비극에도, 희극에도, 역사극에도, 전원극에도, 전원희극에도, 역사전원극에도, 역사비극에도, 역사전원희비극에도……[3]

우리의 목적을 위해서는 네 가지 종류의 정신을 구분하는 것으로 충분할 터이며, 다만 순수한 유형이 오히려 예외라는 점을 유념하면 될 것이다. 나아가 누군가는 언론인과 선견자가 여러 분야에서 발견되는 반면, 오로지 철학자만이 현학자나 소크라테스 유형이 될 수 있다고 가정할 수도 있다. 하지만 앞의 목록은 철학자가 그중 어떤 유형에 대해서도 독점권을 지니고 있지는 않음을 한눈에 보여준다. 당대의 믿음과 도덕에 대한 소크라테스적 음미와 당대에 가장 찬양받던 예언에 대한(아울러 공격의 대상으로서 인기를 끌지 않았던 것들도 포함한) 소크라테스적 조소는 결코 철학자들만의 특권이 아니었다. 물론 철학이 이 방면에 상당 부분 기여한 것은 사실이지만, 다른 분야에서는 소설가와 시인, 그리고 예술가와 교사도 마찬가지

---

3 『햄릿』 2막 2장.

였다. 아울러 직업 언론인이었던 사람들도 마찬가지였다.

12

이 네 가지 유형에 대한 인식은 고등 교육에서 어마어마한 차이를 만들어낼 수 있다. 현학자를 가리켜 선견자가 아니라며 비판하는 것은 무의미한 일이다. 그런 비판은 아무런 결실도 낳지 못하고, 사실상 혁신을 산출할 수 없다. 그뿐 아니라 선견자 위주로만 구성된 교수진은 악몽이 되고 말 것이다. 하지만 어떤 사람은 교수진을 향해 충분히 소크라테스적이지 못하다고, 또는 소크라테스적 기풍을 학생들에게 전달하지 않는다고 비난할 수도 있을 것이다.

우리가 반드시 깨달아야 하는 사실은, 위대한 선견자가 되지 못했다고 해서 반드시 현학자가 되라는 법은 없다는 점이다. 또 다른 대안으로 소크라테스 유형이 있기 때문인데, 아쉽게도 이 선택지는 자주 제시되지 않으며, 설령 제시되더라도 현학자는 그것이 자기 직무는 아니라며 종종 반발한다.

이것은 매우 흥미로운 개념이다. 그 분명한 의미는 이렇다. '이것은 우리가 봉급을 받는 이유가 아니다.' 이 말에는 약간의 진실이 들어 있다.

학문적 자유는 19세기 독일에서 발전되었는데, 거기서는 교수가 국가로부터 봉급을 받는 공무원이었다. 이들은 '학문적' 자유를 부여받았는데, 이는 그 사회의 믿음과 도덕과 정치에 대한 의문 제기를 삼가는 한 그들이 원하는 주제를 가르칠 자유가 있다는 뜻이었다. 따라서 그들의 자유란 엄밀하게 학문적이었다. 그리고 소크라테스적이 되는 것은 경험적으로 그들이 봉급을 받는 이유가 아니었다.

그렇다면 어떤 면에서 이것이 우리의 직무가 아니라는 반박은 진실이다. 하지만 오로지 가장 비열한 피고용인만이 교수로서 자기 과제에 대한 개념을 국가의 바람에, 또는 자기네가 받게 된 돈을 내는 누군가의 바람에 맞추는 데에 만족할 (또는 만족해야 할) 것이다. 세상 대부분의 사람과 달리, 종신 재직권을 얻은 교수는 각자의 직무를 정할 수 있게 마련이며, 자기 과제의 구상을 사회에 설득하기에 탁월한 위치에 있게 마련이다. 실제로 오늘날 학술적 구상의 위신은 바로 교수들로부터 비롯되었다. 교수들이야말로 이런 구상을 대중에게 납득시키고, 그러면서도 그 대안에 대해서는 깊이 반성해본 적이 없었던 장본인이었다.

소크라테스적 기풍의 배양은 그들의 직무가 아니라는 주장에 대해서는 반드시 다음과 같은 질문을 제기해야만 할 것이다. 우선, 그렇다면 그 직무는 할 만한 가치가 있는가? 다음으로, 만약 할 만한 가치가 있다면 훈련과 위치 모두에서 그 직무를 하기에 더 나은 자격을 보유한 다른 집단이 있는가? 그리고 마지막으로, 만약 할 만한 가치가 없다면 우리는 그 직무를 담당하는 것이 오히려 무책임하다 여겨질 만큼 훨씬 더 중요한 다른 직무를 담당하고 있는가?

이 세 가지 질문 모두에 대해 답변을 시도해보자. 우선 맨 처음 것을 살펴보자. 이 직무는 할 만한 가치가 있는가? 이에 대한 최상의 접근은 구체적이고 역사적이다.

13

20세기의 처음 3분의 1에 해당하는 기간에 독일은 고등 교육과 전문가주의의 모범이었다. 수많은 미국인이 독일 대학에 가서 박사 학위를 취득했으며, 20세기의 마지막 3분의 1에 해당하는 기간에도 여전히 우리 곁에 있는 미국의 대학원은 독일의 형상 속에서 발전했다. 1920년대에는 전 세계 각국의 물리학자가 괴팅겐에 가서 공부했을 정도였다.[4]

그런데 1930년대에 독일 대학은 순수 전문가주의의 도덕적 파산의 완벽한 패러다임이 되었다. 당시의 주도적인 독일 현학자 상당수는 사회의 믿음과 도덕과 정치에 대해 질문하는 데 실패하고 말았다. 어쨌거나 그것은 그들의 직무가 아니었기 때문이다. 그들이 봉급을 받는 이유가 아니었던 것이다. 그리고 국제적으로 유명한 현학자들인 그들로부터 가르침을 받은 학생들은 교육을 덜 받은 동료 시민들보다 오히려 더 무비판적으로 나치 국가의 새로운 믿음과 도덕과 정치에 열광했다. 그 학생들은 현학자들이 그토록 자랑스러워하던 양심 있음의 기준을 믿음과 도덕과 정치에 적용하도록 배운 적이 전혀 없었다. 오히려 정반대로, 이들은 일종의 두 세계 학설을 배웠다. 즉 믿음과 도덕은 (또는 한마디로 '가치'는) 비판적 음미에서 예외라고 믿어야 한다는 것이었다. 급기야 가치의 영역은 편견과 격정의 피난처가 되고 말았다.

---

4 괴팅겐 대학교는 수학, 물리, 화학 등 기초과학 분야에서 오랜 역사와 전통을 자랑하는 곳이었다. 하지만 1930년대에 나치가 유대계 학자를 탄압하자 그중 다수가 망명을 떠나면서 이후로 위상이 크게 하락했다. 노벨상 수상자인 막스 보른, 베르너 하이젠베르크, 볼프강 파울리 등이 이곳 출신이다.

1920년대 서양의 두 가지 지배적인 철학은(즉 실존주의와 실증주의는) 그로부터 반세기 뒤에도 여전히 지배적이다. 비록 완전히 상반된 것처럼 보일 수도 있고, 그 열성 지지자들은 서로를 정반대로 바라볼 수도 있겠지만, 양쪽 학파 모두는 각자의 심원한 (그러나 극단적으로 심원하지는 않은) 반(反)소크라테스적 기풍이라는 점에서 일치한다. 양쪽 학파 모두는 이성을 사실의 세계에 국한했고, 믿음과 도덕과 정치의 영역을 정서와 격정과 비합리적 결정에 남겨두고 말았다.

　　이런 반소크라테스적 기풍이 반드시 철학에만 한정될 필요는 없었다. 결코 자신을 실증주의자나 실존주의자라고 부르지는 않을 법한 수많은 교수들조차도 여전히 자기네 직무는 각자의 전공을 가르치는 것이며, 학계의 능력과 탁월성은 점점 더 전문화에 의존하는 것이라는 합의를 공유했다. 우리의 현대 현학자들은 믿음과 도덕을 성직자들에게 남겨두는 것이 최선이라고 종종 주장한다. 하지만 돌이켜 생각해보면 이건 이치에 닿지 않는다. 성직자가 과연 특수한 전문성을 가졌단 말인가? 왜 우리가 그들에게 귀를 기울여야 한단 말인가? 현학자들이 발 내딛기를 두려워하는 곳에는 선동가가 들어선다.

　　소크라테스의 직무는 수행할 필요가 있다. 우리 시대의 상충하는 믿음, 도덕규범, 이념에 대해서는 사려 깊은 검토가 무척이나 필요하다. 단과 대학과 종합 대학에서 정년 보장을 받은 대학 교수진이야말로 이 직무를 하는 데 어떤 집단보다 더 나은 자격과 위치를 가지고 있다. 만약 그들이 소크라테스적 과제를 수행할 시간이 없다면, 그 직무가 다른 곳에서 잘 이루어질 것이라고 기대하는 것은 나태일 것이다.

14

그 직무보다는 오히려 인문학을 가르치는 교수 대부분이 실제로 행하는 직무가 더 중요한지 여부에 대한 질문이 남아 있다. 만약 그게 사실이라면, 소크라테스의 직무를 수행하지 않은 채로 남겨두는 것은 여전히 더 작은 악일 것이다. 교수가 아닌 사람들은 이런 질문 자체가 우스꽝스럽다고, 그리고 이와 비교하자면 인문학을 가르치는 대부분의 교수가 행하는 직무는 전적으로 사소하다고 말할 수도 있을 것이다. 하지만 현학자가 아닌 사람들은 무엇이 사소하고 무엇이 사소하지 않은지에 대한 신뢰할 만한 판정가가 아닐 수도 있다.

이 대목에서 형식(form)과 내용(content)을 구분하는 것이 합리적일 듯하다. 내가 생각하기에 인문학의 연구 가운데 상당수의 내용은 '실제로' 소크라테스의 직무와 비교하면 사소하다. 하지만 그런 연구의 과정에서 얻는 교훈은 귀중할 수 있다. 이것은 중요한 요점이기 때문에, 5장에서 더 자세히 다루도록 하겠다.

지금 우리가 직면한 질문은, 모든 교수가 현학자가 되는 것이 나은지 또는 모든 교수가 소크라테스적이 되는 것이 나은지 여부다. 2차 대전 이후로 우리의 교수진은 점점 더 현학적이 되었고, 우리의 질문은 과연 소크라테스적 기풍의 멸종을 감당할 수 있는가가 되었다. 나는 우리가 감당할 수 없다고 주장하지만, 그렇다고 해서 우리의 교수진을 대표하는 유일한 유형이 그것이어야만 최선이리라는 주장에도 동의할 수 없음은 분명하다. 비유하자면 고래의 멸종을 막자고 호소하는 사람들이라고 해서, 바다에 다른 생물 말고 오로지 고래만 있어야 최선이라는 뜻을 암시하는 것은 아닐 터이다.

물론 소크라테스 유형의 생존에 대한 내 관심은 단지 다양성에 대한 관심보다는 오히려 인문학의 미래에 대한 깊은 관심으로 촉구되었다. 여기서 요점은 우리가 예전에 가졌던 것보다 한 가지 유형이 더 줄어든다면 무척 애석하리라는 뜻이 아니다. 오히려 '인문학은 혼합이 필요하며, 이때 소크라테스 유형은 필요 불가결한 요소'라는 것이다.

어떤 사람은 소크라테스적 기풍을 소금이나 후추에 비교하면서, 그게 없으면 식단은 밋밋하고 맛없어질 것이라고 주장할 수도 있지만, 오로지 소금이나 후추로만 이루어진 식단은 그보다 더 나쁠 것이다. 하지만 이런 이미지는 여러 면에서 오도할 위험이 있다. 독일의 사례가 보여주는 것처럼, 위험에 처한 것은 단순히 취향의 문제가 아니기 때문이다. 또한 대규모 교수진에 한두 명의 소크라테스적 교사만 있는 것도 충분하지 않다. 우리는 그런 사람이 많이 필요하다.

그렇다고 해서 각자의 분야를 포기하면서까지 저 불쌍한 논객들이 종종 "시대의 비판자를 자임했다."고 부르는 사람이 되어야 한다는 결론이 나오는 것은 아니다. 자임[스스로 임명]이라는 표현만 놓고 보면, 마치 이것은 다른 누군가가 임명해야 하는 소명인 것처럼 보이지 않는가! 어떤 경우든 소크라테스적 교사는 대회를 관장하는 보좌에 앉아서 판정을 내리는 사람이 아니다. 소크라테스적 기풍은 오히려 조사하고 질문하는 것이다. 그리고 만약 교수직에 임명된 사람 가운데 일부가 각자의 분야에서 그런 일을 하는 것이야말로 자기 직무의 일부라고 느꼈다면 바람직할 것이다.

그렇다면 가치와 믿음과 도덕률과 이념은 과연 누구의 분야에 속하는가? 만약 소크라테스의 유산을 피하기 위해서 뒤로 몸을 기울이지만 않았더라도, 철학과 종교, 문학과 미술, 역사는 물론이고 정치학과 경제학, 사회학과 인류학 분야의 교수들 역시 각자의 분야에서 그런 논제들과 맞서게 된다는 사실을 당연히 발견할 것이다. 컴퓨터에 숙달하려고, 또는 새로 유행하는 다른 전문성을 얻으려고 시간을 보내는 일 없이, 그들은 현재의 유행에 대한 특히 설득력 있는 대안들을 학생들과 함께 탐험할 수 있다. 이 과정에서 그들은 우리 시대의 다양한 정통론을 바깥에서 어떻게 바라보는지에 관해서, 우리의 상식이라든지 온갖 종류의 학술적 및 비학문적 합의가 얼마나 튼튼한 기초를 갖고 있는지에 관해서, 그리고 각각의 대안을 향한 지지와 반대를 어떻게 표현할 수 있는지에 관해서 물어볼 수도 있다.

물론 철저하게 하는 것은 불가능하겠지만, 학생들은 몇 가지 특히 흥미롭고도 중요한 대안들에 대한 검토 속에서 훈련될 수 있을 것이다. 또한 학생들은 대안을 물색하는 방법을 배울 수 있을 것이다. 학생들은 소크라테스적 기풍에 감화될 수 있을 것이다.

소크라테스적 교사라고 해서 반드시 선견자가 될 필요는 없다. 그들은 자기만의 견해를 발전시킬 필요가 없다. 예를 들어 사회철학을 가르치는 소크라테스적 교사라면, 학생들에게 도스토옙스키의 「대심문관」, 톨스토이의 『나의 종교』, T. S. 엘리엇의 『기독교 사회의 이념(*The Idea of a Christian Society*)』, 밀턴의 『아레오파기티카』를 읽도록 하는 것으로 시작할 수도 있다. 학생들은 극도로 다양한 견해들의 강력하고도 유창한 주장들을 접하게 될 것이다. 물론 학생들은 자기가 읽은 저자들 누구에게든 동의할 자유가 있지만, 머지않아 그들 가운데 상당수에는 동의할 수 없음을 발견하게 될 것이다. 결국 학생들은 그 저자들이 대변하는 견해들에 대해서 의문을 품게 될 것이다. 아울러 자신의 견해에 대해서도, 그리고 부모와 친구와 사회의 상식에 대해서도 마찬가지로 의문을 품게 될 것이다.

비교 종교나 철학사를 가르치는 소크라테스적 교사라면, 강의에서 소개되는 각각의 견해에(각각의 선견에) 생명을 불어넣고, 자신의 목소리를 빌려줌으로써 학생들에게 일련의 도전을 제기할 것이다.

소크라테스적 기풍은 비판적이지만, 여러 강의에서는 공감적 이해가 탁월한 교사들이 실천해야만 최선일 것이다. 엄밀히 말해서, 세부적인 발전이 필요한 자기만의 강력한 선견을 결여한 사람들이라면, 다른 사람들의 선견에 생명을 불어넣는 일에서 성취감을 발견할 것이다. 하지만 여기서의 요점은 순수하게 역사적이거나 미학적이 되는 것은 아니다. 핵심 동기는 이제 이 관점에서, 그리고 이제 저 관점에서 우리의 정통론과 학생들의 견해에 의문을 제기하는 것이 될 터이다. 그리고 다른 사람들에게서 나온 이런 대안적인 관점 각각에 대해서 의문을 제기하는 것이 될 터이다. 힘든 과제라고? 그렇다. 학생들에게는 재미와 유익 모두를 얻을 보람 있고 흥미진진한 과제라고? 그렇다. 선견자가 되기 위해 필요한 과제라고? 아니다. 수행하는 법을 '배울' 수 있는 과제라고? 그렇다.

예를 들어, 토마스주의자인 현학자 교사라면 성(聖) 토마스의 저술에서 뽑은 발췌문, 그리고 보충적으로 마리탱(Jacques Maritain)이나 다른 현대 토마스주의자의 저술을 과제로 내줄 수 있을 것이다. 마르크스주의자라면 카를 마르크스, 프리드리히 엥겔스, 레닌, 그리고 현대의 다른 마르크스주의자를 과제로 내줄 수 있을 것이다. 세미나에서 현학자는 한 가지 주저의 일부를 선택하고, 보충적으로 그 주저에 대해 논의하는 최근의 논문 몇 가지를 선택할 수 있을 것이다.

언론인적인 교사라면 최근의 뉴스에서 자주 언급된 저술을 선택할 것이다. 예를 들어 『미국 녹화(The Greening of America)』(1970)는 1970년대 초에 선택되었겠지만, 1970년대 중반에는 분명히 더 이상 선택되지 않았다. 그 쟁점 역시 현행의 유행에 맞춰서 선택될 것이다.

실제로 소크라테스적 교사 역시 유행하는 텍스트를 선택할 수 있지만, 그건 어디까지나 그 텍스트에서 무엇이 잘못되었는지를 보여주기 위해서일 것이다. 사실 모든 텍스트는 학술적으로, 소크라테스적으로, 또는 언론인적으로 연구될 수 있다. 만약 어떤 일을 하는 올바른 방법만을 고려할 경우라면, 현학자는 한 가지 접근법을 가르치고 (의도적으로, 또는 무심코) 학생들에게 교리를 주입하려고 시도할 것이다. 언론인은 재미있고 흥미진진하고 최신인 것에 가장 관심을 가질 것이고, 결국 학생은 기억할 만한 가치를 지닌 것은 전혀 알지 못한 상태로 남을 것이다. 소크라테스적 교사는 비판적 가치 평가와 지속적인 자기 검토의 필요성을 강조할 것이다.

세 가지 유형 각각은 흥미진진하거나 지루할 수도 있는데, 이는 교사의 인성에 크게 좌우된다. 대부분의 교사는 그로부터 10년 뒤까지도 기억될 내용을 학생들에게 거의 가르치지 않을 것이 분명하며, 일부 교사만이 기껏해야 그 열성 때문에 사랑받는 데 그치고 말 것이다. 일부 교수는 좌절한 배우인 까닭에, 문학을 가르치는 과정에서 굳이 상당한 시간을 들여 학생들에게 희곡의 일부분을 읽어줄 것이며, 굳이 자기가 모든 배역을 목소리로 연기까지 할 것이다. 이런 유형에 걸맞도록 우리의 유형론을 확장한다는 것은 의미가 없을 것이다. 하지만 이런 종류의 교사들은 셰익스피어나 몰리에르에 대해서 또는 심지어 희곡이나 시 전반에 대해서 일부 학생의 눈을 열어줄 수도 있을 것이다.

15

선견자라고 해서 반드시 특별히 훌륭한 교사인 것은 아니다. 이들은 종종 다른 사람들의 견해에(특히나 독자적인 견해보다 분명히 열등하다고 간주하는 견해에) 바칠 시간이 없다고 느끼며, 경쟁적 입장들에 관해서 논의할 때면 불성실해진다. 그들의 견해가 무르익으면 학생들을 데리고 발견의 항해를 하는 데에 탁월할 수도 있다. 하지만 일단 자기 입장을 상술하고 나면 옹호해야 할 입장이 없는 더 젊은 교사들에 비해서 훨씬 덜 효율적인 교사가 된다.

인쇄물로 선견을 상술하기 시작한 사람들은 구속을 당하게 된 셈이다. 자기가 간행한 내용을 강의에서 반복한다는 것은 좋지 않아 보이는데, 인쇄물을 이용하면 학생들 스스로 더 빨리 읽을 수 있기 때문이다. 선견자가 자신의 선견을 과제로 내주면 학생들은 교수가 자기 견해를 강요한다고, 그리고 충분히 공평하지 않다고 느끼게 된다. 그렇다고 해서 독자적 견해와 다른 사람의 견해를 함께 과제로 내주면, 저자는 방어적인 입장에 처하게 되어서 자기 입장이 더 우월하다는 것을 보여줄 수밖에 없게 된다. 자기 저서를 과제로 내주는 대신에 주요 핵심 일부를 짧게 요약하면서 세부적인 방어를 내놓지 않을 경우에는 독단적으로 보이게 된다. 자기가 인쇄물로 내놓은 것을 과제로 내주거나 논의하지 않고 삼가는 사람들은 자기가 특히나 중요하다고 간주하는 것을 (그들이 글을 쓴 이유가 바로 그것이라고 가정할 경우) 사실상 빼먹는 셈이 되어서, 강의 자체가 균형이 맞지 않게 되고 만다. 일부 교사들은 어떤 주제에 대해서 연구를 간행하고 나면, 그 주제에 대해서 가르치는 것을 중지해야 마땅하다고 결론을 내린다. 딜레마는 계속 남아 있다. 그런 권고를 받아들일 경우, 주도적인 전문가 대부분은 각자의 전공을 가르칠 수 없을 것이기 때문이다.

이 다중의 딜레마는 국제적인 명성을 얻은 교수들이 종종 교사로서 인기가 덜한 이유를 설명하는 데에 도움을 준다. 물론 이것은 불변의 법칙까지는 아니지만, 독자적 선견이 없는 교사들이 오히려 선호되는 일종의 반작용은 분명히 있다.

물론 선견자의 입장에서 일을 더 손쉽게 만들어줄 수도 있는 교육 시스템을 고안할 수도 있을 것이다. 하지만 2차 대전이 끝나고 한참이 지나도록, 독일 대학에서는 논의의 여지가 상대적으로 거의 없었다. 독일 교수들이 하는 강의를 가리키는 독일어 Vorlesung은 원래 '읽기'를 뜻한다. 즉 독일 교수들은 강의에서 집필 중인 저술을 학생들에게 읽어주었다. 덕분에 교수는 자기 선견을(즉 철학자들이 말하는 '체계'를) 제시할 기회를 얻는다. 반면 학생들은 질문을 제기할 기회를 얻지도 못하며, 이런 강의에는 읽기 과제에 관한 토론이 곁들여지지도 않는다. 설령 교수 대부분이 선견자라 하더라도 이런 강의 방법은 크게 문제가 되었을 것이다. 철저하게 권위적이고, 비판적 정신을 배양하지 않기 때문이다.

그뿐 아니라 실제로 체계를 지닌 교수들이라고 해서 반드시 선견자인 것은 아니다. 「학계라는 동물원」을 다시 인용해 보자.

> 대부분의 새는 창공을 지나 솟구치지만,
> 공작은 날 수가 없으므로 으스대고 걷는다.

나치가 정권을 잡았던 1933년의 일이다. 훗날 미국으로 이주해 유명한 철학자가 된 어느 학생이 베를린에서 박사 논문을 쓰고 있었는데, 마침 그를 지도하던 유대인 교수가 이스탄불 대학의 초청을 받아들이기로 작정했다. 이 학생은 베를린 대학의 또 다른 교수에게 논문 심사 위원 가운데 한 명이 되어달라고 부탁했다. 대(大)교수 마이어 박사는 이 이야기에서 맡은 역할을 제외하면 명성을 주장할 만한 자격이 전혀 없는 인물이다. 그런데 저 대교수의 심사를 받으려면, 그 학생은 우선 "대교수의 체계"에 숙달되어야만 했다. 그런 숙달은 단순히 강의를 통해 신속하게 이룰 수가 없는 것이었으므로, 그 학생은 대교수의 조교 가운데 한 명에게 과외 강의를 받았다. 그가 질문을 던질 때마다, 조교는 이렇게 대답했다. "대교수님의 체계에는 모든 것이 서로 맞물려 있기 때문에, 전체를 이해하기 전에는 그 어떤 부분도 이해할 수 없다네." 학생이 마침내 심사를 받을 준비를 마치자, 대교수는 만약 키르케고르가 이 이야기 전체를 고안했더라면 거뜬히 했을 법한 일을 해버렸다. 그는 사망했다. 그리하여 그의 체계도 함께 사망해버렸다.

소크라테스적 기풍은 이런 종류의 허영에 반대하는 대신 상대주의를 육성하는 것으로 생각할 수도 있다. 하지만 실제로는 그렇지 않다. 이 기풍은 비판적인 정신을 육성하고, 그 어떤 견해도 다른 견해와 마찬가지로 좋거나 나쁘다는 식의 손쉬운 생각에 대항하여 학생들에게 면역력을 길러준다. 학생들은 명백히 지지 불가능한 견해들과 옹호 가능해 보이는 극소수의 입장들을 구분하라고 배운다.

소크라테스의 후예들은 독단주의만큼이나 상대주의도 거부한다. 이들은 대부분의 견해가 지지 불가능하다는 점을 보여주고자 한다. 하지만 이들은 모든 견해를 논박하거나 자기들이 거부한 것들이 동등하게 나쁘다는 사실을 발견하려고 작정하지는 않는다. 어떤 문제에 대한 일부 해결책은 다른 해결책에 비해서 더 혼란스럽고 비일관적이다. 일부 해결책은 오로지 약간의 결함만 있다. 한 가지 또는 두세 가지 해결책은 받아들일 만하다. 소크라테스에게도 심지어 자기 목숨조차 기꺼이 바칠 만한 기준이 있었다는 사실, 그리고 소크라테스야말로 세상 모든 규범과 주장과 서적이 동등하게 좋다는 식의 주장과는 아주 거리가 먼 사람이었다는 사실만큼은 기억해둘 가치가 있다.

소크라테스적 교사의 학생들이라면 그 교사가 상대주의

자도 아니고 독단주의자도 아니라는 사실을, 아울러 그 교사가 '절대적 진리'를 가르치는 것을 평생의 사명으로 간주하지도 않았다는 사실을 깨달을 것이다. 대신에 학생들은 온갖 종류의 실수를 회피하는 법을 배우게 되며, 이때 소크라테스적 교사는 플라톤의 『테아이테토스』의 말미에 나오는 소크라테스의 다음과 같은 말을 인용할 수 있을 것이다.

> 자네가 다시 착상한다고 치면 …… 자네의 피어오르는 생각은 이 음미의 결과로 더 나아져야 마땅할걸세. 하지만 자네가 여전히 불모 상태로 남아 있다면 자네는 동료들에게 더 온화하고 친절해질 터이니, 자네가 모르는 것을 안다고 상상하지 않는 훌륭한 판단력을 가졌기 때문일세.[5]

그렇다면 소크라테스적 교사는 왜 드물어졌을까? 현학자라면 소크라테스의 엄격성을 좋아할 것이라고 가정할 수도 있을 것이다. 물론 현학자는 좋아한다. 다만 그 엄격성이 자기네 합의와 요령, 목적을 건드리지 않는다면 말이다.

그리 놀랄 일은 아니다. 그러나 20세기 전반기 동안 (특히 미국에서) '소크라테스적'이라는 용어가 교사들을 향한 칭찬의 말이었음을 기억해보면, 심지어 "검토되지 않은 삶은 살 만한 가치가 없다."는 소크라테스의 과장된 주장이야말로 학계에서 가장 인기 있는 표어 가운데 하나였음을 기억해보면, 지금의 상황은 기묘한 데가 있다. 도대체 무슨 일이 일어났던 걸까?

---

5 『테아이테토스』 210c.

16

미국에서 그 전환점은 2차 대전 이후 매카시 시대와 겹쳤는데, 그 시기에는 합의에 대해서 의문을 제기하는 것이 정치적으로 위험하게 되었다. 따라서 점점 더 학술적이 되는 편이 오히려 더 안전해졌다. 슬픈 이야기지만, 대부분의 학자들은 소심한 타협주의자였다. 그중 상당수는 학교가 다른 곳보다 더 많은 안전과 아울러 보호된 환경을 제공해주기 때문에 굳이 가르치는 일을 택했다. 공부를 마치고 나서도 학교를 떠나고 싶지 않았던 것이다. 어떤 면에서 이 마지막 요점은 미국에서보다 오히려 영국에서 더 많이 적용될 것이다. 하지만 현학주의의 성장은 전 세계적인 추세이므로, 이런 설명만으로는 불충분하다.

공산주의 세계에서는 어떤 경우에도 소크라테스적 기풍이 자리를 잡을 수가 없었으며, 대학에서도 전혀 관용되지 않았다. 나머지 세계에서 가장 중요한 사실은 2차 대전 이후에 고등 교육이 이전보다 훨씬 더 많은 숫자의 학생들에게까지 확장되었다는 것이다. 즉 고등 교육은 더 이상 소수만이 누리던 특권이 아니었으며, 무척이나 경쟁이 심해지게 되었다. 오히려 갑자기 다수의 새로운 교사가 필요해졌으며, 그 과정에서 학계는 무한히 더 전문적이고, 학술적이고, 반(反)소크라테스적이 되었다.

학생들은 시험에 대해서, 교수들은 간행에 대해서 더 많이 관심을 갖게 되었다. 둘 중 어느 쪽도 소크라테스적 질문을 위해 남겨둘 시간이 많지 않았다. 소크라테스가 제자들에게 시험 준비를 시키지 않은 것은, 그리고 아무것도 간행하지 않았던 것은 우연이 아니었다. 그렇다고 해서 누군가가 시험을 위해서 소크라테스적 서술형 질문을 고안할 수는 없다는 결론이 나오지는 않으며, 서적 역시 소크라테스적 정신을 분명히 드러낼 수 있다. 하지만 대부분의 시험이 비(非)소크라테스적이며 합의에 근거한 이유가 무엇인지, 그리고 다수의 새로운 교사가 학술적 논문을 간행한 이유가 무엇인지 알기는 쉽다.

선견자가 아닌 까닭에 이들은 독자적인 선견을 인쇄물로 상술할 수가 없다. 아울러 이들은 식견이 넓지 않기 때문에 상당수가 사소한 주제에 대해서 긴 논문을 쓴다는 것은 놀라운 일도 아니다. 과거 독일의 박사 논문이 학술지의 모범이 되었다. 즉 지식에 기여해야 한다고만 했지 소크라테스적이어야 한다고는 간주하지 않았다. 교사 대부분은 큰 기여를 할 수가 없었던 까닭에 현미경주의가 크게 늘어났다.

이런 전개는 학계 전체에 편재했다. 몇 가지 짧은 예시를 통해 우리가 무엇에 맞서고 있는지가 드러날 것이다.

1950년대에 미국에 있는 철학과 대부분은 전공생 모두에게 필수 과목인 두 가지 표준 강의를 두고 있었는데, 이것이야말로 철학을 어느 정도 배우는 데에 관심이 있었던 학생들에게는 큰 이점이 아닐 수 없었다. 하나는 고대 철학을 다루는 강의였고, 또 하나는 데카르트부터 칸트에 이르는 근대 철학을 다루는 강의였다. 그런데 이 과정은 대부분의 단과 및 종합 대학에서 점차 사라져버렸다. 점점 더 교수들은 그토록 넓은 범위를 다룰 수 있는 전문 지식을 결여하고 있다고 느끼게 되었다. 그리고 이들이 직업적 승진을 하기 위해서 반드시 간행해야 하는 논문에서는 기껏해야 철학자 한 명이 책 한 권에서 다룬 문제 한 가지를 다루면 고작이었다. 그뿐 아니라 거의 모든 철학 학술지가 비(非)역사적 논문을 선호하게 되었다. 사람들은 과거에 대해서보다 오히려 미래에 대해서 관심을 갖는 경우가 점점 늘어났다. 1970년대에 철학자 서너 명을 다루는 강의를 담당하는 사람은 차라리 그중 한 명만을, 그리고 더 구체적으로는 그 한 명이 쓴 책 한 권 또는 많아야 두 권만을 전적으로 다루는 강의를 하는 편이 더 낫지 않겠느냐는 질문을 받을 법해졌다. 그나마 개설된 역사적 강의는 점점 더 비역사적이 되었고, 우리의 현재 상식에 의문을 제기하며 여러 다른 견해들을 비교하는 소크라테스적 논의는 더 작은 요점들에 대한 더 전문적인 논의에 점점 더 많이 밀려나게 되었다.

일단 이런 전개가 가속도를 얻게 되자, 현학자들은 자기네 합의에 의문을 제기하는 소크라테스적 비평가를 위협으로 경험하게 되었다. 차라리 다른 학파의 현학자들로부터는 오히려 위협을 덜 느꼈는데, 그들의 기풍 역시 자신들의 것과 상당히 비슷했기 때문이었다.

우리가 다른 분야에서 마주친 상황도 이와 매우 유사했다. 문학 학과에서는 이른바 신비평이 전성기를 누리고 있었지만, 이는 현미경적이고 반소크라테스적인 전문가적 지향의 전위 역할을 담당했다. 즉 전공자는 인간으로서의 시인과 소설가에 대해서, 또는 그들의 (또는 결과적으로는 우리의) 사회를 향한 그들의 (어쩌면 시들한) 비평이나 그들의 세계관에 대해서 더 이상 관심을 두지 않게 되었으며, 대신에 그들의 심상이나 화법의 세부 사항을 추적하게 되었다. 나무를 보고 숲을 보지 못하는 것은 오히려 미덕이 되었으며, 잎사귀 하나에 대한 연구가 더 우월한 것으로 생각되기에 이르렀다.

종교에서는 한 가지 학과에서 나온 두 가지 사례로 충분할 듯하다. 한 교수는 히브리 예언자들의 현실 관련성에 관한 단행본으로 경력을 시작했는데, 은퇴 직전의 임기 말년에는 성서의 도량형 연구를 위해서 연구비를 얻었다. 그보다 더 젊은 동료는 마르틴 부버와 '나와 그대'의 관계를 다룬 첫 단행본을 간행했는데, 나중에는 하느님의 존재를 다룬 과거의 현학적 논증에 대한 분석으로 선회했다.

물론 초기의 단행본이 나중의 논문보다 더 낫다는 결론에 이르지는 않는다. 신중한 장인 정신에 대해서는 할 말이 무척이나 많다. 하지만 지향의 변화는 여전히 놀라울 뿐이다.

모든 인문학 학과에서 나온 사례를 수집하면 그 양이 곱절로 늘어날 수도 있을 것이다. 심지어 어떤 학과는 더 이상 인문학에 속하지 않기 위해서 최선을 다하고 있다고 말할 수도 있을 것이다. 즉 인류에 관한 연구와 아울러 우리의 가치와 믿음과 도덕 개념에 대한 비판적 검토를 아예 회피하게 되었다고 말이다.

뭔가 중요한 것이 상실되고 말았다. 오늘날 사실상 아무도 하지 않는 것을 과거에는 많은 사람이 탁월하게 해냈다고 주장하는 것은 어리석을 터이다. 나는 죽어버린 과거를 칭송하려는 것이 아니다. 문제는 우리가 미래에 무엇을 시도해야 하는가다.

17

2차 대전 이후, 소크라테스적 기풍이 쇠퇴하는 동안 현학자의 위신이 크게 성장했다는 점은 사실상 부정할 수가 없다. 하지만 상충되는 해석의 여지도 있다. 일부 관찰자들은 인문학이 죽어가고 있다고, 어쩌면 심지어 인문학이 자살을 범하고 있다고까지 말할 것이다. 또 다른 관찰자들은 과학적이 되어야만 존경받을 자격이 생긴다고, 또는 발전해야만 그런 자격이 생긴다고 주장할 것이다. 심지어 인문학 학과가 사회과학이나 자연과학 학과와 동등한 분과로 나란히 놓인다는 개념 자체도 케케묵었다고 주장할 것이다. 어느 쪽이든지 간에 인문학에는 미래가 없을 것이다.

하지만 가장 타당한 질문이 제기되는 경우는 오히려 드물다. 진단의들은 종종 고도로 오도된 범주를 가지고 행동한다. 즉 어떤 교수가 직면한 질문은 과연 그가 예언자가 되어서 결국 사기꾼으로 끝나기를 원하느냐, 아니면 과학에서 그 모범을 찾음으로써 자기 분야에서의 발전에 기여하는 근면한 전문가가 되기를 원하느냐의 문제인 것처럼 행동한다. 현학자들 사이에서는 전공 외부의 사람들에게 관심을 끌 만한 내용은 사실상 존경받을 수가 없고 십중팔구 언론인적이라는 가정이 있게 마련이다. 다른 수학자가 간행할 논문을 내가 따라갈 수가 없으니, 덩달아 나도 소수의 동료를 제외하면 모두가 똑같이 이해할 수 없을 논문을 간행하려 한다. 한마디로 말해서, 학자는 어떤 대안을 찾을 수 있는지, 2차 대전 이후에 어떤 발전이 실제로 이루어졌는지, 소크라테스의 임무가 수행될 필요가 있는지, 그리고 누가 그 임무를 수행해야 하는지 묻는 데 실패했던 것이다.

이 책에서 제안한 유형론은 더 나은 진단을 가능하게 한다. 과학에도 마찬가지로 소수의 선견자와 다수의 현학자가 있다. 인문학 교수들은 선견자와 예언적 능력을 거부함으로써, 위대한 과학자를 모범으로 삼은 것이 아니라(물론 아인슈타인이나 뉴턴이 되려고 시도하는 것은 별로 이치에 닿지 않을 것이지만) 오히려 과학적 현학자들을 모범으로 삼아버렸으며 그 성공 여부도 미심쩍다. 이 과정에서 그들의 연구 대부분은 사소하게 되어버렸다. 대부분의 인문학 교수가 원래부터 항상 사소했는지, 그리고 오로지 교사의 숫자와 그 간행물의 분량만 우후죽순으로 늘어났을 뿐인지는 논의의 여지가 있다. 하지만 억측, 자기 인식의 상실, 그리고 발전에 관한, 또는 철학에서의 혁명에 관한, 또는 지식의 최전방에서 연구하는 일의 장엄함에 관한 망상도 이에 못지않게 늘어났다.

교수들에게 연구비를 제공하는 기관과 재단은 대개 이런 호언장담을 묵인해왔다. 어쨌거나 그들은 교수들의 전문가적 조언에 반드시 의존해야만 했으니까. 연구비 신청자들은 일반인이 이해할 수 있는 연구 과제가 오히려 자금 지원을 받지 못할 가능성이 있음을(즉 일반인이 읽을 수 있는 논문이 전문 학술지에 게재될 가능성이 없는 것과 마찬가지임을) 오래전에 배웠다. 누군가의 유능함을 보여주는 방법은 바로 전문적이 되는 것이었다. 누군가가 박사 학위를 취득하면 이 모두는 제2의 본성이 된다. 또다시 논문이 패러다임인 것이다.

지금 무엇을 연구하고 있느냐는 질문을 받은 학자가 박사 논문을 집필 중일 때에 감히 내놓지 못했음직한, 또는 재단 연구비를 신청했을 때에 감히 내놓지 못했음직한 연구 주제를 답변 삼아 동료에게 내놓는 것은 부끄러운 일이다. 그런 질문 앞에서 소크라테스적 답변은 선견자적 답변만큼이나 우스꽝스러울 것이다. 이때 해야 하는 일은 뭔가 작고도 전문적인 것을 언급하는 일이며, 이때에는 워낙 정련된 까닭에 질문자는 긴 설명을 듣지 않고서는 (그리고 어쩌면 긴 설명을 듣고 나서도) 차마 이해를 바랄 수 없을 법한 논제를 언급하는 것이 최상의 인상을 남기게 마련이다.

따라서 인문학이 죽어가는 와중에도 수천 명의 교수들은 번성할 수 있었다. 오로지 1960년대 말에 가서야 짧은 반란이 있었다.

18

그 반란은 인문학과 사회과학의 무미건조함과 비인간화를 감지한 학생들이 주도했다. 당시에 일어난 일을 잘 파악하지 못했다는 이유로 그들을 비난할 수는 없다. 이른바 '현실 관련성'에 대한 그들의 요구는 이해할 만했지만, 그 표어에 대한 그들의 해석은 대부분 매우 조잡하고 반지성적이었다. 그들은 기성 권력의 가면을 벗기는 것을 많이 이야기했지만 성공을 거두지는 못했다. 그들이 폭로하기를 원했던 극악무도한 음모론이란 애초부터 존재하지 않았기 때문이다. 하지만 이런 사실을 깨닫지 못한 상태에서도, 그들은 실제로 수많은 교수들의 타협주의와 소심성의 가면을 벗기기는 했다. 그런 교수들은 각자의 소명에 대한 명료한 개념을 갖지 못한 채 남을 만족시키려 할 뿐이었다.

학생들의 주장, 교수들의 반응, 그리고 그 결과로 생긴 변화에 대한 세부적인 분석을 시도한다면, 지금 이 시점에서는 너무 멀리 길을 벗어나는 셈이 될 것이다. 하지만 수많은 교수들이 남을 만족시키고자 한 하나의 방식에 대해서는 언급해야 마땅하다. 즉 그들은 남는 시간에만 '현실과 관련'을 맺게 되었으며, 직업적인 속박, 직업적인 엄격성, 직업적인 양심이 없는 상태에서 도덕과 정치에 관해 연설을 늘어놓았다. 여기서 요점은 '사회적인' 양심을 드러내는 것이었고, 자기 마음이 올바른 곳에 (또는 좌측에)[6] 있음을 보여주는 것이었다. 하지만 믿음과 도덕과 정치의 영역이 곧 격정과 감정의 영역이라는 확신에 대해서는 의문이 제기되지 않았고, 그리하여 수많은 현학자들은 감정의 깊이를 드러내고 결과를 가져오는 최선의 방법은 결국 힘을 사용하는 것이라는 학생들의 추론조차도 원칙상으로는 전혀 잘못되지 않았다고 보았다.

이런 식으로 해서 만약 현명한 변화가 일어났다면, 그거야말로 오히려 기적이었을 것이다. 그런 변화 가운데 상당수가 극도로 잘못 고려되었다는 사실은 그리 놀라울 것도 없다. 충분히 이해할 만한 일이지만, 시험과 간행을 과도하게 강조한 것에 저항하는 항의가 있었다. 여러 곳에서 그 결과로 기준이 급격히 저하되었고, 인문학은 더욱 쇠퇴했다. 유럽의 일부 종합 대학에서는 교수진에 젊은 범재들이 불어나서(이 사실은 금세 발견되었지만, 상황을 개선하기에는 너무 늦은 다음이었다.) 명석한

---

6 "올바른 곳"으로 옮긴 원문의 the right place가 '우측'이라는 뜻도 있어서 나온 말장난이다. 당시 대학가에서의 신좌파 유행을 꼬집은 것이다.

학생들에게 기회는 전혀 남지 않게 되었다. 베를린부터 애들레이드에 이르는 다른 곳에서도, 학생은 물론이고 교수진까지도 신임 교수 채용에 학문적 자격 요건보다는 정치적 검증이 더 중요하다고 주장했다. 학생들에게는 수많은 의무 사항이 사라지게 되었는데, 그중에는 시험이 많이 사라진 것뿐만 아니라, (이전까지는 최소한 극단적 전문화를 방지해주었던) 이른바 필수 학점 취득 의무가 사라진 것도 있었다. 결국 반란 이후에는 대학원 수준의 전문화가 어느 때보다도 커졌다.

시험 대신에 과제물 작성이 더 인기 있는 선택지가 되었지만, 이런 변화가 이치에 닿으려면 우선 학생들이 글 쓰는 방법을 배워야 했다. 그런데 정작 학생 대부분은 글 쓰는 방법을 몰랐으며, 교사 대부분도 (전공이 같은 소수의 동료를 제외하면 누구도 이해할 수 없는) 학술지용 논문을 제외하면 쓰는 방법을 몰랐다.

학생들의 혁명은 어느 정도까지는 현학주의의 악덕 일부를 겨냥했다. 하지만 당시의 상황에 대해 하다못해 절반이라도 적절한 진단이 부재한 상태이다 보니(즉 소크라테스적 기풍까지 갈 것도 없이, 현학주의의 개념 자체도 없는 상태이다 보니) 반란자들은 기껏해야 현학주의를 더 악화시키고 말았다.

19

인문학이 무미건조함과 공허로 인해 죽어간다는 개념은 아마도 의문의 여지가 있어 보인다. 전문화가 훌륭하다는, 그리고 오로지 동료 전문가만이 현재 이루어지고 있는 연구를 판단할 수 있다는 데에는 폭넓은 동의가(즉 합의가) 나와 있다. 그리고 현학자는 종종 자기 동료와 친구의 연구에 대해서 매우 열성적이다. 개구리라면 서로 개굴개굴하는 것을 승인하게 마련이다.

서로에 대해서 은유를 갖다 붙이거나 현재 이루어지고 있는 일의 장점을 논쟁하는 것은 태만일 것이다. 현재 이루어지지 '않는' 일을 주목하는 것이 중요하다.

일부 현학자는 자기가 하는 일에 의심의 여지 없이 매우 탁월하며, 만약 여러분이 다른 현학자들에게 물어보더라도 기꺼이 그런 사실을 증언할 것이다. 하지만 정작 현학자들이 하지 않는, 또는 잘못 하는 일들도 여러 가지다. 그중 세 가지만 예를 들어보자.

첫째로, 현학자들은 소크라테스의 기풍을 육성하지 않는다. 믿음이라든지 또는 실질적인 도덕 및 정치 문제를 (조금이나마) 다룰 경우에도, 그들은 어디까지나 일과가 끝난 뒤에, 즉 종종 감정적이고 보통 무책임하게 다룰 뿐이다. 특유의 두 세계 학설 덕분에 그들은 이 영역에 들어서면서부터 각자의 이성과 직업적 양심을 뚝 떼어서 그 입구에 맡겨놓는 것처럼 보인다.

둘째로, 현학자들은 일반적으로 '너'의 범주를, 즉 (샤일록의 표현을 빌리자면) 몸뚱이(dimensions)를 지닌 인간의 범주를 결여하고 있다.[7] 그들이 선견자에 관해서 글을 쓸 때에는 정

---

7 셰익스피어의 『베니스의 상인』 3막 1장에서 샤일록은 유대인이 평소에 당하는 차별을 상기하며 이렇게 토로한다. "유대인은 눈이 없나? 유대인은 손이, 장기(臟器)가, 몸뚱이가, 오감(五感)이, 감정이, 격정이 없나?" 카우프만은 여기서 dimensions이라는 단어를

말 터무니없는 오해로 귀결되곤 한다. 전형적인 현학자는 맥락에 대한 감각이 전혀 없으며, 그중에서도 문장과 개념이 의미를 획득하는 인간적인 맥락에 대한 감각이 가장 없다. 아울러 현학자는 맥락이 수많은 의미를 배제한다는 사실을 깨닫지도 못한다. 성 토마스가 성서를 인용할 때건, 아니면 현대의 현학자가 칸트나 어느 시인의 텍스트나 (심지어) 어떤 회화를 분석할 때건 간에 그 광경은 기본적으로 똑같다. 즉 사용할 수 있는 무기력한 대상을 다룰 뿐이지, 우리에게 맞서고 도전하는 인간 문서인 '너'를 다루지는 않는 것이다.(이 요점은 다음 장에서 좀 더 발전시킬 것이다.) 이른바 '기성 권력'이 인격을 존중하지 않으며 우리를 비인간화한다고 주장한 학생 반란자들의 구호를 수많은 현학자들이 차용했다는 사실은 극도로 아이러니하다. 왜냐하면 그들 스스로가 이런 과정을 추진하고 있으며, 또한 학생들을 비인간화하는 것은 물론이고 심지어 인문학을 비인간화하고 있다는 사실을 깨닫지 못하고 있기 때문이다.

셋째로, 현학자들은 일반적으로 전망을 결여하게 마련이고, '더 넓은' 맥락을 보지 못하게 마련이다. 자기 학파와 그 관점의 역사적 맥락을 바라보지 못하는 무능, 역사적 감각의 결여 등은 이러한 문제의 사례다. 자기 전공에 대한 그들의 태도는 또 한 가지 중요한 예시를 제공한다.

마키아벨리에 관한 학술 대회라든지 또는 언어철학에 관한 학술 대회에서 최상급 현학자들이 정작 강연과 토론을 따라가지 못하더라도 더 이상 당혹스러울 것은 없다. 그들은 정

사용하고 "샤일록의 표현을 빌"렸다고 첨언했으므로, 셰익스피어의 해당 대사의 일반적인 해석을 따라 "몸뚱이"로 옮겼다.

치 이론이나 인식론의 전공자로서 기본 자료를 읽고 가르쳐왔지만, 정작 강연과 토론은 전혀 확인되지도 않고 요약되지도 않은 최근의 몇몇 논문을 중심으로 이루어지기 때문이다. 이런 현상은 더 이상 기본적인 예의의 결여로 여겨지지도 않는다. 오히려 이것이야말로 전문가주의의 필수적인 요소 가운데 하나로 널리 간주된다. 현학자는 이런 관습이 좁은 합의에 대한 무비판적인 의존을 촉진한다는 사실을 미처 파악하지 못한다. 이들은 똑같은 전공을 공유하지 못한 사람들에게 내용을 명료히 설명하려는 시도 자체를 깔본다. 하지만 정작 그런 시도야말로 진정으로 귀중한 것이 아닐 수 없다. 그로 인해 우리는 자신의 전공의 맥락을 바라보고 자신의 가정을 자각할 수 있는 곳까지 충분히 뒤로 물러설 수밖에 없게 되기 때문이다. 다른 분야에 속한 동료 현학자에게, 또는 지적이고 비판적인 사람에게 뭔가를 설명하려 할 때면, 우리는 보통 크게 배우게 된다. 진지한 연구 속에서 현학자는 기본적으로 자기에게 동의하는 사람들에게 말하는 편을 선호한다. 그 결과로 우리는 담론의 전체 차원을 잃어버리고 있다.

일부 현학자는 일과가 끝난 후에 언론업에도 손을 대서, 다른 분야의 전문가나 교양 있는 일반인도 이해할 수 있는 글을 쓴다. 하지만 이런 일탈은 스스로의 눈에도, 또는 전공에 기여하려는 자신의 노력에서도 전공 글쓰기와 똑같은 중요성을 갖지는 못한다. 따라서 이런 방면에서 현학자의 글쓰기는 마치 학제 간 강의가 2학년 수준에 한정되어야 한다는 시건방진 생각과 일치하는 셈이다. 마치 고도로 전문화된 연구만이 진지할 수 있다는 듯한 태도이기 때문이다.

사실 인류에게 가장 중요한 문제 가운데 상당수는(내가 6장에서 보여주려고 하는 것처럼, 여기에는 처벌, 죽어감, 의료 윤리 등이 포함된다.) 학제 간 접근법이 필요하다. 이런 문제를 오로지 자기 전공의 관점에서만 다루는 사람은 (그 전공이 프랑스 문학이건, 생리학이건, 또는 언어철학이건 간에) 스스로를 사소함에 가두게 된다. 지식의 최전선에서 작업하기를 진정으로 원하는 사람은 반드시 자기 학과의 최전선을 넘어야만 한다.

20

플라톤은 이 세상에 정신의 기본 유형이 단 세 가지뿐이라고, 그리고 네 번째는 (노예의 정신인 까닭에) 굳이 토론할 만한 가치가 없다고 생각했다. 내가 지금까지 한 말은 이 세상에는 오로지 세 가지 기본 유형이 있으며, 네 번째는(즉 언론인의 정신은) 아마도 토론할 만한 가치가 없다고 말하려는 의도는 아니었다. 이 세상에는 이보다 더 많은 유형이 있으며, 유형론은 시각에 따라 달라지게 마련인데 이는 종종 간과된다. 예를 들어 훌륭한 비서를 물색 중인 고용주라면 내 유형론이 아주 유용하다고 생각하지는 않을 것이다.

내 유형론은 고등 교육에 대한 관심에 근거한다. 플라톤의 유형론도 유사한 맥락에서 제공된 것이지만, 그의 주된 관심은 정의(正義)와 이상적인 도시 국가였다. 그는 정의와 이상적인 도시 국가 모두가 차마 교육으로 변화될 수 없는 세 가지 인간 유형에 대한 인식에 의존한다고 주장했다. 그는 이런 유형들이 태생적이며 유전적이라고 생각했지만, 가끔 한 번씩은 부모와 똑같은 유형에 속하지 않은 보기 드문 아이가 나온다고 보았다. 예를 들어 어떤 아이가 본질적으로 평범하므로 오로지 기술이나 사업에서 훈련을 받기에만 적절한지, 또는 충분히 강한 정신적 요소를 지녔으므로 군인이 되기에 적절한지를 일찌감치 판정하는 것이 중요하다고 간주했다.(하지만 정확히 언제 판정해야 하는지는 말하지 않았다.) 남자와 여자 모두 그런 요소를 가질 수 있었으며, 그중 소수는(즉 그의 세 번째 유형은) 강력한 이성을 갖고 있어서 일단 군인으로 훈련을 거치면 수학을 공부하게 될 것이고, 35세 이후로는 철학을 공부하게 될 것이었다. 그는 모든 교사가 이 세 번째 유형에 속해야 한다고 간주했으며, 개인차에 대해서는 전혀 관심을 두지 않았다. 플라톤 자신이 소크라테스와는 매우 다르다는 사실을 눈치챘다는 증거는 전혀 없으며, 그의 교육 체계에서 배출되는 교사 역시 두 사람과는 상당히 닮지 않았다는 사실을 눈치챘다는 증거도 전혀 없다. 그의 심리학은 매우 조잡했다.

내 유형론은 어린이나 대학 입학 지원자를 분류하려고 고안된 것이 아니며, 군인이나 정치인이나 신경증 환자를 분류하려고 고안된 것도 아니다. 나는 선견자의 배출에 유리할 수도 있는 조건에 대해서는 아직 논의하지 않았지만, 선견자의 자녀 중에 위대한 선견자가 배출되는 경우는 사실상 없었다는 점만큼은 충분히 언급할 만한 가치가 있다. 언론인 역시 타고나는 것이 아니라 만들어지는 것이 분명하다. 나는 네 가지 유형에 대해 언급했지만, 그중에서도 현학자와 소크라테스 유형이라는 두 가지에 집중했다. 이 두 가지 유형 가운데 어느 쪽도 태생적이거나 유전적이지는 않으며, 이런 두 가지 유형 가운데 어느 쪽이 더 많은지는 우리가 제공하는 교육에 달려 있다.

두 가지 유형 모두 단과 및 종합 대학의 교수진에서 만날 수 있다. 2차 대전 이후에 대부분의 국가의 고등 교육은 전례 없이 수많은 현학자를 산출했으며, 대학에서 현학적인 교사의 숫자는 급속도로 증가한 반면에, 소크라테스적 교사의 비율은 감소하다 못해 과연 전멸한 것이 아닌지 궁금한 상황에 이르고 말았다. 같은 기간 이런 전개가 정말 바람직하고 불가피한가에 대해서는 생각이 불충분했다. 나는 이것이 바람직하지도 않고 불가피하지도 않다는 사실을 어느 정도 자세히 보여 주려고 했다.

어떤 사람은 이런 유형론을 확장해서 더 일반적으로 적용할 수 있게 만들 수도 있을 것이다. '선견자'라는 용어는 그대로 두고, '현학자' 대신에 '기술자(technician)'에 관해 이야기하고, '소크라테스 유형' 대신에 '비평가'에 관해 이야기하는(아울러 이 유형이 [그 명칭의 일반적인 용례대로] 직업 서평가 계급이라는 뜻이 아님을 명확히 밝히는) 식이다. 그런 다음에 어떤 일자리에 필요한 사람은 기술자이고, 또 다른 일자리에는 선견을 가진 사람을 찾는 것이 바람직하며, 또 다른 일자리에는 비판적인 재능을 지닌 사람이 어울린다고 말하는 것이다. 하지만 내 생각에 미처 고등 교육을 시작하지도 않은 사람들을 이런 기준에 따라 분류하고 이런저런 방면으로 몰아가는 것은 오히려 유해할 듯하다. 내 유형론의 요점은 단지 사람들을 이리저리 몰아가기 더 쉽게 하려는 의도가 아니라, 오히려 그들의 눈을 열어 이런저런 경로를 선택할 수 있게 해주는 대안들을 알게 하려는 것이다.

분명한 사실은, 나쁜 비평가보다는 차라리 좋은 기술자가 더 낫다는 점이다. 하지만 앙드레 지드가 『위폐범들』에 관해서 일기에서 다음과 같이 말했을 때 정곡을 찌른 셈이었다. "내 역할은 교란하는 것이다. 대중은 항상 확신을 얻기를 선호한다. 그것을 직업으로 삼는 사람들도 있다. 다만 너무 많을 뿐이다."

만약 대부분의 교수가 지드와 같다면, 또는 대부분의 교수가 선견자라면, 우리의 문제는 지금과는 상당히 다른 모습일 것이다. 오늘날 인문학의 미래에 대해서 숙고하는 사람은 누구나 현학주의가 만연하게 되었다는 깨달음으로 시작해야 하며, 또한 수많은 교수들에게 그들의 연구는 (아인슈타인의 말마따나) 일종의 "스포츠"에 불과하다는 (또는 게임이 아니라면 일종의 유흥에 불과하다는) 깨달음으로 시작해야 한다.

어쩌면 또 다른 은유가 더 유용하다고 입증될 수도 있다. 대부분의 인문학 교수들은 체스에서 몇 수에 대한 분석을 하는 셈이나 매한가지인데, 그 몇 수는 대개 '그들'보다 별로 나을 것도 없는 선수들이 놓는 것이다. 소수의 현학자는 이런 분석에 매우 뛰어나며, 때때로 그중 누군가는 새로운 수를 하나 발견하는 데에 실제로 성공한다.

게임 한 판을 모두 하기에는 삶이 너무 짧은 것처럼 느껴질 수도 있다. 하지만 체스의 몇 수를 분석하는 데에 시간을 바치기에는 또는 가장 창조적인 몇 시간을 기껏해야 체스 두기에 바치기에는, 삶이 너무 짧지 않은가 하는 질문이야말로 논의의 여지가 있다. 만약 어떤 사람이 자기 삶을 그런 식으로 소비하고 싶어 하면 그렇게 하게 내버려두라. 하지만 이런 삶의 방식이 여러 세대의 학생들에게 재능을 발전시키는 최선의 방식으로 여겨졌으므로, 이제는 이것이야말로 삶에서의 죽음이 아닌지 물어볼 때가 되었다. 제아무리 가장 뛰어난 선수들과 가장 명석한 분석가에게 당연한 존경을 바친다고 해도, 그들이 잘하는 일이 인간이 할 수 있는 가장 위대한 일은 아니다. 만약 우리가 학생들에게 제시할 수 있는 유일한 역할 모델이 이런 것들뿐이라면, 고등 교육은 더 이상 인간적이지도 않고 인도적이지도 않을 것이다.

내 유형론 배후의 생각은 선견자와 기술자 사이의 대조를 가지고 변주를 내놓으려는 것이 아니다. 내 의도는 선견자의 부족을 한탄하려는 것도 아니다. 내 요점은 이런 이중적인 구도가 얼마나 진부하고 유해한지를 보여주려는 것에, 그리고 소크라테스 유형이 얼마나 실행 가능한 대안을 제시하는지를 보여주려는 것에 더 가깝다. 위대한 선견자가 아닌 젊은 학자가 받아들일 수 있는 대안은 이 세상에 단 하나, 즉 현학주의만 남아 있다는 현학자의 개념은 잘못되고도 유해하다.

물론 모든 교사가 또 다른 소크라테스가 될 수 있는 자질을 가진 것은 아니다. 하지만 모든 사람이 또 다른 보비 피셔[8]가 될 수 없는 것도 마찬가지다. 만약 탁월함의 최고봉이 우리 손에 닿지 않는 곳에 있더라도, 우리는 여전히 이상들 가운데서 선택을 해야 한다. 우리에게 간절히 필요한 것은 대안들을 더 많이 숙고하는 것이다. 오랫동안 우리는 현학자와 언론인이

---

8 보비 피셔(1943~2008)는 냉전 시대인 1972년에 미국 최초로 세계 챔피언에 오른 전설적인 체스 선수다.

라는 두 유형만을 주로 육성해왔다. 이 모두의 실제적인 함의
는 뒤에 나오는 여러 장에서 보여줄 필요가 있다.

2장
읽기의 기술

21

읽기는 인문학의 핵심이며, 또한 사회과학의 핵심이기도 하지만, 대부분의 학생은 읽기를 잘 배우지 못했다. 심지어 대학원생들도 서로 다른 읽기 방법에 관해 숙고하는 과정을 필수로 거치지는 않는다. 하지만 교수들과 현학자들은 급진적으로 다른 방법들로 읽는다. 그리고 이들 대부분은 다른 대안들에 대해서 그다지 많이 고려하지 않는다.

지적인 독자가 호메로스를 읽는 방법은 신문을 읽는 방법과 다를 것이며, 백과사전 항목을 읽는 방법 역시 서평을 읽는 방법과는 다를 것이다. 이 장에서 나는 고전 읽기에 집중할 것이다. 내가 말하는 고전이란 단지 다른 뭔가에 대한 정보의 원천이어서가 아니라, 오히려 본래부터 중요하기 때문에 한 번 이상 읽을 만한 가치가 있다고 간주되는 서적이나 시를 뜻한다. 인문학 강의에서 읽는 자료 가운데 상당수는 바로 이런 종류에 속한다. 고전에 관해서는 네 가지 주요 접근법과 몇 가지 하위분류를 구분하는 것으로도 충분하리라 본다.

첫 번째 접근법은 아마도 가장 오래되었을 법하지만, 오늘날에도 여전히 널리 퍼져 있다. 이 경우, 저자를 향한 독자의 태도는 다음과 같은 말로 간략하게 요약될 수 있다. '우리는 모르지만, 저자는 안다.' 이런 숭배는 텍스트가 풍부하지 않았던, 그리고 텍스트를 읽을 수 있는 사람도 극소수였던 시대로 거슬러 올라간다. 경전의 수호자들은 다른 곳에서는 찾을 수 없는 필수적인 지식이 텍스트에 들어 있다고 학생들에게 각인시켰다. 경전의 기원은 수수께끼에 둘러싸여 있거나 신성하다고 주장되었다. 어떤 곳에서는 경전의 의미가 매우 평이해 보였던 반면, 다른 곳에서는 극도로 모호했다. 여러 어려운 구절 때문에 주해가 필요하다는, 그리고 자기들은 텍스트 해석하는 방법을 알지만 학생들은 애초부터 모른다는 수호자의 주장은 신빙성을 얻었다. 주해자는 우선 텍스트에 권위를 부여하고, 이어서 자기 생각을 투사하여 텍스트를 읽었으며, 결국에는 권위가 부여된 자기 생각을 도로 끄집어내는 경우가 전형적이었다. 따라서 이런 방식의 읽기를 나는 '주해적(exegetical)'이라고 부른다.

지금부터 내가 '주해적'이란 표현을 사용할 때에는 방금 정의한 구체적인 의미를 뜻한다. 모든 이해는 해석과 관계되지만, 그렇다고 해서 모든 읽기가 이런 의미에서 주해적인 것은 아니다. 우리는 읽는 텍스트에 반드시 권위를 부여할 필요도 없고, 자신의 생각을 투사하여 텍스트를 읽을 필요도 없다. 그런데 주해적인 독자는 두 가지 모두를 한다.

이런 종류의 읽기의 가장 뚜렷한 사례는 한 주 동안 자기 생각을 투사해서 경전을 읽는 성직자들 사이에서 발견된다. 이런 관습은 한 종교에만 국한된 것이 아니어서 유대교는 물론이고 기독교, 이슬람교, 힌두교와 불교에서도 발견된다. 또한 이런 관습은 소소한 인물에게만 국한된 것도 아니다. 마르틴 루터는 '자신의' 생각을 투사해서 성서를 읽었으며, 알베르트 슈바이처도 '자신의' 생각을 투사해서 성서를 읽었다. 간디가 『바가바드 기타』를 읽은 것도 또 하나의 진정 고전적인 사례를 보여준다. 이 작품에서 외관상 크리슈나는 싸우고 죽이려 하지 않는 왕에게 싸우고 죽이는 것이야말로 너의 의무라고 가르치며, 이렇게 가르치는 과정에서 카스트 체계를 공인한다. 하지만 간디는 비폭력에 관한 자신의 신념을 투사해서 『바가바드 기타』를 읽었으며, 급기야 정작 본인은 카스트 체계에 대해서 강하게 반대했음에도 불구하고 『바가바드 기타』를 칭찬해 마지않게 되었다.

종교를 믿는 대중을 상대하는 개혁자의 경우, 전거(典據) 없는 의견은 먹혀들지 않으므로 뭔가 효과를 거두려면 반드시 자기 생각을 투사해 경전을 읽어야 한다고 주장할 수 있다. 하지만 간디나 루터 모두 그 정도로 냉소적이지는 않았다.

랍비 아키바의 사례는 교훈적이다. 서기 1세기 말부터 2세기 초에 그는 종종 놀라우리만치 인본주의적인 생각을 투사하여 토라(모세오경)를 읽었으며, 이 과정에서 (아키바 본인은 물론이고 동료 랍비들도 시인한 것처럼) 모세조차도 깜짝 놀랄 만한 주해적 장치를 이용했다. 하지만 이들은 하느님이 모세에게 (또는 모세를 통해) 계시한 내용 중에는 모세 본인이 이해한 것보다 더 많은 의미가 들어 있다고 믿었다. 따라서 그들이 텍스트에서 발견한 것은 (비록 그들 특유의 주해 형태에 익숙하지 않은 사람에게는 종종 전혀 설득력 없어 보이곤 했지만) 하느님의 뜻으로 주장되었다.

우리는 아키바나 간디의 인간성에 감격한 나머지 그들의 사회적, 역사적 환경에서는 확신을 원하는 사람들에게 확신을 줄 만한 다른 접근법이 전혀 없었을 것이라고 감안하여 그런 행동을 긍정할 수도 있다. 하지만 어쨌거나 그들이 자기 생각을 투사해서 텍스트를 읽었고, 이어서 권위가 부여된 자기 생각을 도로 끄집어냈다는 사실은 여전히 남는다.

보통 현학자들 사이에서는 이와 똑같은 접근법이 흔하며, 특히 중세의 스콜라 신학자들에게 가장 두드러졌다. 예를 들어 토마스 아퀴나스는 성서뿐만 아니라 아리스토텔레스도 이런 방식으로 읽었다. 현대의 현학자 일부는 칸트도 이런 방식으로 읽는다. 또 철학자가 아닌 사람 일부는 단테조차 이런 방식으로 읽는다.

이보다 훨씬 더 기묘하고, 그래서인지 널리 주목받지 않은 사실은 이른바 실존주의자들도 이런 방식의 읽기를 재연한다는 점이다. 물론 키르케고르는 내심 종교 작가였지만, 사르트르는 『실존주의는 휴머니즘이다』에서 두 종류의 실존주의가 있다고 단언했다. 하나는 기독교적 실존주의, 또 하나는 무신론적 실존주의다. 사르트르는 카를 야스퍼스가 가톨릭 신자라는 근거 없는 주장을 내놓으면서 그를 키르케고르와 한 덩어리로 묶어두고, 이에 비해 마르틴 하이데거와 자신은 무신론자라고 지칭했다. 하지만 사실 야스퍼스는 프로테스탄트 신자로 성장해서 훗날 일종의 인본주의자가 된 경우이고, 하이데거는 가톨릭 신자로 성장한(그리고 여러 가지 면에서 깊이 기독교적으로 남았으며, 심지어 읽기 방법에서도 그러했던) 경우였다.

하이데거는 칸트에 관한 저서에서 이미 해석자가 반드시 '폭력'을 사용해야 한다는 경고를 내놓은 바 있었다. 하이데거가 선택한 이 단어를 보면, 나치가 권력을 장악하기 전부터 그가 일면 폭력에 매료되어 있었음이 드러난다. 실제로 나치가 권력을 장악하자 하이데거는 프라이부르크 대학 총장 취임 연설에서 학문의 자유를 대학에서 몰아낼 시간이 왔다고, 또한 교수진과 학생이 제국을 위한 병역 봉사와 노동 봉사에 더해서 '지식 봉사'를 할 시간이 왔다고 선언했다. 교수진과 학생에게 히틀러에게 투표하자고 독려한 하이데거의 향후 호소와 마찬가지로 이 강연은 1933년에 간행되었다. 하지만 그는 이내 다른 곳에서 권위를 물색했다. 1930년대에 그의 주요 간행물은 횔덜린의 시 가운데 일부에 대한 일련의 주해였고, 나중에 단행본으로 간행되었다. 머지않아 그는 릴케와 트라클(Georg Trakl) 시 주해도 간행했고, 소크라테스 이전 철학자들에 관한 논고와 강의도 간행했으며, 마침내 니체에 관한 매우 두꺼운 책도 두 권이나 간행했다. 그의 순서는 항상 똑같았다. 즉 각각의 저자들의 위대함을 인식하지 못한 사람들을 비난함으로써 텍스트에 권위를 부여한 다음, 자신의 생각을 투사해 텍스트를 읽었다.

하이데거로부터 영감을 얻어 이른바 해석학이라고 자처한 운동이 독일에서 발전하자, 해외의 많은 사람들은 뭔가 새로운 것이 발견된 듯하다는 인상을 받았다. 하이데거는 자기가 한 세대에게 읽는 방법을 가르쳤다고 느낀 듯하다. 하지만 그는 이전에 나온 주저에서부터 원죄와 죽음의 공포에 대한 기독교적 발상을 소생시켰으며, 이 과정에서 자기가 성장하며 체득한 그 종교 특유의 읽기(즉 주해적 읽기) 방법을 가져온 바 있었다.

사르트르도 키르케고르와 하이데거의 발자취를 따랐다. 1960년에 그는 (『변증법적 이성 비판』의 서론 역할을 하는) 「방법의 탐구(Question de méthode)」에서 마르크스주의를 "우리 시대의 철학"으로 간주하며, 우리 시대에 마르크스주의를 초월하기는 불가능하다고 선언했다. 결국 그는 마르크스주의에 권위를 부여했다. 곧이어 그는 자기 생각을 투사하여 마르크스주의 읽기로 나아갔다. 키르케고르가 덴마크 교회의 기독교나 기존 다른 버전의 기독교조차도 받아들일 수 없었던 나머지, 결코 학술적이라고는 할 수 없는 자기만의 주관적인 성서 읽기를 발전시켰듯이, 사르트르도 프랑스 공산당의 마르크스주의나 소련 및 기타 권위체의 마르크스주의를 받아들일 수 없었던 나머지, 자기가 애초에 권위를 부여했던 학설에 대한 자기만의 주관적이고 비(非)학술적인 읽기를 발전시켰다.

지금 이 대목에서 이 두세 사람에 관해서 굳이 이렇게 많이 이야기하는 까닭은, 이들의 사례야말로 주로 랍비나 사제나 목사와 결부되게 마련인 한 가지 읽기 방법이 실제로는 20세기 세속주의자들 사이에서 무척이나 흔하다는 사실을 잘 보여주기 때문이다. 아울러 마르크스 추종자의 상당수는 종교 신자와 매우 비슷하다. 이들은 마르크스와 (이들의 눈에는 마르크스보다 더 열등하다는 사실이 점차 뚜렷해지는) 그 경쟁 사상가들을 철저히 연구해서 마르크스주의자가 된 것이 아니다. 오히려 정반대로 이들은 먼저 마르크스주의자가 되었고, 이들의 입장에서는 그 전통에 속하는 것이 정서적으로 중요하다. 마르크스 연구는 그다음에 오는데, 그 본성상 키르케고르의 기독교 연구와 마찬가지로 비학술적이다.

키르케고르는 학술적 접근법을 공개적으로 경멸했으며, 자신의 목적을 위해서는 굳이 성서를 원문으로 읽을 필요가 없다는 점을 분명히 밝혔다. 문헌학적 신중함은 오히려 핵심을 벗어난다는 주장이었다. 하이데거의 주해 역시 거의 항상 독일어나 그리스어 텍스트를 대상으로 했다. 그는 독일어가 모국어였고, 그리스어에 대해서도 상당한 지식을 과시한 바 있었다. 하지만 전문가들은 그의 읽기를 받아들일 수 없고, 심지어 지지할 수 없는 해석에는 종종 격분한다. 결국 그들도 그 내용이 텍스트에 대해서보다 오히려 하이데거에 대해서 더 많이 말해준다는 사실을 깨닫게 된다.

이것은 단순히 하이데거, 사르트르, 또는 키르케고르의 기벽이 아니다. 주해적 접근법이라면 철학 분과보다 오히려 문학 분과에서 훨씬 더 흔하다. 어쨌거나 헤겔이나 니체에 찬동하지 않는 철학자라면 자기 이름으로 자기 견해를 내놓을 수 있는 뚜렷한 선택지를 갖고 있게 마련이다. 반면 영문학이나 불문학 교수라면, 철학적인 논고나 단행본을 직접 쓴다는 것은 자기 능력을 넘어서는 일이라고 느끼기가 더 쉬우므로 그의 철학 하기는 전형적으로 주해적 읽기의 형태를 띤다.

22

매우 똑똑한 사람들이 여러 세기 동안 이렇게 해왔음을 고려하면, 어쩌면 이것이야말로 텍스트를 읽는 최선의 방법인 것처럼 보일 수 있고, 종교 텍스트의 경우에는 특히나 그러하다. 하지만 이런 접근법에 대해서는 몇 가지 중대한 반대가 있을 수 있다.

첫째로 여기에는 거의 항상 자기기만이 관여하게 마련이다. 주해적 독자는 자기가 텍스트에 권위를 부여하고, 자기 생각을 투사하여 텍스트를 읽고, 그렇게 권위를 부여받은 자기 생각을 도로 끄집어낸다는 사실을 스스로 깨닫는 경우가 드물다. 심지어 폭력 사용에 대해 공개적으로 말했던 하이데거조차도 텍스트에 신비한 계시가 있었던 것처럼 가정하는 데로 나아갔다. 이처럼 계시가 있었다고 가정하면, 십중팔구 실제로는 또 다른 목소리와 만나는 기회를 스스로 차단해버리게 될 뿐이다.

주해적 독자는 이런 방식의 읽기를, 또 주해자의 사고방식이나 존재 양식을 과연 이 텍스트의 저자가 어떻게 생각했을지 자문하지도 않는다. 그런 도전은 무엇이든 기선이 제압된다. 그러나 소크라테스 이전의 철학자들은 주해적인 읽기를 의도적으로 거부함으로써 새로운 경지를 개척했다. 이들은 결코 호메로스나 헤시오도스에 권위를 부여하지 않았으며, 자기 생각을 투사해서 고대의 시를 읽지도 않았다. 오히려 정반대로 일부는 위대한 시인들을 가혹하게 평가했다. 이들은 서로에 대해서도 매우 비판적이었고 그 어떤 텍스트에도 권위를 부여하려 하지 않았다. 이런 획기적인 태도 덕분에 이들은 서양 철학의 창시자가 되었다. 하이데거는 이들의 남다른 점을 파악하지 못했고, 자신이 성장하면서 터득한 경전 읽기 방법에 따라 읽었을 뿐이다. 과연 그 저자들이 (또는 자기가 길게 해석한 다른 저자들이) 자기를 어떻게 생각할지 자문할 생각도 결코 하지 않았다. 그의 읽기에서는 '너'가 전혀 없다. 그는 항상 혼잣말했을 뿐이다.

이런 상황은 대부분의 읽기 방법에서 전형적이다. 한 분석 철학자는 이런 질문을 던진 적이 있다. '만약 당신이 단 한 사람과 함께 무인도에서 오랜 시간을 보내야 한다면, 그러나 철학을 논의할 능력이 없는 상황이라면, 과연 위대한 철학자들 가운데 누구를 동반자로 삼고 싶습니까?' 다른 철학자 몇 명이 이 게임에 가담해서 칸트와 마르크스의 상대적 장점을 가지고 토론을 벌였는데, 그 과정에서 유일하게 구체적인 질문은 하나뿐이었다. '나는 그를 어떻게 생각하는가?' 그들 중 누구도 다음과 같이 물어볼 생각은 떠올리지 못했다. '그는 나를 어떻게 생각할 것인가?'

이 사례는 또 다른 방식에서도 교훈적이다. 게임에 참여한 그들 모두는 철학이 무인도에서 논의할 다른 여러 주제 가운데 하나라고, 그리고 사람들이 그걸 논의하지 않기로 손쉽게 동의할 수 있다고 가정했다. 많은 사람들은 여기에 이상한 것이 전혀 없음을 발견할 것이다. 하지만 만약 우리가 지크문트 프로이트를 동반자로 선택했는데, 정작 심리학에 관해서 논의할 필요는 없다고 가정해보자. 프로이트는 훌륭한 동반자가 될 수 있을 터인데, 그가 평소에 문학과 예술과 종교를 비롯한 여러 가지 관심사를 갖고 있기 때문이다. 하지만 그와 함께 이런 주제를 논의하면서 정작 심리학은 건드리지도 않는다는 것은 '정말로' 기묘할 수밖에 없다. 그가 자기만의 남다른 심리학적 접근법을 만사에 적용했기 때문이다. 그렇다면 플라톤이나 니체의 경우에도 이와 비슷한 일이 일어나지 않을까? 또는 애초에 이 질문을 제기한 분석철학자라면, 과연 자기 저술 가운데 일부가 철학이 아니라고, 즉 스피노자의 『신학-정치론』과 아리스토텔레스의 『시학』과 마찬가지 상황이라고 말할 것인가? 따라서 학계의 만찬 파티라면 어디에서나 분위기를 띄울 수 있는 이 작은 게임은 현학자의 전문가주의가 대략 어떤 것인지를 짐작하게 해준다. 철학은 누군가가 오전 9시부터 저녁 5시까지 '할' 수 있고, 예를 들어 방학 같은 때는 하지 않기로 선택할 수 있는 뭔가가 되었다. 선견자 또는 소크라테스적 철학자는 이런 사고방식을 이해하는 데에 약간 어려움을 느낄 수도 있다. 여하간 이에 관해서는 여기서 일단락하자. 그리고 대부분의 독자도 저자를 어떻게 생각하는지를 자문할 뿐, 정작 저자는 독자를 어떻게 생각했을지에 대해서는 결코 물어보는 적이 없다는 요점으로 돌아가도록 하자.

주해적 독자는 위험을 감수하지 않는다. 그는 안전하게 행동하고 '문화 충격'을 회피한다. 이것이야말로 이 접근법에 대한 가장 중대한 반대 가운데 하나다. 그리고 문화 충격이야말로 내 논증의 라이트모티프(Leitmotif) 가운데 하나다.

자기 자신과 자기 문화를 포함해 세계를 완전히 새로운 관점에서 바라보기 위해서 또 다른 문화에 빠져드는 여행자가 있다면, 그것이야말로 매우 당혹스러운 경험임을 발견할 가능성이 크다. 인류학자들은 바로 이런 경험을 가리켜 문화 충격이라고 부른다. 물론 2년 동안 현지에 정착해 살아가는 인류학자와 마찬가지로 외국 문화에 깊이 빠져드는 여행자도 극소수나마 있다. 심지어 몇 주 동안만 현지에 머무르는 여행자라

하더라도, 또 다른 문화에서 무엇이 남다른지, 자기 문화와 무엇이 다른지, 자기 문화와 습관과 사고방식과 행동과 감정이 이 문화 사람들에게는 어떻게 보일지 등을 집중적인 노력을 통해 발견할 수 있다. 이런 종류의 지속적인 노력을 하는 여행자는 극소수에 불과하다. 반면 주해적 독자는 어디를 가든 편안하기 짝이 없는 힐튼 호텔에 투숙하는 미국인 여행자와 유사하다.

마지막으로(이 반대도 앞의 다른 반대들과 마찬가지로 중대한데) 대부분의 주해적 해석은 전적으로 자의적이다. 이는 경쟁 관계인 다른 접근법에 근거해 내린 독단적 평결이 아니다. 서로 다른 주해적 독자들이 똑같은 텍스트를 확연히 다르게 읽고 나서, 서로의 주해가 전적으로 용인 불가능하다는 사실을 발견한다. 이들 사이를 중재할 방법도 없다. 따라서 그들은 종종 서로를 죽이는 수단에 의존한다. 그 숫자가 많으면 전쟁을 통해서, 숫자가 적으면 처형을 통해서 그렇게 한다. 하지만 이런 일이 일어나지 않을 때에도 상황은 마찬가지다. 예를 들어 루터는 당시의 주도적인 가톨릭 신학자들의 주해는 물론이고 심지어 동료 개혁가인 츠빙글리(Ulrich Zwingli)의 주해조차 지나치게 설득력이 없다는 사실을 발견했고, 물론 반대쪽에서도 루터에게 똑같이 되갚아주었다. 마르크스주의자들 사이에서도 이와 매우 유사한 상황이 벌어졌다.

물론 현학자들 사이에는 합의라는 것이 있어서 (만약 같은 학파에 소속된 경우에는) 똑같은 텍스트를 놓고서 전적으로 다른 생각을 투사해서 읽지는 않게 마련이다. 따라서 그들이 똑같은 생각을 공유하는 한, 똑같은 생각을 투사하여 텍스트를 읽는다. 아울러 그들이 다른 학파의 존재를 모르는 한, 자기네가 딱 그런 종류의 일을 하고 있다는 사실을 부정할 가능성이 있다. 하지만 중세 가톨릭의 몇몇 학파뿐만 아니라, 몇몇 유대인 현학자들도 구약성서를 다르게 읽었다. 근대 세계에서는 성공회의 고교회(High Church)와 저교회(Low Church)[1]의 현학자들은 물론이고, 프로테스탄트 종파 다수와 정교회도 마찬가지였다. 하지만 힐튼 호텔에 묵는 사람들은 어느 정도 이름 있는 사람이라면 누구나 힐튼 호텔에 묵는다고 간주하고, 따라서 그곳을 찾지 않는 사람은 진지하게 고려할 필요가 없다고 여기는 경향이 있다. 이들은 자기들에게 안정감을 제공하는 저 합의가 편협하다는 사실을 잊어버린다. 그들은 대안을 애써 무시한다. 이런 까닭에 그들은 주해적 읽기가 항상 자의적이라는 사실을 미처 발견하지 못하는 것이다.

23

읽기의 첫 번째 방식을 '우리는 모르지만, 저자는 안다.'는 말로 요약할 수 있다면, 두 번째 방식은 '우리는 알지만, 저자는 모른다.'로 요약할 수 있다. 한마디로 '독단적인(dogmatic)' 방식이다.

　한 가지 텍스트를 주해적으로 읽는 사람이라면 다른 텍스트를 독단적으로 읽을 가능성이 매우 높다는 것은 분명하다. 다만 여기서는 독단적 접근법의 세 가지 변종을 구분하는 것

---

1 성공회에서 고교회파는 가톨릭 전통을 중시하는 반면, 저교회파는 오히려 자유주의적인 경향이 있다.

으로 충분할 듯하다.

첫 번째 변종은 다음과 같은 상투적 표현을 들먹인다. '만약 저자가 X를 알았더라면, 지금과 같은 말을 하지는 않았을 것이다.' 어느 저명한 로마가톨릭 철학사가가 키르케고르에 관한 책에서 다음과 같이 계속 말한 것이 바로 이런 맥락이다. '만약 그가 성 토마스를 읽었다면, 지금과 같은 말을 하지는 않았을 것이다.'

토마스주의자나 마르크스주의자 중에서 이와 유사한 사례를 여럿 거론하기는 어렵지 않다. 이런 유형의 독단론은 워낙 흔하기 때문에, 대부분의 독자도 자기 나름의 사례를 제시하는 데에는 별 어려움이 없을 것이다.

텍스트에 대한 이런 독단적 접근법은 오히려 우리나라가 최고라고 주장하는 애국주의의 일종과도 비슷하다. 세상에서 가장 관대한 사람조차 이렇게 자문하지 않을 수 없다. '그걸 네가 어떻게 아느냐? 네가 얼마나 여러 곳의 다른 나라에 살아보았느냐? 네가 다른 나라를 얼마나 많이 연구해보았느냐? 그리고 각자의 나라가 최고라는 다른 나라 사람들의 주장을 이해하기 위해 네가 얼마나 많이 노력해보았느냐?'

두 번째 변종은 약간 다른 상투적 표현을 들먹인다. '만약 저자가 우리의 우월한 기술을 보유했더라면, 지금과 같은 말을 하지는 않았을 것이다.' 때로는 이런 주장도 (첫 번째 변종의 주장과 마찬가지로) 정말 사실일 때가 있다. 예를 들어『소피스트』나『파르메니데스』에는 플라톤이 명백한 실수를 범한 구절도 있을 수 있다. 나 역시 철학 텍스트를 연구하는 과정에서는 철학자들의 논증을 면밀하게 검토하는 것이 중요함을 고백

해야 하겠다. 하지만 그렇다고 해서 플라톤, 칸트, 헤겔, 또는 니체의 가장 남다른 견해가 그들의 논증에 근거했다는 결론이 자연스레 나오는 것은 아니다. 설령 그들의 논증 가운데 한두 가지가 약하다는, 미결론이라는, 또는 심지어 전적으로 불합리하다는 사실이 입증된다 치더라도, 그들은 기껏해야 그 한 가지 논증만을 실수했을 뿐인 경우가 종종 있다.

힐튼 호텔에 머물면서 단지 창밖을 내다보기만 하는, 또는 공항에서 그곳까지 오는 도중에 충분히 구경했다고 자처하는 여행자라면, 실제로는 이렇게 멀리까지 여행을 무릅쓸 만한 가치까지는 없었다고 서슴없이 장담할 것이다. 그는 항상 전적으로 잘못된 뭔가를 발견할 것이며, 종종 어느 정도 설득력 있게 이렇게 말할 수 있을 것이다. '만약 그들이 우리의 우월한 기술을 보유했더라면, 지금과 같은 방식으로 하지는 않았을 것이다.' 이것이야말로 문화 충격을 회피하는 훌륭한 방법이다. 하지만 겨우 그 정도에서 끝나버린다면 이국적인 장소를 찾아가고 진정으로 다른 문화를 방문하는 여행에 무슨 의미가 있겠는가? 이런 태도로 플라톤을 읽어보았자 무슨 의미가 있겠는가?

세 번째 변종은 약간 더 정중한 상투적 표현을 붙인다. '저자도 완전히 가망이 없지는 않고, 몇몇 부분에서는 우리 가운데 일부와 비슷한 수준이다.' 미국인 가운데 일부가 하이데거를 읽는 방법이 딱 이렇다. 즉 존 듀이나 다른 누군가가 더 잘 말했던 내용을 하이데거도 몇몇 대목에서 말했음을 보여주려고 하는 것이다. 이런 변종의 또 한 가지 사례는 니체에 관한 최근의 어떤 단행본에서 찾아볼 수 있다. 즉 '니체도 완전히 가망이 없지는 않고, 몇몇 부분에서는 비트겐슈타인이라든지, 옥스퍼드의 거물 한두 명 근처까지는 온다.'는 것이다.

지금으로부터 한 세대 전, 폴 엘머 모어(Paul Elmer More)[2]는 붓다를 가리켜 스스로를 표현하는 데 큰 어려움을 겪었던 말더듬이 예수라고 했다. 그가 이야기하고 싶었던 내용이 몇 세기 뒤에 가서야 예수 그리스도에 의해 비로소 적절하게 이야기되었기 때문이라는 주장이다.

이 세 가지 변종 모두에서 독단적 독자는 과연 저자가 이런 방식의 읽기와 독자의 사고방식, 독자의 삶에 대한 전망, 독자의 선입견을 어떻게 생각했을지 자문하지 못한다. 독단적 독자는 자기 폭로를 회피하고, 대안과 반대에 눈을 감고, 흔히 찾아볼 수 없고 오로지 그 텍스트에서만 남다른 것을 바라보기를 거부한다. 최악의 경우 이런 독자의 해석은 오만하고 설득력이 없다. 최선의 경우라고 해봐야 생색내기와 근시안에 불과하다.

24

텍스트를 읽는 세 번째 방법은 사실상 다음과 같은 격언으로 간략하게 요약할 수 있다. '우리는 모르므로, 진리에 관한 판단을 유보한다.' 나는 이런 접근법을 '불가지론적'이라고 부른다. 진리는 애초부터 안중에 없으니, 독자의 관심사는 다른 것이기 마련이다. 여기서도 역시나 세 가지 변종을 구분하는 것

---

2 폴 엘머 모어(1864~1937)는 미국의 언론인 겸 기독교 변증론자였다.

이 유용할 터이다.

첫 번째는 '골동 애호적' 변종으로 19세기에 특히 번성했지만, 우리의 세기를 비롯한 다른 세기에서도 찾아볼 수 있다. 즉 우표를 수집하는 방식으로 텍스트를 읽는 것으로, 오래되고 보기 드문 것에 대한 선호가 곁들여질 수 있다.

두 번째는 '미학적' 변종이다. 이 용어를 특수한 의미로 사용한 키르케고르라면 세 가지 변종 모두에 적용했을 터이지만, 나는 이 용어를 아름다움과 형식에 주로 관심을 둔 접근법의 특징으로서 사용하고 있다. 이런 방식으로 키르케고르든 플라톤이든, 시인이든 소설가든, 심지어 종교 경전이나 다른 그 어떤 텍스트라도 읽을 수 있다.

세 번째는 '현미경적' 변종이다. 이것은 20세기 후반기에 번성했다. 오늘날의 독자는 전체적인 풍경을 파악하기 위해서 책 한 권을 여러 번 읽기에 충분한 호흡을 지니고 있지 못하며, 한 작가의 전작(全作)을 읽는다는 것은 굳이 말할 필요도 없다. 독자는 시 한 편, 문장 한 개, 논증 한 개를 연구하는 편을 오히려 선호한다. 이런 식으로 저자는 사라지며, 도전을 제기하는 '너'와의 만남은 회피되고, 단지 떼어놓을 수 있는 작은 조각만 다룬다.

이 세 가지 변종 모두에서 저자에게 가장 중요한 것은 무시될 가능성이 크며, 어떤 경우든 각별히 타당하다고 간주되지도 않는다. 다시 한 번 독자는 우위를 점하고 자기 자신이나 견해나 편견에 대한 위험을 무릅쓰지 않는다. 물론 이런 접근법이 모든 사례에서 똑같이 부적절한 것은 아니다. 다만 독자에게 도전을 제기하는 것 또는 중요한 진리에 도달하는 것 또는 커다란 시야를 발전시키는 것이 주된 목적인 작가들에게 적용되면 정말 잘못될 수도 있다.

독자 한 명이 차례대로 주해적이고 독단적이고 불가지론적인 것도 전적으로 가능하며, 결코 이례적이지 않다. 예를 들어 성서를 주해적으로 읽고, 다른 종교의 경전을 독단적으로 읽고, 아리스토텔레스를 골동 애호적으로 읽고, 키르케고르를 미학적으로 읽고, 최근의 몇몇 철학자나 시인을 현미경적으로 읽는 식이다.

학생들이 배우는 읽기의 방법은 물론 절충적이다. 하지만 전반적으로 이들의 현학자 교사들은 방금 여기서 살펴본 세 가지 주된 방법을 번갈아 사용한다. 그 세 가지가 공통으로 가진 요소는 '읽으면서도 '너'를 만나지 않고, 문화 충격을 겪을 가능성도 취하지 않는' 것이다. 사람이 쓴 텍스트인데도 '텍스트를 비인간화해서 편협한 정신으로 읽는' 것이다. 읽기야말로 인문학 강의의 핵심이므로, 결국 인문학이야말로 점점 덜 인간적이 되고 있다는 뜻이다. 그렇다면 우리는 이것 말고 다른 어떤 방법으로 읽을 수 있을까?

25

우리가 읽는 저자를 향한 또 다른 태도는 다음과 같이 요약할 수 있을 것이다. '우리도 모든 것을 알지는 못하고, 저자도 마찬가지다. 하지만 우리는 약간의 지력을 갖고 있고, 저자도 마찬가지다. 따라서 우리는 공통의 추구에 참여함으로써, 그리하여 너로서의 텍스트의 목소리에 직면함으로써, 몇몇 오류를 초월하려 시도할 것이다.' 앞서 말한 주해적, 독단적, 불가지론적 접근법과 비교해서 이 네 번째 접근법을 지칭하는 한 마디가 있다면 유용할 듯하다. 약간의 불안도 없지는 않지만, 나는 이를 '변증법적(dialectical)' 접근법이라고 부를 것이다.

이 용어는 다양한 의미가 있다. 일찍이 제논, 플라톤, 아리스토텔레스는 물론이고 칸트, 헤겔, 마르크스, 그리고 다른 수많은 인물과 결부된 바 있었으며, 심지어 헤겔 한 사람만 놓고 보더라도 그 용어의 의미를 확정하기가 상당히 어렵다. 내가 이 용어를 사용할 때에 첫째로 주목해야 할 점은, 다른 사람들이 이 용어를 사용할 때에 뜻했던 것들을 단연코 의미하지 않는다는 점이다. 둘째로 이 용어는 다양한 종류의 궤변 또는 눈속임을 위해서 종종 사용된다. 따라서 내가 이 용어를 사용하더라도 정작 그런 종류의 일과는 무관함을 최대한 확연히 밝히기 위해서, 우선 그렇게 나쁜 의미의 변증법의 두 가지 기괴한 사례를 제시하는 것이 최상일 듯하다.

어떤 사람은 이렇게 묻는다. 무엇이 변증법적인가? 이렇게 답변해보자. 두 사람이 굴뚝 속으로 떨어졌는데, 바닥에 떨어지고 보니 한 사람은 더러워진 상태였고, 다른 한 사람은 깨끗한 상태였다. 둘 중 누가 세수를 할까?

당연히 더러워진 사람이다.

아니다, 깨끗한 사람이다.

왜?

더러워진 사람은 다른 사람이 깨끗한 것을 보고 자기도 깨끗하다고 생각하기 때문이다. 반면 깨끗한 사람은 더러워진 사람을 보고, 자기도 더러운 게 분명하다고 생각하기 때문이다. 그러면 이제 다시 한 번 물어보자. 두 사람이 굴뚝 속으로 떨어졌는데, 바닥에 떨어지고 보니 한 사람은 더러워진 상태였고, 다른 한 사람은 깨끗한 상태였다. 둘 중 누가 세수를 할까?

우리는 방금 그 이야기를 했었다. 깨끗한 사람이다.

전혀 아니다. 오히려 더러워진 사람이다.

하지만 왜?

그는 깨끗한 사람이 자기를 쳐다보는 것을 깨닫고, 자기 얼굴에 손을 갖다 대고는 자기가 더러워진 게 분명하다고 깨닫기 때문이다. 이제 다시 한 번 물어보자. 두 사람이 굴뚝 속으로 떨어졌는데, 바닥에 떨어지고 보니 한 사람은 더러워진 상태였고, 다른 한 사람은 깨끗한 상태였다. 둘 중 누가 세수를 할까?

우리는 방금 정답을 알아냈었다. 더러워진 사람이다.

말도 안 된다. 두 사람이 한 굴뚝 속으로 떨어졌는데, 한 사람은 더러워지고 또 한 사람은 깨끗했다니, 도대체 누가 그런 이야기를 들어보았겠는가?

이것이 바로 변증법이다.

종종 변증법은 무엇이든지 '입증할' 수 있는 논증의 한 형태를 가리키는 그럴싸한 이름에 불과할 뿐이다. 따라서 이런 사실을 깨닫고, 이 단어에서 그 카리스마를 벗겨내는 것이 필수적이다.

20세기의 유명한 변증가에 대한 일화가 있다. 그가 한 세미나에서 헤겔에 대해서 어떤 주장을 내놓았는데, 한 학생이 발언권을 얻어서는 대뜸 그 교수가(즉 헤겔에 관해서도 책을 한 권 쓰고, '부정변증법(negative dialectic)'에 관해서도 책을 한 권 썼던 그 교수가) 헤겔에 관해서 잘못 말했다고 주장하는 만용을 부렸다. 긴 논쟁이 이어졌지만, 결국 그 학생은 헤겔의『정신현상학』에서 그 교수의 주장과 확연히 모순되는 한 구절을 찾아내 반박할 수 있었다. 그러자 변증법의 위대한 전문가께서는 전혀 부끄러워하지 않고서 청년에게 이렇게 설교했다. "변증법적이란 것은 바로 텍스트가 저자의 의도와 모순된다는 것이라네."

내가 텍스트에 대한 변증법적 접근법에 관해서 이야기할 때의 말뜻은 이런 것이 전혀 아니며, 또한 플라톤이나 칸트나 헤겔이나 마르크스가 그 용어를 사용해서 뜻한 바와도 별로 유사하지 않다. 내가 '주해적', '독단적', '불가지론적' 같은 단어를 앞에서 나름대로 명료하게 정의했던 엄밀한 의미로서 사용했듯이, 나는 '변증법적'이란 용어도 다음에 상술할 의미 그대로 엄격하게 사용할 것이다. 내가 이 용어로 뜻하려는 바는 그보다 더하지도 덜하지도 않을 것이다.

26

변증법적 읽기의 특징은 세 가지 중요한 요소의 융합이라 할 수 있다. 이 요소 가운데 첫 번째를 나는 '소크라테스적' 요소라고 부르는데, 왜냐하면 앞에서도 언급했던 "검토되지 않은 삶"에 관한 소크라테스의 불만족을 상기시키기 때문이다. 변증법적 독자는 문화 충격을 회피하려 하는 것이 아니라 오히려 문화 충격을 받으려고 물색한다. 이들은 텍스트의 도움을 받아 자신의 삶, 믿음, 가치를 검토하려 한다. 이들은 저자가 우리에 관해서, 그리고 우리의 현재 정통론에 관해서 어떻게 생각할지를 묻는다. 변증법적 독자는 자신에게 익숙한 다양한 합의 바깥에 있는 시점을 물색한다. 텍스트는 독자가 자신을 해방시키는 것을 도울 것이다. 다시 말해 텍스트는 독자의 자기 해방에서 조력자가 될 것이다.

그럼에도 나는 이런 읽기 방식을 가리켜 '변증법적' 대신 '소크라테스적'이라고 지칭하지는 않을 것이다. 소크라테스 본인은 이런 방식으로 텍스트를 사용하지 않았으며, 추종자에게 읽는 방법을 가르치지도 않았기 때문이다. 그뿐만 아니라 이런 읽기 방식은 어디까지나 텍스트에 대한 변증법적 접근법의 특징인 세 가지 요소 가운데 단 한 가지에 불과하기 때문이다.

여러 다른 저자들을 읽는 것은 여러 다른 장소들을 여행하는 것과도 비슷하다. 변증법적 독자는 '다중의' 문화 충격에 스스로를 노출시킨다. 그는 자신이 동의할 수 있는 권위를 물색하는 것이 아니라, 오히려 자신의 관점에 대해 비판적으로 반성할 수 있는 대안적인 관점을 물색한다. 이런 방식의 읽기를 통해 그는 자신의 선입견에 대해서, 그리고 자신이 속한 집단의 편견에 대해서 의식할 수 있게 된다.

소크라테스적 정신 유형에 관한 앞의 논의에서 언급했듯이, 소크라테스적으로 가르치기 위해서 굳이 선견자가 될 필요까지는 없다. 즉 학생들에게 소크라테스적 읽기 방법을 가르치려는 교사도 상당히 겸손할 수 있다. 그들은 학생들이 각자의 가치에 대해서, 그리고 각자 속한 사회의 가치에 대해서 자각하도록 도울 것이다. 이런 교사라면 (단순히 현미경적인 쟁점을 놓고 벌이는 현학자적 난투에 불과한 텍스트가 아니라) 뚜렷이 다른 관점을 반영하는 텍스트를 의도적으로 선택할 것이다.

이 대목에 이르러, 변증법적 읽기는 헤겔의 변증법과 공통적인 요소를 갖게 된다. 즉 기본적으로 다른 견해들 사이의 거시적인 충돌을 물색하는 것이다. 똑같은 운동이나 학파에 속하고 똑같은 전문 학술지에 기고하는(따라서 워낙 학술적이기 때문에 오로지 전문가만이 뭐가 문제인지를 파악할 수 있는 쟁점을 놓고 논쟁하는) 구성원들의 논증과 반대 논증을 주로 탐구하는 대신, 변증법적 독자는 서로 다른 세계관, 태도, 감성을 반영하는 텍스트들을 서로 싸움 붙인다. 이런 독자라면 한 가지 텍스트에는 동의하고 또 다른 텍스트에는 동의하지 않을 채비를 갖추고 텍스트에 다가오지 않는다. 마찬가지로 이런 독자라면 (알 만한 가치를 지닌 대상을 자기가 이미 안다는 가정하에) 어떤 텍스트에서 크게 틀린 부분이 이것이고 진리에 가까워진 부분이 저것이라고 생색내며 지적하지도 않는다. 변증법적 독자는 단지 발견의 항해에 착수하면서 다양한 만남으로부터 배우기를 바랄 뿐이다.

27

변증법적 읽기에서 두 번째 중요한 요소를 나는 '대화적(dialogical)' 요소라고 부른다. 이때 우리는 텍스트를 '너'로 대하고, 우리가 텍스트에 질문하는 것처럼 텍스트가 우리에게 질문하는 것도 허락한다. 대화적이라는 용어를 보면 마르틴 부버가 떠오르지만, 그의 읽기 방법이며 대화 개념은 진지한 비판에 대해 열려 있기는 하되, 내 정신에 본보기가 되지는 않는다. 따라서 나는 이 읽기의 방법을 '대화적'이라고 부르는 대신 '변증법적'이라고 부르는 것이다.

부버는 '나-그대' 또는 '나-너'의 관계와 대화에 희열(ecstasy)을 결부시켰는데, 여기서 희열은 오로지 보기 드문 순간에서만 달성할 수 있으며, 그나마도 결코 오래 지속될 수 없다. 이에 걸맞게 부버의 읽기 방법은 일반적으로 고도로 주관적이고 인상주의적이며, 하시디즘 텍스트에 대한 그의 해석은 매우 아름답기는 하지만 진정으로 급진적인 하시디즘의 변모와 관련이 있다. 실제로 부버의 『하시딤 이야기(*Die Erzählungen der Chassidim*)』는 주해적 읽기에서는 보기 드문 최상의 사례라고 할 수 있다.

내 개념이 부버에게 빚진 것은 사실이지만, 대화적 요소라고 할 때의 내 말뜻은 오히려 이와 다르다. 우리는 반드시 텍스트가 우리에게 말을 걸도록 허락해야 하며, 텍스트의 남다른 목소리를 경청해야 하고, 그 목소리가 다른 목소리와 어떻게 다른지 구분하려 해야 한다. 우리는 반드시 텍스트가 우리에게 도전을 제기하도록, 충격을 주도록, 거스르도록 허락해야 한다.

이러한 충격을 회피하면서 우리가 가진 최선의 것을(즉 우리 자신의 견해를) 텍스트에 선사하는 것이야말로 용서받을 수 없는 범죄다.(그것도 한 가지가 아니라 비겁과 우상 숭배라는 두 가지 범죄다.) 그렇게 하는 독자는 결국 자신의 귀중한 수공예품을 숭배하게 된다. 하지만 모세와 예언자들, 예수와 루터, 키르케고르와 칸트, 붓다와 『바가바드 기타』는 뭔가 할 말이 있었고 그 말이 경청되기를 원했으므로, 각자의 견해를 그들에게 선사함으로써 거슬림을 회피하는 사람들의 너그러움을 고마워 하지는 않을 것이다.

　문화 충격, 도전, 거슬림에 관한 이처럼 장황한 서술의 핵심은, 이런 읽기 방식이 권위주의적이지 않다는 것이다. 우리는 텍스트에 권위를 부여하지 않으며, 권위가 나오도록 노력하지도 않고, 텍스트에 동의하려는 경향을 지니지도 않는다. 우리는 '다만' 텍스트를 듣고 이해하려고 노력하고, 텍스트가 우리에게 동의하지 않을뿐더러 모든 면에서 동의할 수도 없을 가능성이 충분히 있다고 간주한다. 변증법적 독자는 자신이 질문을 당하도록 허락하고 자신도 텍스트에 질문을 던진다. 거슬리거나 충격을 받는다고 느낄 때면 자신의 이전 입장을 공식화하려 시도한다. 즉 자신의 입장을 텍스트와 비교한다. 그리고 이것은 독자와 텍스트 사이의 대화의 시작이다. 이 대화의 과정에서 독자의 이전 관점은 초월되고, 독자의 의식 수준은 향상된다.

　'의식 수준 향상'이란 보통 우리가 독단론자에게 결부시키는 구호인데, 이들의 말뜻은 타인의 (또는 심지어 '대중의') 의식을 남부러운 자신들의 수준으로 향상시킨다는 것이다. 이런 억측은 심하게 비(非)변증법적이다. 내가 의식 수준 향상에 관해서 이야기할 때에는 헤겔의 『정신현상학』에 이런 종류의 독단론자보다 오히려 더 가까워진 셈이다. 내 말뜻은 대안에 대한 의도적인 노출을 통해서 의식 수준을 향상시킨다는 것이다. 이는 독서, 여행, 음악과 회화와 조각과 영화와 연극 감상을 통해서도 이루어질 수 있지만, 교훈적인 내용 일색인 영화와 연극과 책이라는 꾸준한 식단을 통한 한 가지 관점의 권위적인 주입식 교육을 통해서는 이루어질 수 없다. 나는 의식의 확장을, 편협성과 문화적 족쇄로부터의 해방을, 그리고 새로운 방법들의 창조에서 다양한 대안적 쟁점들에 대한 자각으로부터 탄생하는 자유를 염두에 두고 있다.

28

변증법적 읽기의 세 번째 중요한 요소는 '역사적 및 철학적' 요소다. 바로 이 요소에 소크라테스적 요소며 대화적 요소가 융합되어야 비로소 완전하게 (내가 의미하는) 변증법적 읽기가 된다.

이 세 번째 요소는 세 개의 동심원이라는 비유를 통해 가장 잘 이해된다. '우리는 한 작품 전체를 읽음으로써 맨 안쪽의 원을 시작하며', 그 작품의 전체적 조망을 얻으려고 시도한다. 세부 사항 때문에 우리의 걸음이 늦어지기도 하고, 때로는 워낙 혼란스러운 나머지 혹시 현미경적 검토가 우리에게 도움이 되려나 살펴보려고 걸음을 멈추기도 하지만, 우리의 주된 관심사는 미세한 것에 있지 않고 오히려 저자의 중심 문제에 있다. 우리는 이 작품에서 저자가 무엇을 달성하려 했는지를 묻는데, 이것이야말로 현학적 현미경주의자들이 거의 던지지 않는 질문이다. 일찍이 토마스 아퀴나스를 비롯한 수많은 신학자와 성직자가 그랬듯이 「창세기」의 한 절의 절반을 가져다가 우리 목적에 사용하는 대신, 「창세기」가 무엇에 관한 내용인지 물어본다. 그리고 당연히 이런 질문은 수많은 세부 사항에 대한 어려움을 무릅쓰며 그 책 전체를 여러 번 읽기 전까지는 답변될 수 없음을 깨닫는다.

수많은 주석가, 교사, 논문 저자처럼 헤겔의『논리학』의 한 개념에서 또 다른 개념으로의, 또는 헤겔의『정신현상학』의 한 단계에서 또 다른 단계로의 모호한 이행에 대해서 몰두하는 대신에, 과연 헤겔이 그런 책들에서 무엇을 달성하려 했는지를 묻는다. 그리고 이것이야말로 앞서 언급한 사람들 대부분이 결코 하지 않을 질문이다.

이런 모든 사례에서 우리는 우선 내적 증거에 의존하며, 텍스트 바깥으로 나가지 않는다. 우리는 또한 이렇게 묻는다. 저자는 실제로 무엇을 했는가? 그리고 이후에 저자는 자기가 한 일을 어떻게 생각했는가? 결론 부분이나 서문은 종종 단서를 제공한다. 그리고 이런 질문에 대한 답은(아울러 답을 예상하는 것은) 저자의 다음 작품을 이해하는 데에 종종 귀중하다.

철학 작품의 경우 모든 진지한 읽기에는 논증, 해결책, 통찰에 대한 약간의 가치 평가가 반드시 관여되어야 한다. 이런 가치 평가가 반드시 독단적일 필요는 없다. 즉 의문의 여지가 없는 경쟁 관점으로부터 비롯될 필요는 없다. 최초의 비평은 내부적일 수 있다. 이후의 가치 평가는 다양한 관점으로부터 비롯될 수 있다. 이는 종교 작품에도 똑같이 적용된다. 우리는 우선 구절 하나, 문장 하나, 이야기 하나가 그 맥락에서 어떤 기능을 하는지 살펴본 다음, 곧이어 이런 것들을 다른 시점에서 바라볼 수 있다. 이와 유사하게,『일리아스』나 어떤 희곡의 한 문장을 우선 그 맥락에서 연구함으로써 그 문장이 그 작품에서 어떤 작용을 하는지를 살펴볼 수 있고, 그다음에는 다른 작품과 비교하여 살펴볼 수도 있다. 예를 들어 아가멤논이 (아버지의 의도에 대해서는 모르고 있는) 딸 이피게네이아를 희생 제물로 바치려고 준비하는 장면에 대한 에우리피데스의 서술을 성서에서 아브라함이 이삭을 희생 제물로 바치려고 준비하는 장면과 대조하는 것이다.

또한 모든 주요 종교 경전과 문학 작품은(아울러 위대한 철학자들의 책들도) 내가 철학적 차원이라고 부르는 것을 가지고 있다. 만약 이런 작품들이 그런 것을 분명히 갖고 있는데 우리가 놓쳐버리면 결국 우리는 나쁜 독자일 것이다. 이때 철학적 차원이란 반드시 '세계관'만큼 지적인 것은 아니다.(물론 그 표현이 종종 적절하기는 하지만 말이다.) 이 요점을 표현하는 최선의 방법이란, 수많은 텍스트들이 저마다 한 가지 남다른 삶의 경험을 반영한다고 말하는 것이 아닐까. 변증법적 독자는 (텍스트에서 최우선이고 가장 중요한) 바로 그것을 물색한다.

신비평가들과 기타 현미경주의자들에게 배운 학생들은 보통 이와 비슷한 뭔가를 물색하도록 배우지는 않았다. 대신에 이들은 시인과 (더 나중에는 역시나) 소설가의 말투나 단어나 심상에 집중한다.(그리고 철학의 경우에는 몇 가지 논증이나 다양한 용어의 의미에 집중한다.) 신비평가 중에서도 가장 뛰어나고 가장 예민한 사람들은 때때로 (거의 부지불식중에) 작가의 삶의 경험에 관해서 실제로 일리 있는 이야기를 했다. 하지만 여기서 중요한 것은 그들이 학생들에게 어떻게 읽기를 가르치느냐다.

신비평가들은 시 한 편이나 책 한 권의 자율성(autonomy)을 중요시하는 까닭에, 학생들에게 그 너머를(예를 들어 저자의 다른 작품들 또는 저자의 삶이나 편지를) 바라보지 말라고 가르친다. 이러다 보니 철학적 차원은 무시되기 일쑤이며, 심지어 소포클레스의 『안티고네』처럼 그 중요성을 차마 놓치기가 힘든 작품에서도 마찬가지다.

신비평가들은 텍스트에 대한, 전체 텍스트에 대한, 오로지 텍스트에 대한 철저한 존중을 강조한다. 최소한 두 가지 방식에서 그들은 수많은 분석철학자보다 오히려 잘한 셈이었다. 첫째로 신비평가들이 전체 작품에 초점을 맞춘 데 비해서, 분석철학자들의 방식은 문맥을 무시하고 훨씬 더 작은 단위에만 집중하는 경우가 흔하기 때문이다. 둘째로 신비평가들은 저자의 언어에 면밀히 관심을 갖는 것의 중요성을 지치지 않고 주장하기 때문이다. 이런 방식을 통해서 학생들도 최소한 남다른 감성과 직면할 수 있게 마련이다.

분석철학자들도 신비평가 못지않게 언어에 관해서 자주 이야기했으며, 그중 상당수는 역시나 전기(傳記), 발전, 역사에 대해서 마찬가지로 편견을 가지고 있다. 하지만 정작 자신들이 연구하는 작가들의(특히 외국 작가들의) 언어에 대한 이들의 무감각은 가히 충격적일 정도다. 이런 사실은 널리 주목되지 않은 것처럼 보이기에, 이 자리에서 굳이 보여줄 만한 가치가 있을 듯하다. 나는 프로이트와 니체에 대한 최근의 몇 가지 읽기에만 한정해서 말할 것이다.

저 유명한 '모던 마스터스(Modern Masters)' 시리즈에서 지크문트 프로이트 편(1971)은 영국의 저명한 분석철학자가 저술했다.[3] 그런데 그 참고문헌을 보면, 마치 프로이트가 평생 영

---

3 영국의 철학자 리처드 월하임(Richard Wollheim, 1923~2003)의 저서 『프로이트(Freud)』(1971)를 말한다. '폰타나 모던 마스터스(Fontana Modern Masters)' 시리즈는 한국에서 '시공 로고스 총서'로 간행되었다.

어로 저술한 적이 없다는 사실에 대한 약간의 암시조차도 찾아볼 수 없을 정도다. 저자의 설명은 이렇게 시작된다. "프로이트에 관해서 쓰려는 사람이라면 누구나 세 가지 중요한 저술에 주로 의존하게 마련이다. 첫째로 그리고 가장 크게 의존하는 자료는 저 대단한 『표준판 프로이트 심리학 저술 전집(*Standard Edition of the Complete Psychological Works*)』으로……." 그 참고문헌에서 영어가 아닌 제목으로 나온 것은 단 하나뿐이며, 번역자도 언급되어 있지 않다. 이 책의 저자인 바로 그 철학자는 '현대 철학 연구(Modern Studies in Philosophy)'라는, 높은 평가를 받는 또 다른 시리즈에서 프로이트에 관한 비평 선집도 편찬한 바 있다. 그 선집의 기고자는 거의 모두 유명한 분석철학자들이다. 그리고 이들은 굳이 원문을 확인하지도 않고 프로이트를 영어로만 읽었던 것처럼 보인다. 이것은 분명히 매우 이례적인 일이다.

어쨌거나 프로이트는 우리 세기의 가장 위대한 저술가 가운데 한 명이며, 그의 저술은 번역하기가 극도로 어렵다. 하다못해 프로이트에 관한 학술적 논의에 필요한 인용문을 번역하려는 사람조차 그 과정에서 얼마나 많은 것을 잃어버리고 마는지를 금세 발견하게 될 것이다. 그뿐 아니라 프로이트로 말하자면 (아마도 니체를 제외하면 누구보다도 더) 뉘앙스에 주목하라고 가르친 사람이므로, 그에 관해서 진지하게 저술하는 사람들이 정작 그렇게 할 필요성을 별달리 느끼지 못했다는 것은 참으로 기묘한 일이다. 마지막으로 (최소한 학위 논문에서부터 시작하는) 학술적 작품에서 원문 의존이 필수라는 점은 예전에만 해도 정말 당연했으며, 외국 저자 한 명만을 전적으로 다루는 모노그래프에서는 확실히 그러했다.

번역에 관해서는 다음 장에서 어느 정도 길게 다루겠지만, 그것이야말로 해석의 한 가지 패러다임인 까닭에 여기서도 몇 가지 사전 언급이 필요하겠다. 오늘날의 학부생 가운데 상당수는 그 어떤 해석이라도 다른 해석 못지않게 좋다고 '느끼게' 되었다. 단지 극소수의 교수들만이 그런 말을 했더라면 좋겠지만, 실제로는 상당수가 차마 믿을 수 없을 정도로 자유방임적이었다. 상당수의 해석이 뚜렷한 실수를 담고 있다는 사실을 간략하게 보여주려면, 결국 심각한 오해석을 낳은 중대한 오역을 몇 가지 언급하는 것이 최상의 방법일 터이다.

이 대목에서는 프로이트에서 니체로 넘어가는 것이 최선일 듯하다. 그래야만 내가 다른 곳에서 자세히 논의했던 요점들을 간략하게 다룰 수 있을 것이기 때문이다. 1968년 이전에 나온『권력에의 의지』의 영역본은 딱 하나뿐이었는데, 그 번역자로 말하자면 이 분야에 정통한 니체 전집 편집자로부터 "내 협업자 중에서도 가장 재능이 있고 양심적인 인물"이라는 평가를 받은 사람이었다. 한마디 덧붙이자면, 1950년 이전까지만 해도『권력에의 의지』는 니체의 걸작으로 널리 간주되었으며, 심지어 하이데거는 더 최근까지만 해도 이런 견해를 여전히 선전하고 있었다. 하지만 그 번역본의 최종 개정 판본의 품질을 보여주는 사례를 딱 두 가지만 들면, 12절에서 "우주론적(cosmological)"이라고 번역되어야 했을 단어가 "세계주의적(cosmopolitan)"이라는 단어로 바뀌었고, 86절에서 "헨리크 입센은 내게 매우 명료해졌다.(Henrik Ibsen ist mir sehr deutlich geworden.)"라는 구절이 "내 생각에 헨리크 입센은 매우 독일적으로 되었다.(In my opinion, Henrik Ibsen has become very German.)"라는 구절로 바뀌었다. 예전 영역본의 번역자가 '명료한(deutlich)'을 '독일적(deutsch)'으로 혼동한 것이다.

학생들이 이런 실수를 종종 저지른다는 사실은 널리 알려져 있다. 반면 강의실에서 교수들이 사용하는 번역서와 학술서에서도 이와 유사한 오류가 수두룩하다는 사실은 그리 널리 알려지지 않았다. 하지만 대부분의 교수들은 텍스트를 선택하는 과정에서 여러 번역본을 신중하게 비교하지 않으며, 상당수는 정확성보다도 '가독성'을 우선시하는 것이 당연하다고 간주해버린다.

시(詩)야말로 언어에 대한 가장 신중한 주목이 요구된다고 가정할 수 있다. 하지만 상당수의 교수들은 시 번역에서 가장 중요한 것은 오히려 '시적 특성(poetic)'이라고 주장한다. 이른바 세대마다 새로운 번역이 필요하므로 고전을 현대의 관용어에 맞춰 옮겨야 하고, 원래 의미에 충실하려 과도한 노력을 하다 보면 자칫 어설프고 쓸모없는 번역본이 나올 수 있다는 주장이 널리 알려져 있다. 이런 주장은 자연히 강의실에서 터무니없이 황당한 해석을 낳고 말았다.

일부 현학자들은 자기 나름의 오역을 내놓는다. 한 가지 놀라운 사례를 들자면, 의심의 여지 없이 니체의 가장 중요한 작품 가운데 하나인 『도덕의 계보에 관하여(*Zur Genealogie der Moral*)』(1887)가 있다. 이 작품은 세 편의 논고로 이루어져 있는데, 그중 두 번째의 제목은 「죄의식', '양심의 가책', 그리고 비슷한 것들」이다. 양심의 가책의 기원에 관한 니체의 이론은 도덕심리학에 대한 그의 주된 기여 가운데 하나이며, 1930년과 1933년 말년의 두 작품에서 프로이트가 발전시킨 이론과 놀라우리만치 유사하다.

1965년에 미국의 저명 대학 가운데 한 곳의 철학 교수가 『철학자로서의 니체(*Nietzsche as Philosopher*)』라는 책을 간행했는데, 거기서는 "양심의 가책(bad conscience)"이 "의식의 가책(bad consciousness)"으로 바뀌었다. 정작 독일어 Gewissen은 '양심'이란 뜻이지 '의식'이란 뜻은 아닌데도 말이다. 이 책에는 저자가 잘못 써놓은 독일어가 수두룩하며, 반복해서 등장하는 단어들도 줄곧 철자가 틀려 있다. 거기 나온 수많은 니체 '인용문'을 보면 내가 앞서 말했던 학생 기자라든지, 9절에서 언급했던 쇼의 언론인 관련 발언이 연상될 지경이다. 핵심 부분에서 들여쓰기로 처리한 인용문 아홉 개를 확인해보면, 짧게는 중요한 단어 몇 개부터 길게는 무려 9행에 이르는 심각한 오역이나 표시조차 없는 누락으로 인용문 모두가 손상되었음을 알게 될 것이다. 하지만 가장 충격적인 점은 이런 사실을 아무도 충격적이라 생각하지 않는다는 점이다. 그 책을 읽은 교수 대부분에게 중요한 점은 이 책이 졸지에 니체를 말더듬이 옥스퍼드인으로 변모시켰다는(그리하여 니체를 분석철학자들이 접근하기 쉬운 대상으로 만들어버렸다는) 점뿐이었다. '너'에 대한, 즉 상대방의 남다른 목소리와 의미에 대한 무관심은 워낙 널리 퍼져 있어서, 이 정도의 오독은 이제 심각하게 느껴지지도 않을 정도다.

분석철학자들만 이런 반응을 보인 것도 아니다. 독일 철학이나 프랑스 철학에 관심을 가진 젊은 현학자들도 이 책이 중요한 작품이라는 견해를 표현한다. 자기들이 앞으로 무슨 일을 하면 되는지를 이 책이 보여주기 때문이다.

이런 식으로 '너'에 대한 존중과 정확성을 희생하면서까지 '접근의 용이성'을 애호한다면, 결국 언론업이 승리하게 된다. 『햄릿』이나 '초인(超人)'의 만화판은 이른바 '부조리로의 환원'을 제공한다.

글솜씨가 형편없는 교수들이라면 훌륭한 글쓰기가 언론업의 상징이라고 간주할 수도 있다. 하지만 대부분의 훌륭한 글쓰기는 언론업을 위한 것이 아니며, 오히려 대부분의 언론업은 엉성한 글쓰기에 불과하다. 변증법적 독자는 고전의 도움을 얻어서 자신의 시대에 대해 약간의 전망을 얻음과 동시에 그 우스꽝스러운 측면들도 발견한다. 언론인적 독자는 심지어 니체조차도 시의적절하고 접근이 용이하게끔 가공하려고 최선을 다하며, 정작 니체가 시의적절하지 않은[반시대적인] 것을 오히려 영예로 여겼을 뿐만 아니라 근대성의 비판자였다는 사실 따위에는 아랑곳하지 않는다.

'너'에 대한 존중, 문화 충격, 그리고 자신의 시대에 대한 약간의 전망을 얻는 것을 이야기하는 독자의 경우, 학술적 해석자에 비해 뚜렷한 정확성과 신중한 학술성에 관심이 덜한 것처럼 보일 수 있다. 지금까지 거론한 사례들의 요점은 오히려 정반대임을 보여준다.

상당수의 현학자들은 언론인적인 기풍을 가지고 있다. 합의에 대한 이들의 의존은 유행 선호로 귀결되며, 급기야 유행하지 않는 것이나 현재의 추세와 정통론에 대한 도전에는 눈이 멀어버리고 만다. 부지불식간에 현학자는 비(非)학술적이된다.

물론 현학자들도 각자 매우 다르다. 그중 상당수는 텍스트를 부차적인 것으로 간주하고, 저자를 전혀 중요하지 않다고 여기며, 오히려 텍스트를 단순한 소품으로 삼는 게임을 중요하다고 생각한다. 마치 체스판에서 영리한 수를 놓으려고 시도하는 것과도 비슷하다.

분석철학은 부적절하게 높은 지적 고결성의 표준에 반대하는 저항으로 시작했으며, 때때로 자기네가 지적 양심을 다소간 발견한 듯한 자세를 취했다. 니체도 때때로 자기 나름대로 이와 유사한 주장을 내놓았지만, 일부 선행자들에 대한 그의 남달리 선견적인 읽기도 비판의 여지가 있음은 분명하다. 하지만 그의 해석자들 대부분이 지적 양심과 '나쁜 읽기'에 관한 그의 논의를 놓아둘 장소를 전혀 발견하지 못했다는 사실은 상징적이다. 니체의 이런 측면에 대해서는 아예 눈을 감아버림으로써 결국 그의 사상에 관한 터무니없는 해석을 고안할 수밖에 없었다.

니체와 프로이트는 변증법적 독자들에게 특히 중요한 인물들이다. 텍스트에 나타난 인간에 대한 주목을 (그 이전의 누구보다도 더 많이) 요구했기 때문이었다. 이들이 뉘앙스에 막대한 관심을 보인 이유도 그래서였다. 『우상의 황혼』(1889)에 붙인 짧은 서문에서 니체는 "심지어 귀 뒤에도 귀가 달린 사람 …… 나이 많은 심리학자"로 자처했다. 1948년에 프로이트의 제자 가운데 하나인 테오도어 라이크(Theodor Reik)는 저서의 제목을 『세 번째 귀로 듣기(*Listening with the Third Ear*)』라고 지었다. 그러나 프로이트는 천박한 방식으로 '환원적'이었다는 근거 없는 평판만 얻었을 뿐이며, 니체의 미묘한 심리학도 여전히 널리 무시되는 실정이다.

　인문학 분야의 무척이나 많은 현학자들이 지닌 반(反)심리학적 편견은 궁극적으로 반(反)인문학적이다. 이들은 텍스트와 기타 인간의 창조물에 나타난 인간 현실에 대해서는 눈을 감아버리며, 자신들의 재료를 마치 인간성과는 결별한 물체라도 되는 양 다룬다. 성 토마스가 아리스토텔레스를 인용한 방식은 여전히 모범적으로 여겨지며, 항상 동의의 목적으로 인용하는 것은 아니라는 점만 다를 뿐이다. 문맥과 텍스트 배후의 인간에 대한 충격적인 무관심은 여전히 전형적으로 남아 있다.

　물론 이 지점에서 우리는 여전히 변증법적 읽기 방법의 '역사적 및 철학적' 요소를 설명하는 세 개의 동심원 가운데 첫 번째 원에 머물러 있으며, 이 원에서 하나의 작품 전체를 다룬다. 하지만 한 권의 책은 (한 편의 짧은 시도 마찬가지지만) 자율적이지 못하다. 우리는 『도덕의 계보에 관하여』에 계속 머무르면서, 그 서문에서 니체가 이 책이 자신의 이전 저서들을 알지 못하는 독자들을 당혹스럽게 만들 것이라고 말한 대목에 (다른 무엇보다도 먼저) 주목할 수도 있을 것이다. 본인의 말에 따르면, 그는 "독자가 나의 이전 저술들을 먼저 읽었고, 그 과정에서 약간의 어려움을 무릅썼다."고 가정한다. 이런 발언에도 불구하고, 『철학자로서의 니체』의 저자는 1장의 첫 페이지부터 '자신의' 독자를 향해 니체의 책 가운데 어느 것도 "다른 책을 알고 있음을 미리 가정하지는 않는다."고, 그리고 니체의 저술을 훑어보기만 해도 손해 볼 것은 전혀 없다고 말해 놓았다.

비교적 사소한 사례를 하나 들고 나면, 첫 번째 원에서 두 번째 원으로 옮겨 가는 것이 필수적임을 보여줄 수 있다. 니체의 책『도덕의 계보에 관하여』의 원제 Zur Genealogie der Moral을 살펴보자. 여기서 독일어 zur는 이중적 의미가 있어서, 도덕의 계보'를 향하여'도 되고, 도덕의 계보'에 관하여'도 된다. 원문의 독자 가운데 이런 문제를 감지한 사람은 극소수에 불과하겠지만, 번역자의 경우에는 최소한 다른 현학자만큼 신중하게 읽어야 하는 해석자가 되게 마련이다. 이럴 때 그 책 한 권에만 갇혀 있으면 문제가 해결되지 않는다. 니체의 이른바 잠언서의 숫자 매겨진 절의 제목에 zur가 종종 나타나는데, 거기서는 '향하여'라는 뜻이 아닌 경우가 종종 있는 반면, '관하여'라는 뜻인 경우는 항상 있는 듯하다. 따라서 이 책의 제목도 '도덕의 계보에 관하여'가 되어야 한다.

더 흥미로운 질문들 때문에라도 맨 안쪽의 원을 초월할 필요가 있다. 과연 니체는 허무주의자였을까? 진리에 관한 그의 견해는 무엇이었을까? 과연 칸트는 하느님을 믿었을까? 에우리피데스는 '합리주의자'였을까? 마찬가지 맥락에서 만약 카프카의 단편 하나에만 주목한다면 그 단편을 이해한다고 자신할 수 없을 것이다.

29

첫 번째 원보다 더 큰 '두 번째 원은 작가의 작품 및 발전 전체를 포함한다.' 하지만 우리의 관심사가 텍스트 읽기에 대한 것이라면, 왜 굳이 거기까지 나아가야 하느냐고 물을 수도 있다.

그 이유는 기본적으로 세 가지다.

첫째로, 방금 살펴본 것처럼 시 한 편이나 책 한 권에만 주목할 경우, 때로는 한 단어의 (그리고 훨씬 더 빈번하게는 한 문장의) 의미가 결정될 수 없기 때문이다. 때로는 그 작가의 이전 작품을 함께 살펴보지 않으면 작품의 의도를 확신할 수 없기 때문이며, 때로는 그 작가의 더 나중 작품들이 중요한 자기 해석과 자기비판을 제공하기 때문이다. 이런 자기 해석을 항상 액면가로 받아들일 수야 없겠지만, 바로 그 이유로 이를 무시하는 독자라면 결국 자신이 저자의 의도를 저자 본인보다 훨씬 더 잘 안다고 간주하는 셈이 되며, 이것이야말로 상당히 이례적인 오만의 표시일 것이다.

둘째로, 스스로의 관심사를 투사하여 텍스트를 읽을 위험은 항상 있다. 때때로 자신의 관심사를 책에서 발견한다는 것이 꼭 오류의 증거는 아니며, 아마도 저자와 동질감을 공유했거나 유사한 경험이나 직관을 가진 까닭에 이전의 독자들이 간과한 내용을 볼 수 있었을 뿐이다. 이런 사례 모두에서 텍스트에 없는 것을 투사해서 읽었는지를 확인하는 일이 중요하며, 그 최상의 방법 가운데 하나는 저자의 다른 작품들에도 유사한 관심사가 나타나는지를 살펴보는 것이다.

내가 『비극과 철학(*Tragedy and Philosophy*)』에서 내놓은 다음과 같은 주장이야말로 그 실례에 해당한다. 『오이디푸스 왕』에서 중심 주제 가운데 하나는(물론 주제가 그것 하나만은 아니지만) 주인공의 정직성에 대한 관심, 그리고 예외적으로 높은 정직성의 기준은 존경할 만하지만 그런 정직성은 인물을 불행 속으로 던져 넣을 수 있다는 시인의 확신이라는 (그리고 소포클레스는 이전까지만 해도 이런 주제가 포함된 적이 없었던 이야기에 이를 도입했다는) 것이었다. 이는 (내가 이 비극에서 발견한 몇 가지 다른 주제와 마찬가지로) 나 자신의 주제 가운데 하나이기도 했기에, 혹시 내가 존경해 마지않는 이 희곡에 그 내용을 투사한 것은 아닌지를 묻는 과정이 꼭 필요했다. 이 대목에서 나는 소포클레스의 현존 비극 여섯 편 가운데 하나인『필록테테스』에서 중요한 확증을 발견했다. 여기서 시인은 네오프톨레모스의 높은 정직성의 기준을 중심으로 줄거리를 구축하고, 오로지 신의 간섭으로만 막을 수 있는 비극적인 결과를 만들어낸다.[4] 그리고 또다시 이런 내용은 소포클레스가 개작하기 이전까지만 해도 그 원작인 신화의 줄거리에 들어 있지 않았다. 이보다더 확신을 갖고 싶다면, 이 주제가 전체에 들어맞는지, 만약그렇다면 어떻게 들어맞는지를 살펴보기 위해 반드시 작가의 전작(全作)을 살펴보는 데까지 나아가야 한다. 결국 중요한 것은 저자의 '마음의 모습'(geistige Persönlichkeit, 한마디로 '심성')의 그림을 얻는 것이다.

어떤 저자의 작품들에 대해서 정말로 훤히 꿰고 있는 현학자들에게 '그 저자는 작품 중 어디선가 이런저런 이야기를 하지 않았습니까?' 하고 묻는다면, 그들은 때때로 이렇게 말할

---

4 그리스군이 트로이 전쟁에서 승리하려면 헤라클레스의 활을 물려받은 필록테테스를 데려와야 하는데, 필록테테스는 과거 그리스군이 자기를 무인도에 버리고 떠난 일 때문에 원한을 품고 있었다. 오디세우스는 아킬레우스의 아들 네오프톨레모스에게 필록테테스를 속여 트로이로 데려올 계책을 일러주지만, 정직한 청년 네오프톨레모스는 자신을 신뢰하는 필록테테스를 차마 끝까지 속이지 못하고 그리스군의 계략을 폭로한다. 이에 격분한 필록테테스는 트로이에 가지 않겠다고 버티지만, 헤라클레스가 등장해서 트로이로 가라는 신의 뜻을 전달하자 부득이하게 이에 따르고 만다.

것이다. "나는 그가 그런 말을 했다고는 믿지 않습니다." 또는 이렇게 말할 것이다. "그가 그랬을 수는 없습니다." 또는 최소한 이렇게 말할 것이다. "그는 분명히 그런 식으로 말하지 않았을 겁니다."

라디오를 틀어서 스트라빈스키의 음악을 듣는데 누군가가 이렇게 물어본다고 치자. "이게 모차르트의 교향곡 몇 번이지?" 심지어 이 곡을 이제껏 한 번도 들어본 적이 없는 사람도 서슴없이 이렇게 말할 수 있다. "정확히 뭔지는 모르겠지만, 그래도 모차르트는 아닌 게 분명해." 이와 유사하게 에곤 실레의 그림 앞에서 이렇게 말할 수 있다. "정확히 누구 작품인지는 모르겠지만, 이게 조토의 작품일 수 있다는 생각은 터무니없어." 이처럼 그림과 음악의 사례에서 무척이나 명백하게 드러나는 사실이 정작 텍스트의 독자 대부분에게는 전혀 명백하지 않다.(텍스트야말로 대부분의 사람들이 얼마나 나쁘게 읽는지를 보여주는 셈이라고 하겠다.)

기껏해야 터너의 더 전통적인 회화 가운데 한두 점만을 알고 있는 비평가가 있다면, 그 화가의 인상주의 걸작 한 점을 보면서도 설마 이게 터너의 작품일 리는 없다고 확신해 마지않을 것이다. 어떤 화가나 작가의 정신적 성격에 대한 감각을 얻고자 한다면, 그의 전작과 발전에 대해 (정통한 지식까지는 아니더라도) 약간은 알고 있어야 한다. 그 인물에 대해서 더 잘 알수록 식별 능력도 더 커지기 때문이다.

미술사가들은 이런 종류의 식별 능력을 높은 수준으로 길렀기 때문에, 전문가라면 박물관의 렘브란트 작품에 대해서 서슴없이 이렇게 말할 것이다. "렘브란트의 작품이라는 판단은 확실히 틀렸습니다." 또는 "그 얼굴은 렘브란트가 그릴 수 없는 것입니다." 또는 "분명히 18세기의 모작입니다." 나아가 음악에서는 이런 종류의 실력이 훨씬 더 널리 퍼져 있는데, 그 주된 이유는 라디오와 전축 덕분에 훨씬 더 많은 사람이 방대한 양의 음악을 들을 수 있었던 반면, 이에 비해 회화를 실물로 많이 볼 수 있는 기회가 있는 사람은 훨씬 적기 때문이다. 베토벤과 다른 거장들의 가장 위대한 작품 대부분을 여러 번 거듭해서 들은 사람은 무척 많다. 반면 렘브란트의 최고 걸작회화 대부분을 본 사람은 극소수에 불과하며, 그나마 한 점이라도 본 사람들도 딱 한 번, 그나마도 짧게 보고 지나쳤을 뿐이다.

텍스트는 음악만큼 상당히 손쉽게 연구할 수 있다. 하지만 여기서 양식의 차이를 인식하는 실력의 결여가 만연한 까닭은 주로 어설픈 가르침 때문이다. 변증법적 독자라면 저자가 어떤 내용을 '말했을' 가능성만이 아니라, 아울러 어떤 내용을 '뜻했을' 가능성에 대해서도 감각을 발달시키려 할 것이다. 자기가 잘 아는 작가가 '이것'을 뜻했어야 마땅한데 실제로는 그렇지 않아서 안타깝다는 주장이야말로, 모차르트가 '저것'을 작곡할 수도 있었는데 실제로는 그렇지 않아서 안타깝다는 주장처럼, 많은 이들의 눈에는 그저 우스꽝스러워 보일 뿐이다.

음악과 회화의 양식에 관해 이야기할 때, 우리는 특정 양식이 특정 시대와 결부되었다고 인식하기 때문에, 사실상 어떤 작품이 시대착오적인지 여부를 판단 기준으로 삼는 셈이다. 우리는 종종 뭔가가 모차르트는 아니며, 18세기의 작품도 아니라고 확신하며 말할 수 있다. 회화와 문학의 양식에 대해서도 정확히 마찬가지다. 하지만 음악이나 회화의 양식과 유사하게, 한 시대를 가리키는 동시에 다른 시대를 확실히 배제하는 사고의 양식도 있다. 변증법적 독자라면 어떤 작가의 사고의 양식을 찾아볼 것이고, 최소한 그 작가의 문학 양식에 대한 감각을 발전시킬 것이다.

문화 충격을 회피하고 저자의 남다른 면모에 대해서 눈을 감으려 애쓰는 사람들은 자연히 그 저자의 양식과 심성에 대한 감각도 전혀 발달시키지 못하게 마련이다. 그럼에도 그들이 과거의 한 철학자에 관한 책을 쓴다고 치면, 그들의 해석은 (예를 들어 모차르트나 조토에 관한 책에서 실제로는 20세기 후반에 나온 작품들을 그들의 작품이라 주장하는 것만큼이나) 종종 시대착오적이 되고 만다. 하지만 이런 종류의 일은 워낙 만연한 까닭에 (만약 조토나 모차르트의 해석자가 비슷한 노력을 했다고 치면 잔뜩 쏟아졌을 만큼의) 조롱과 경멸을 차마 얻지도 못하는 실정이다.

철학자들에 관한 책에는 정말 터무니없는 사례들이 수두룩하고, 철학자들에 관한 강의에는 특히나 더하다. '문학'을 (최소한 번역본을 이용해서) 가르치는 방식이라고 해서 더 나을 것도 없는 경우가 빈번하다. 대학 강의에서 널리 사용되는 번역본을 보면 여실히 알 수 있다. 종종 자유에 강조점을 두다 보니, 저자의 양식과 의미에 충실한 텍스트를 갖기보다는 차라리 현재의(그것도 급속히 변화하는) 기준에서 훌륭한 시라고 느껴지는 번역본을 갖는 것이 아직 더 중요하다고 간주된다. 이런 식으로 가장 뻔뻔스러운 시대착오가 관용될 뿐만 아니라 심지어 요구되기도 하며, 작가의 양식과 심성에 대한 감각은 애초부터 배제되고 만다.

그리스나 독일 시인의 작품을 영어로 번역한다면 반드시 현대 영어의 관용 어법에 따라 개작되어야 하고 설령 이 과정에서 시인의 이미지나 어법이나 의미가 변해도 문제가 되지 않는다는 생각이란, 마치 조토를 가르치기 전에 반드시 현대 화가에게 (10년 동안은 달리, 또 다른 10년 동안은 피카소, 그다음 10년 동안은 로이 리히텐슈타인에게) 의뢰하여 현재 유행하는 양식에 따라 조토의 모작을 만들어야 하고 그 모작에 근거하여 조토를 가르쳐야 한다는 요구에 비견할 만하다. 그런데 읽기의 경우, 수많은 교수들은 이와 유사한 요구와 실천을 터무니없다고 생각하지 않는다.

30

한 작가의 전작을 망라하는 두 번째 원에서 달성되어야 할 과제가 하나 남아 있다. 우리는 텍스트 각각의 무게를 반드시 결정해야 한다. (만약 가능하다고 치면) 각각의 텍스트가 저자의 발전에서 어디에 속하는지를 알아내야 하며, 그걸 저자가 직접 간행했는지 여부를 알아내야 한다. 직접 간행했다면 어떤 형태이며 저자가 그 텍스트에 어떤 중요성을 부여했는지를 알아내야 하며, 만약 직접 간행하지 않았다면 그 이유와 진품 여부를 알아내야 한다. 혹시 저자 본인은 단 한 번도 간행을 고려한 적이 없이 종잇조각에 끼적인 문장에 불과한 것일까? 또 어쩌면 저자가 마음을 바꾸었기 때문에 결국 마무리하지 않았던 단편에 불과한 것일까? 또는 저자가 자기 책 한 권을 대신하여 수록한 이후 버전의 초고일 뿐일까? 또는 저자 본인이 직접 쓰지 않고 학생이 강의에서 들었다고 생각한 뭔가일 뿐일까? 만약 그렇다면 학생이 저자의 말을 제대로 이해했을 가능성은 어느 정도일까? 그 문장이 간행된 형식과 등장한 맥락이 혹시 뭔가를 오도하고 있지 않을까? 이런 것들은 반드시 물어보아야 하는(그러나 실제로는 별로 물어보지 않는) 질문들 가운데 겨우 몇 개에 불과하다.

예를 들어 헤겔과 니체에 관한 연구 대부분은 이런 문제들에 대한 암시를 전혀 보여주지 않는다. 그보다 더 못한 해석자들까지 갈 것도 없이, 그저 야스퍼스의 방대한 저서 『니체』와 하이데거의 두 권짜리 『니체』만 살펴봐도, 영국에서 나온 헤겔 연구 대부분을 살펴봐도 알 수 있다. 이 철학자들의 발전은 앞서 언급한 다른 여러 문제와 함께 대부분 무시되었다.

1960년대에는 이에 못지않게 극단적이며 문제를 더 악화시킬 수 있는 반동도 나타났다. 헤겔과 니체 '작품들'의 방대한 '비평 판본(critical edition)'이 나오기 시작한 것이다. 그 철학자들이 직접 쓰고 간행한 작품들은 굳이 신판이 꼭 필요하지 않다. 여기서 새로운 내용, 따라서 훨씬 더 많은 주목을 받고 있는 내용은 실제로는 그 철학자들의 '작품들'이 아니라 기껏해야 노트와 초고, 또는 학생들의 강의 필기에 불과한 것들의 편집일 뿐이다. 이처럼 최소한의 무게밖에 지니지 못한 텍스트에 과하다 싶을 정도로 주목하는 것, 그리고 이런 텍스트조차 극소수의 전문가만이 실제로 완독하고 약간의 맥락을 간신히 이해할 수 있도록 만드는 방식으로 내놓는 것이 전반적인 경향인 듯하다. 이보다 훨씬 흔하게 벌어지는 일도 있다.

바로 학생이며 교수가 이런 종류의 책들을 대강 훑어보고 나서 거기 나온 단편이 완성본의 한 문장과 똑같은 무게를 지니고 있다는 듯 심지어 그걸 인용까지 하는 일이다. 이런 식으로 새로운 비평 판본을 하나 참고하면, 마치 학술성을 지닌 척하기가 가능해진다.

31

한 작품과 관련된 안쪽의 첫 번째 원에서 한 작가의 전작 및 발전과 관련된 두 번째 원으로 나아가는 것만으로는 충분하지 않다. 변증법적 독자는 두 번째 원도 초월하고, 이를 '작가의 배경과 영향'이라는 맥락에서 고려해야 한다.

역사적 배경이 중대한 이유는 최소한 두 가지다. 첫째는 역사적 배경과 동떨어진 상태에서 텍스트의 '의미'를 확정하기가 종종 불가능하기 때문이며, 둘째는 배경을 무시해서는 텍스트의 '의의'를 확정하기가 완전 불가능하기 때문이다.

다양한 단어와 문장과 개념의 '의미'를 확신하려면 작가의 선행자들을 반드시 알아야 하는 경우가 종종 있다. 고대 그리스나 히브리 작가들의 사례에는 이런 일이 흔하다. 즉 흥미로운 용어들의 주된 용례를(아울러 드물게 사용되는 용어들의 경우에는 모든 용례를) 열거한 사전을 참고하는 것이다. 현대 언어는 문헌이 워낙 방대하여 사전이 도움이 되지 않을 때도 종종 있다. 하지만 학자라면 세 번째 원으로 반드시 넘어와야 한다.

여기서도 니체의 간단한 사례 하나가 이런 요점을 잘 보여줄 듯하다. 그는 마지막이자 가장 중요한 작품 가운데 하나의 제목을 『안티크리스트』라고 지었다. 이 제목은 거의 항상 '반(反)그리스도(The Antichrist)'를 뜻한다고 간주되었지만, 극도로 유순한 니체 숭배자 두 명은 이 단어가 사실은 '반그리스도인(The Antichristian)'을 뜻한다고 주장한 바 있다. 물론 양쪽 해석 모두가 가능하다. 둘 모두 뚜렷한 오류를 범하지는 않았다. 다만 두 번째 원을 더 잘 알수록, 그 작품이 간행된 시기의 니체가 최대한 도발적이고자 했음을 분명히 알 수 있다. 나아가 가능하다면 이 세 번째 원에서 훨씬 더 결정적인 확증을 찾아낼 수 있다.

쇼펜하우어의 『소품과 부록(*Parerga und Paralipomena*)』 (1851)의 2권 109절은 이렇게 시작된다. "세계가 물리적인 의미는 있지만 도덕적 의미는 없다는 것이야말로 가장 크고 유독하고 근본적인 오류이고, 진정 정신의 '전도(顚倒)'이며, 아마도 그 밑바탕에는 신앙이 이른바 반(反)그리스도로 의인화한 것이 있을 것이다." 1886년에 『비극의 탄생』 2판에 붙인 명석한 서문을 보면, 니체는 이 작품에서 "'정신의 전도'는 말과 공식화를 얻었는데, 일찍이 쇼펜하우어는 이에 대항하여 자신의 가장 격노한 욕설을 결코 지칠 줄 모르고 내던진 바 있다."고 말했다. 달리 말하자면, 니체는 자기가 바로 반그리스도라고 암시한다. 그는 또한 에르네스트 르낭의 『반그리스도(*L'Antéchrist*)』(1873)도 알고 있었다.

이 사례에서 세 번째 원은 단어의 의미를 확정하도록 도와준다. 이와 유사하게 어떤 문장의 의의를 확정하기 위해서 세 번째 원으로 반드시 넘어가야 하는 경우는 훨씬 더 흔하다. 역사적 배경을 모를 경우 종종 그 텍스트가 독창적인지 아니면 짜깁기인지, 패러디인지 아니면 논쟁을 위한 것인지, 신성 모독적인지 아니면 경건한지를 확신하지 못한다. '너'와 텍스트의 의도에 관해서 진정으로 관심을 갖지 않는 한, 이 모두는 무관한 것처럼 보일 수도 있다. 하지만 우리가 이에 관심을 가지므로, 역사적 배경에 대한 지식을 외면할 수 없다.

매우 영향력 있는 텍스트의 경우, 심지어 변증법적 독자조차도 그 '영향'을 살펴볼 때에는 반드시 극도로 선별적이어야 한다. 그렇지 않을 경우, 관련 자료가 너무나도 방대한 까닭에 아무런 소득이 없을 것이다. 하지만 손쉬운 해결책을 취한답시고 영향력을 깡그리 무시해서도 안 될 것이다. 만약 이전의 독자들이 그 텍스트를 어떻게 다루었는지를 유의하지 않는다면 읽기는 매우 편협하고 주관적이 될 가능성이 있다. 과거의 주요 독해를 통해서 자칫 간과할 뻔했던 차원들을 인식하게 되고, 또한 관심사를 텍스트에 투사해서 읽지 않도록 도움을 받을 것이다. 따라서 어떤 텍스트의 영향력 범위와 몇몇 유명한 독해에 대한 어느 정도의 인지는 필수적이다. 독단론자라면 자기 견해를 진리인 양 제시하는 데 만족할 수도 있다. 변증법적 독자라면 단순히 텍스트와의 대화로만 들어서는 것이 아니라, 이전 독자들이며 주석가들이며 해석자들과의 대화로도 들어선다. 그들 중 일부는 함정에 빠지지 않도록 보호해주며(자신의 실수보다는 남들의 오류를 인식하기가 보통은 더 쉽게 마련이라는 점에서 그러할 것이며), 또 일부는 그들의 도움이 아니었다면 간과했을 법한 문제들과 실수들을 보여줄 것이다.

현학자적 독자는 설령 주목을 하더라도, 오로지 자기 학파의 몇몇 일원이 내놓은 해석에만 주목하는 경우가 종종 있다. 그는 관점과 접근법과 선입견을 자신과 모든 면에서 본질적으로 공유하는 다른 동료들이 내놓은 독해를 비평하는 경향이 있다. 변증법적 독자는 여러 다른 시대에 여러 다른 사람들이 다양한 방식으로 접근함으로써 텍스트가 어떻게 해석되는지를 살펴보기 위해 굳이 자기 길에서 벗어나기까지 한다. 덕분에 그는 한 번 더 읽기 이상의 뭔가를 내놓을 더 나은 기회를 얻는다.

32

이제는 내가 이런 읽기 방식을 변증법적이라고 부르는 이유가 명료해졌을 것이다. 나는 소크라테스에게 약간의 빚을 졌는데, 그야말로 어떤 의미에서는 변증가였기 때문이다. 하지만 텍스트를 '너'로 대하라는, 그리고 역사적 맥락도 고려하라는 주장은 오히려 소크라테스를 넘어서는 셈이다. 내 접근법은 한편으로 대화에 관한 부버의 개념에 약간의 빚을 졌지만, 부버는 내가 여기에서 옹호한 접근법을 실제로 보여주지는 않았다. 역사적 및 철학적 요소는 헤겔에게 약간의 빚을 졌지만, 헤겔 역시 내가 뜻하는 변증법적 독자는 아니었다. 이 접근법은 여기서 조금씩 저기서 조금씩 가져온 절충적인 것도 아니다. 오히려 일련의 만남들을 통해서(즉 과도한 편향성을 회피하도록 우리를 도와주는 이전의 사상가들과의 대화를 통해서) 발전한 것이다. 아울러 이 접근법은 여러 가지 서로 다른 읽기 방법들에 대한 반성을 통해서 발전한 것이기도 하며, 여기서 제시한 방법론은 군데군데 상당히 논쟁적이다. 단순히 대안들을 무시함으로써 이런 종류의 논쟁을 회피한다면 더 유행할 수도 있겠지만, 나는 그러면 안 되는 이유를 보여주려 했다. 대안들을 고려하고, 그 대안들에 대한 옹호와 반대를 살펴보며, 자신의 생각에 대한 옹호와 반대를 살펴보는 것이 필수적이다. 변증법적 읽기는 항상 부정과 논쟁이 관계하고 있다.

이러한 정신을 염두에 두고, 여기서 발전시킨 접근법을 향해 제기될 법한 몇 가지 반대에 대한 답변으로 마무리하는 것도 나쁘지 않을 듯하다. 첫째로 일부 독자는 종교, 철학, 문학 텍스트에 대한 역사적 접근법의 필요성에 대해서 의문을 제기할 것이다. 그것은 철학적 접근법이 아니라고, 또는 문학적 접근법이 아니라고 말할 것이다. 즉 그것은 역사이며, 우리의 관심사는 그것이 아니라고 말할 것이다. 이에 대해서는 19세기에 종교 텍스트에 대한 역사적 접근법이 발전했을 때에 얼마나 많은 반대가 있었는지를 기억하는 것이 좋다. 이러한 반대는 주해적 접근법을 보호하려는, 그리고 어디에 가든지 힐튼 호텔에 머물고자 고집하는 사람들을 지키려는 열망에서 태어났다. 그들은 자신들이 미처 대비하지 못한 도전들과 만나지 않은 상태로 계속해서 안전하게 자기 생각을 투사해서 성전 (聖典)을 읽고 싶어 했다. 이런 상황은 오늘날의 철학과 문학에서도 전혀 다르지 않다.

다른 사람들은 이렇게 말할 수도 있다. 우리의 관심사를 미래에 두어야 마땅한 때에 역사와 과거에 대해서 누가 관심을 갖겠는가? 하지만 나는 고전 텍스트의 의미와 의의에 대해서 확신하려면 우리에게 역사가 필요함을 보여주려고 했다. 게다가 만약 저자의 말뜻에 관심을 갖지 않는다면, 왜 굳이 그의 이름을 들먹인단 말인가? 그게 사실이라면 우리는 그냥 집에 앉아서 진짜로 체스나 두고 있어도 그만일 것이다.

다음으로, 어떤 독자는 철학적 내용이 아닌 텍스트에 대해서 철학적 차원의 관심을 보이는 것에 반대할 수 있다. 나는 이렇게 답변하고 싶다. 철학 텍스트 가운데 일부는 내가 '철학적 차원'이라고 부르는 것이 없는 반면, 일부 비(非)철학 텍스트는 실제로 '철학적 차원'을 갖고 있다. 예를 들어 「창세기」와 「욥기」, 소포클레스와 『법구경』, 괴테와 톨스토이와 릴케, 그리고 종교 경전들과 그리스 비극 전반이 그러하다. 이 작품들이 표현하는 일상 경험과 이 작품들의 도전을 무시한다면 이런 종류의 텍스트를 제대로 이해하기란 불가능하다.

마지막으로, 변증법적 접근법이 너무 많은 학제 간 학습을 요구한다는 이유로 반대할 수 있다. 즉 이 접근법이 너무 어렵다는 것이다. 또는 대부분의 학생들과 교수들은 그런 방식으로 텍스트를 읽을 능력이 없다는 이유 말이다. 이것은 물론 사실이다. 그리고 이런 사실에 우리는 겸손을 느껴야 마땅하다. 위대한 철학자들은 보통 사람들이 아니었다. 플라톤과 아리스토텔레스는 그 당시 아테네에서 얻을 수 있는 모든 지식에 정통한 사람들이었다. 데카르트와 라이프니츠는 철학자로서뿐만 아니라 수학자로도 위대한 사람들이었다. 스피노자는 히브리어 문법서도 저술하고 성서 비평도 개척한 백과사전적 철학자였다. 홉스는 호메로스와 투키디데스를 번역했다. 흄은 여러 권짜리 『영국사(*The History of England*)』를 저술했다. 칸트는 중요한 천문학 이론을 내놓았고, 훗날 등장한 헤겔과 마찬가지로 지식의 거의 모든 주요 분야를 다루었다. 니체는 고전 문헌학자였으며, 최초의 위대한 심리학자인 동시에 중요한 시인이기도 했다.

그리스의 비극 시인들과 단테, 괴테, 톨스토이 역시 저마다 다른 방식으로 이에 버금가게 놀라운 사람들이었다. 대부분의 교수들은 확실히 그런 사람들의 저술을 마음에 들어 하지 않으며, 각자의 전문성 너머로 나아가도록 요구하는 집중적인 노력이 없는 상태에서 교수들이 그런 사람들을 잘 이해하기를 기대하기는 불가능하다. 비교적 나중에 나온 저자들도 이 정도이니, 더 이전에 나온 소포클레스나 플라톤이나 여러 위대한 종교 경전을 읽기는 얼마나 더 어렵겠는가.

학생들에게 읽기를 가르치는 방법에 주목하지 않는다면, 그 어떤 교육 개혁도 (특히 인문 분야에서는) 멀리 나아가리라 기대할 수 없다. 중등학교에서 너무나도 잘못 가르친 까닭에 젊은이들은 열성을 잃어버렸고, 그 결과로 여러 위대한 작품이 학생들에게 외면당하고 말았다. 그뿐 아니라 학생이나 졸업생이 그로부터 몇 년 뒤에 다른 텍스트에 열성을 보이더라도, 읽는 방법을 모르기 때문에 차질을 겪게 된다.

1960년대에는 서양의 젊은이 다수가 『바가바드 기타』, 선불교의 공안(公案), 그리고 다른 여러 아시아 텍스트에 관심을 보이기 시작했다. 하지만 이들은 정말 천차만별인 품질의 번역들과 천차만별인(그중 대부분은 주해적인) 해석들을 구분하는 방법을 아예 몰랐으며, 『바가바드 기타』나 선불교를 역사적 맥락에 놓는 방법이라든지, 텍스트의 의도와 그 영향력에 관해서 질문하는 방법도 전혀 몰랐다. 설령 이들이 '발생론적 오류'나 '의도의 오류'에 관해서 들어보았다 치더라도 전혀 도움이 되지 못했다. 그들은 어둠 속에서 손으로 더듬는 셈이었는데, 그 이유는 무엇보다도 이들이 고전 읽는 방법을 제대로 배우지 못했기 때문이었다.

다른 여러 가지에는 매우 뛰어나고 똑똑한 교수들도 학생들에게 읽는 방법을 가르치는 것에 대해서는 아예 생각해본 적이 없었으며, 그중 다수는 이 기술을 스스로 숙달한 적이 없었다. 텍스트 읽는 기술을 잃어버린다면, 제아무리 텔레비전이나 컴퓨터도 인문학을 구해주지는 못할 것이다.

3장
서평의 정치학,
번역과
편집의 윤리학

33

지금까지 나는 대부분의 인문학 학과에서 주식(主食)에 해당하는 텍스트 읽기에 집중했다. 나는 학자들이 지나치게 자주 하는 읽기 방식을 비판했고, 곧이어 대안적인 방식을 어느 정도 자세히 설명했다. 신문, 학술 논문, 또는 구체적인 정보를 검색하는 과정에서 참고하는 자료 읽기에 관해서는 그와 똑같은 분량으로 다루지는 않을 것이다. 하지만 서평 읽기에 관해서라면 최소한 잠깐이라도 머무를 만한 가치가 있을 것이다. 여기서 서평이란 실제로 책을 읽을 필요가 없게 만드는 지름길을 제공하거나, 읽을 것을 선택하고 가장 중요한 것을 발견하게끔 도움을 제공하기를 목표로 삼기(또는 삼는 듯해 보이기) 때문이다.

서평가와 번역가와 편집자는 모두 저자와 독자 사이에 끼어 있는 중개상이다. 나 역시 이 세 가지 역할을 거듭한 사람이니, 굳이 헐뜯으려는 의도로 이렇게 표현한 것은 아니다. 오히려 이런 기능들이 워낙 중요한 역할을 담당하고 있다는 바로 그 이유로, 인문학에 대한 논의에서 이를 살펴볼 필요가 있다. 우선 서평을 다룰 것이고, 다음으로 (이미 앞 장에서 건드려 보았던) 번역을 다룰 것이며, 마지막으로 편집을 다룰 것이다.

서평에 관한 저술은 극히 드문 편인데, 정작 서평이야말로 신문과 잡지와 계간지와 학술지에서 시선을 끄는 문화생활의 두드러진 특징임에도 불구하고 그러하다. 많은 사람들에게 책의 세계와 접촉을 유지하는 주된 방법은(전적인 방법까지는 아니더라도) 바로 서평을 읽는 것이다. 많은 교수들이 서평을 쓰는데, 그들 거의 모두는 다른 사람들이 쓴 서평에 어느 정도 의존하며, 그들의 학계 경력 역시 서평으로부터 종종 영향을 받는다. 재임용과 초빙, 그리고 봉급 인상과 승진에서도 한 교수의 저서에 대한 서평이 차이를 만들 수 있다. 그렇다면 왜 이런 주제가 정작 지면에서 논의되는 경우는 드문 것일까?

이에 대한 답변은 매우 명백하다. 상당수의 서평에 대해서는 언론업에 대한 버나드 쇼의 비판이 다소 적용되기 때문이다. 이 주제를 진지하게 논의하려는 사람이라면 반드시 바로 이런 문제로 접어들게 된다. 하지만 사람들은 이를 졸렬하다고 분명히 느낀다. 서평가는 무엇을 말할 것인가? 그중 일부는 이렇게 주장할 것이다. 자신들을 비판하는 사람들은 어디까지나 본인의 이전 저서가 좋지 않은 서평을 받은 이유에 대한 빈약한 평계를 대는 것뿐이라고 말이다. 그 결과로 이 논제가 지면에서 다루어지는 경우가 드문 것이다.

아직 한 번도 서평을 간행한 적이 없는 사람이 폭로를 내놓으려면 무분별하거나 최소한 상당한 용기가 필요할 것이라고 보는 것이 이치에도 맞다. 하지만 학술지에는 물론이고 주간지와 월간지와 계간지에도 수십 편의 서평을 기고한 저술가라면 침묵을 유지하기 위해 댈 수 있는 핑계가 사실 전혀 없을 것이다.

저자와 독자와는 별개로, 서평에는 두 가지 핵심 인물이 관여한다. 바로 편집자와 서평가다. 편집자의 역할은 중대하다. 편집자는 자기네 지면에 어떤 책 서평을 할 것인지, 누가할 것인지, 얼마나 걸릴 것인지, 언제 게재할 것인지, 얼마나 두드러지게 게재할 것인지를 결정한다.

여러 일간지와 주간지의 편집자가 똑같은 책들을 기사로 다루고 다른 책들을 무시하더라도, 그 과정에서 아무런 결정도 내려지지 않았다는 뜻은 아니다. 편집자는 책이 간행되기 몇 달 전에 사전 보도 자료와 가제본 교정쇄를 받게 되는데, 이는 출판사들이 책을 홍보하기 위해서 특별한 노력을 하리라는 것과 책을 광고하고 여러 서점에 배포하리라는 것을 암시한다. 대부분의 서점이 다량으로 주문한 서적은 극소수에 불과하다. 그런 서적을 서평하지 않을 경우에 독자는 편집자가 임무를 소홀히 한 듯한 인상을 받는다. 한편 독자가 서점에서 찾기 힘들 만한 서적의 서평은 발행 부수가 많은 정기 간행물에서 찾아볼 수 없는 경우가 너무나 많다. 편집자는 누군가로부터 홍보 부탁을 받은 극소수 서적의 서평도 할 수 있지만, 전반적으로는 뉴스가 될 만한 것을 생각해야 하기에 결국 다른 곳에서 광고되고 언급될 서적에는 반드시 주의를 기울여야 한다.

만약 이게 전부라면, 아주 잘 팔릴 가능성이 없는 서적의 서평이 신문과 주간지에 실리는 경우는 극소수일 것이다. 하지만 편집자는 오래 지속될 만한 것에 대해서도 어느 정도의 관심을 느끼게 마련이므로, 일부 전문가들에게 귀를 기울인다. 이런 전문가들 가운데 선견자나 소크라테스적 인물은 극소수에 불과하다.

지금으로부터 한 세대 전에 《뉴욕 타임스 북리뷰》는 기발한 시스템을 개발했다. 어떤 책을 서평할지 자신 있게 정하기가 불가능하자, 편집자는 실제로 게재할 편 수보다 더 많은 서평을 의뢰했다. 만약 어떤 서평에 열성이 없다면, 그 책은 서평이 필요할 만큼 중요하지 않다고 간주되었다. 만약 충분히 좋은 서평이 몇 주 앞서 들어왔다면, 열성적이지 않은 서평은 지면에 등장하지 못할 것이다. 어느 경우든 간에 서평가는 곧바로 원고료를(많은 금액은 아니더라도) 받는다. 하지만 노고가 결국 무의미하다고 판명되고 나면 서평가는 당연히 실망한다. 그리고 서평가는 자기 글을 지면에 등장시키려면, 남의 글에도 관대해지는 게 낫다는 사실을 금세 깨우치게 된다.

그렇다고 해서 오로지 좋은 서평만이 지면에 등장한다고 말하려는 것은 아니다. 어쨌거나 대부분의 서점에서 갖다 놓을 가능성이 없는 책이라면 비판적 서평은 없어도 그만일 것이다. 하지만 어떤 책이 뉴스에 나올 가능성이 높다면 문제는 달라진다. 종종 편집자는 특정 서적에 대해 열성적인 서평을 쓸 수 있는 사람이 누구인지, 그리고 특정 서적을 산산조각 내려 할 만한 사람이 누구인지를 예견할 수 있다. 그리고 편집자가 개인적으로 존경하는 저자의 서적을 적대적인 비평가에게 맡겼다면(또는 그 반대의 경우라도) 자기가 책임을 달성하는 데 실패했다고 느낄 것이다.

학술지에서는 상황이 더 나쁘다. 한 분야에서는 서로에 대해서 확고한 의견을 갖는 경향이 있으므로, 편집자는 누가 누구를 어떻게 생각하는지를 알아야 마땅하다. 따라서 편집자는 자기가 원하는 종류의 서평을 얻어내기가 종종 쉽지만, 때로는 그들도 (여느 사람과 마찬가지로) 깜짝 놀라곤 한다. 학술지는 종종 한 가지 사상 학파와 결부되게 마련이다. 이런 경우에 어떤 책이 어떻게 서평이 될 것인지를 미리 추측하기란 아주 위험한 일도 아니다.

때때로 편집자들이 지면에 싣는 서평을 보면, 이전까지만 해도 그 지면을 장식한 적이 없었던 서평가임에도 오로지 지금 서평 대상인 책을 미워하거나 격찬할 것이 확실해 보인다는 이유만으로 청탁된 듯한 인물이 쓴 서평들이 있다. 대부분의 독자는 이런 것들을 알아채지 못하는 듯하며, 아울러 일부 학술지로부터 꾸준히 무시당하는 몇몇 저자 중에는 간행 저서마다 서평의 대상이 되는 대부분의 저술가를 훨씬 능가하는 위상을 지닌 인물도 있다는 사실도 알아채지 못하는 것처럼 보인다.

우리는 거의 서평으로 읽은 책 대부분을 실제로 읽을 시간이 없으며 어떤 책에 관한 서평을 읽기 전에 그 책을 읽는 경우도 드물어서, 수많은 서평이 그릇된 설명과 전적인 오류로 가득하다는 사실을 눈치채지 못하고 넘어간다. 이런 상황은 호의적인 서평에서나 적대적인 서평에서나 매한가지이며, 또한 학술지에도 전부 적용된다.

쉽게 말해서, 대부분의 서평은 너무 진지하게 받아들여서는 안 된다. 일부 일급 대학들에서는 자기네 교수들의 간행물을 열거한 소책자를 매년 간행하는데, 정작 서평만큼은 그 목록에서 빠져 있다. 이런 사실은 대학 행정부가 서평을 그리 대단하게 여기지 않음을 암시하는 한편, 책임감 있는 서평을 쓸 최적의 자격을 가진 사람들을 낙담시키는 동시에 이 분야를 언론인 유형에게 넘겨주는 결과에도 일부 책임이 있다.

간혹 예외를 제외하면, 서평은 언론의 한 가지 형태다. 하지만 서평가를 최소한 몇 가지 종류로 구분하는 것은 유용할 수 있다. 첫째로 전문 서평가가 있다. 만약 이런 사람이 일주일에 몇 편의 서평을 작성해야 한다면, 현명한 선택을 내리기 위해서 그보다 훨씬 많은 책을 부분이라도 읽어야 할 것이므로, 그가 서평하는 서적 모두를 매우 신중하게 읽으리라고 기대할 수는 없다. 그는 단지 흥미를 느끼는 일부 책들에 대해 사람들의 관심을 불러 모은다는 이유로 존경을(만약 실제로 그런 일이 벌어진다고 치면) 받겠지만, 정작 그가 논의하는 책에 관해서 내놓는 발언 전부가 옳은지 여부는 오히려 덜 중요하다고 간주될 것이다.

둘째로 사람들이 서평을 얻고 싶어 하는 유명한 학자가 있다. 하지만 대부분의 유명한 학자는 서평을 무익한 과제로 간주하고, 차라리 자기 연구나 계속 진행하기를 원한다. 간혹 이들이 서평을 쓰기로 응낙하더라도, 어쨌거나 자신이 그 책을 반드시 읽어야 한다고 느낀 것이 응낙의 실제 이유라면, 정작 그 책을 읽고 나서 결정을 후회하는 경우가 종종 있다. 젊거나 무명인 저술가의 책을 망신 주는 것은 잔인한 행동처럼 보일 수도 있고, 여차하면 그 저술가의 경력을 파괴할 수도 있다. 또 다른 기관의 동료인 교수의 책을 망신 주는 경우도 마찬가지여서, 그 책이 명백한 실수로 가득하다면 난처한 일이고, 그 단점을 좁은 지면에서 결정적으로 보여줄 수 없는 경우도 고통스러운 일이다. 물론 어떤 책이 실제로 좋을 수도 있지만, 문제는 어떤 책이 좋을 것이라고 가정하고 서평을 쓰기로 응낙한 후에야 비로소 그 책이 실제로 좋지 않다는 것을 깨닫는 경우가 흔하다는 것이다. 따라서 위대한 학자 가운데 서평을 많이 쓴 사람은 극소수이며, 실제로 많이 쓴 사람도 정작 거기에 들이는 시간은 극히 적은 경우가 대부분이다. 이들의 가장 일반적인 전략은 그 책의 주제에 관한 짧은 에세이를 쓰는 것인데, 결국 자기 견해를 제시할 기회로 서평을 이용하여 자신이 그다지 신중하게 읽지 않았던 책 한 권(또는 여러 권)에 대한 몇 가지 언급을 엮어 넣는 것이다.

셋째로, (시몬 드 보부아르의 『레 망다랭』에 나오는 절묘한 구절을 인용하자면) 집필되지 않은 책의 높이에서 세계를 바라보는 젊은 서평가가 있다. 이런 사람은 서평 덕분에 지면에 등장해서 자기가 얼마나 똑똑한지를 보여줄 기회를 얻는다.

넷째로, 나름대로 책을 몇 권 쓰기는 했지만 인정을 받지 못한 사람들이 있다. 이들은 자기 저술로 적절한 만족을 얻지 못했기에, 더 성공한 사람들에게 앙갚음할 기회를 서평에서 얻는다. 이 범주에 속하는 어떤 사람들은 분노로 가득하다. 또 어떤 사람들은 자신이 휘두르는 권력에서 큰 즐거움을 얻는 까닭에, 나쁜 점수만이 아니라 좋은 점수도 기꺼이 매긴다. 또 어떤 사람들은 '비평가'가 되는데, 이들은 서평가보다 더 우월하다고 느낄 뿐만 아니라 심지어 취향을 주조하기 때문에 저술가보다 더 중요하다고까지 무척 진지하게 주장한다.

마지막으로, 책 한 권당 타자 용지 한 장 정도의 짧은 서평을 쓰는 사람들이 있다. 이들은 어떤 지면에서는 익명을 유지하고, 또 어떤 지면에서는 이름을 밝히고, 또 어떤 지면에서는 이름 머리글자만 밝힌다. 일부는 그런 익명성을 핑계로 무책임하거나 엉성하게 행동하는 계기를 얻는다. 다른 일부는 이 분야에서 매우 유용한 기능을 수행하기 때문에, 몇몇 경쟁 관계의 정기 간행물에서 조금이라도 진지한 주장을 가진 책 모두에 대해서 이런 종류의 즉각적인 보고서를 내놓는 것도 좋은 발상인 것처럼 보일 정도다. 만약 이런 정기 간행물이 크나큰 실수와 그릇된 설명에 대한 즉각적인 수정 제안을 게재하는 데에 전념한다면, 이것이야말로 그런 책들을 방심하지 않도록 만드는 한 가지 방법이 될 것이다. 또 한 가지 방법은 서평을 읽고 나서 서평이 실리는 바로 그 호에 최대 150자까지 덧붙일 기회를 저자에게 주는 것이다. 이것이야말로 헤겔이 첫 저서에 대한 한 쪽짜리 설명을 신문의 문예 별면에 간행하도록 했던 독일 관습의 개정판이라 할 수 있다.

첨언하자면, 어떤 사람은 《타임스 문예 별면(*The Times Literary Supplement*)》에 게재되는 서평의 익명성 때문에 그 악용이 촉진되었음이 분명하다고 가정할 수도 있다. 사실은 담당 편집자도 부정행위가 얼마나 손쉬운지를 깨닫고, 공정을 유지하려고 최대한 애쓰고 있다. 1970년대에 와서는 결국 익명성의 전통을 포기해버렸다. 차라리 이쪽이 더 나은 것처럼 보이는 까닭은, 원체 크게 존경받는 《타임스 문예 별면》에 게재되는 서평으로 인해 서평가들은 부당하게도 권위의 분위기를 부여받기 때문이다. 선의로 선택되기는 했지만 그들도 결점을 가진 인간이고, 동등하게 저명한 것도 아니다. 서평가가 해당 주제에 대한 특별한 전문성을 전혀 갖고 있지 않다면, 독자는 그런 사실을 알아야 한다. 서평가가 어느 정도 저명한 인물이 라면, 그 서평은 그의 전작(全作)의 일부로서, 즉 그의 다른 저 술들의 맥락 속에서 바라보아야 더 완전하게 이해된다.

일부 편집자와 서평가가 매우 높은 고결성의 기준을 갖고 있긴 해도, 서평가가 연극 비평가나 미술 비평가 같은 권력을 휘두르지 않는 것은 행운임이 분명하다. 물론 몇몇 서평가는 취향의 조종자가 되기를 좋아하지만 그 영향력은 매우 제한적 인데, 이는 무엇보다도 염가본(paperback)의 도래 때문이다. 한 마디로 서평가가 워낙 많다 보니 큰 차이가 생길 수는 없으며, 간혹 어떤 학술서가 실제로는 비(非)학술적인 까닭을 결정적 으로 보여주는 데 성공한 글 정도만이 예외일 뿐이다.

자신들의 노력이 장기적으로는 얼마나 하찮은지를 아는 까닭에, 몇몇 서평가는 일부 영화 비평가처럼 아예 오락을 겨 냥해서, 그 책을 읽지 않은 사람들이(특히 그 저자를 오래전부터 싫어했던 사람들이) 즐길 만한 진정으로 재미있는 글을 쓴다. 일 부 주간지는 이런 분야에서 매우 높은 기준을 유지한다.

34

인문학은 지속되는 것에 관심을 가지며, 실제로도 그래야 마 땅하다. 새로운 책들의 홍수에 휩싸이다 보면, 서평이야말로 오래 남을 종류의 책들에 대한 안내가 되지 않을까 하는 기대 를 자연히 품게 된다. 하지만 정기 간행물은 (학술 분야이건 아 니건 간에) 자기네 서평 공간 대부분을 수명이 짧은 서적에만 할애할 뿐이다. 나아가 더 독창적이고 (결국에 가서는) 영향력을 발휘할 서적을 알아보는 일보다 오히려 범속한 서적을 다루는 일에 더 뛰어나다. 몇몇 정기 간행물의 사례를 드는 것은 시간 낭비겠지만, 당장 노벨 문학상만 살펴보아도 지속될 만한 것을 알아보는 일의 어려움을 알 수 있다.

어떤 면에서 스웨덴에 있는 위원회의 업무는 편집자나 서평가의 업무보다 더 용이하다. (노벨 재단이 편저한 『노벨: 창시자와 상(Nobel: The Man and His Prizes)』(1962)의 내용을 인용하자면) "대개 문학상이란 한 저자의 전체 생산물에 수여하는"(82쪽 각주) 것이기 때문이다. 즉 어떤 저자의 전체 생산물이 향후에도 기억될 수 있는지를 추측하는 일이라면, 책 한 권이 등장한 순간에 비슷한 판단을 내리는 일보다는 오히려 덜 어려워 보이기 때문이다. 그뿐 아니라 1902년 2회 노벨 문학상이 기념비적인 저서 『로마사(Römische Geschichte)』의 저자 테오도어 몸젠(Theodor Mommsen)에게 수여되었다는 사실은 두 가지 매우 중요한 핵심을 짚고 있다. 첫째는 이 상이 규정하는 문학의 범위가 매우 넓다는 점이다. 둘째는 『노벨: 창시자와 상』에서 지적된 것처럼, 몸젠의 『로마사』 처음 세 권은 1854년부터 1856년까지 간행되었고, 네 번째 권은 1885년에 간행되었다는 점이다. 따라서 위원회는 초기에만 해도 이미 어느 정도 지속성을 획득한 책을 고르기만 하면 되는 '행복한 고민'에 직면했으며, 처음 10년 동안에만 해도 향후 지속될 작품을 쓴 저술가들에게 시상하기는 비교적 손쉬웠음이 분명하다고 가정할 수 있다. 하지만 실제로는 이 칭찬할 만한 상을 받은 사람 중에서 몸젠, 러디어드 키플링(Joseph Rudyard Kipling)(1907), 그리고 아마도 셀마 라게를뢰프(Selma Lagerlöf)(1909) 정도만이 훗날까지도 기억될 만큼 예외적으로 두드러졌을 뿐이다.

1899년에는 톨스토이와 입센이 걸작을 내놓아서 평생의 업적을 멋지게 마무리했다. 하지만 1901년의 1회 수상자는 쉴리프뤼돔(René François Sully‑Prudhomme)이었다. 입센은 1906년에, 톨스토이는 1910년에 사망했는데, 두 사람 모두 그때까지 매년 외면당하고 말았다. 릴케는 아마도 20세기의 가장 위대한 시인일 것이며, 그의 가장 뛰어난 저서는 1907년과 1908년에 나왔다. 그는 1926년까지 멀쩡히 살아 있었지만 상을 받지 못했고, 프로이트와 카프카도 사정은 마찬가지였다. 지금 와서 돌이켜보면, 방금 말한 작가들이 (입센의 동포인) 비에른손(Bjørnstjerne Bjørnson), 미스트랄(Gabriela Mistral), 에체가라이(José Echegaray), 시엔키에비치(Henryk Sienkiewicz), 카르두치(Giosuè Carducci), (상을 받았음에도 잔물결조차도 일으키지 못하고 평판이 가라앉은 독일 철학자인) 오이켄(Rudolf Christoph Eucken), 그리고 (1910년에 선정위원회의 위원장이 무려 "독일에서 괴테 이후에 이보다 더 대단한 문학 천재가 나온 적은 없었다."고 단언한) 파울 하이제(Paul Heyse) 같은 작가들보다 더 안전한 선택지로 간주되지 않았다는 사실이야말로 상당히 당황스러울 수밖에 없다. 이 수상자들 모두는 노벨상이 시작되고 처음 10년 동안에 수상했다. 톨스토이, 입센, 프로이트는 너무 논쟁적이어서 수상하지 못했다. 이들이 당대의 신앙과 도덕에 관한 비타협적인 비평가였기 때문이다. 선정위원회 위원장은 톨스토이가 "범죄자에게 법을 강제하는 정부의 권리를 비난했다."고, 그리고 "성서 비평에 전혀 경험이 없음에도 절반은 합리주의적이고 절반은 신비주의적인 정신으로 신약성서를 자의적으로 다시 썼다."(92쪽)고 수상 실패 사유를 제법 길게 설명했다. 『제르미날』과 『나는 고발한다』의 저자 에밀 졸라의 후보 지명은 마치 도발처럼 느껴졌을 것이다. 선정위원회에 따르면 졸라는 이 상에 필수적인 이상주의와 인도주의가 없으며, "가장 조악한 종류의 자연주의의 주창자이므로 고려될 수가 없었다."(91쪽)고 나온다.

선정위원회의 판단이 최근 들어 크게 개선되었다고 할 수도 있겠지만, 우리 시대로 더 가까워질수록 오히려 덜 신뢰할 만하다. 어느 경우든 핵심은 선정위원회가 더 잘할 수도 있었다는 것이 아니며, 다만 앞으로도 지속할 만한 것을 인식하는 일은 예상보다 훨씬 더 어렵다는 것이다. 인문학에서 좋은 교육이 그런 판단을 원활하게 만들어야 마땅하겠지만, 지면이 (학술적인 지면이건 아니건 간에) 이런 점에서 매우 시원찮은 기록을 갖고 있음은 전혀 놀랍지 않다. 정기 간행물도 현학자와 언론인에게서 기대할 수 있는 것보다 사실상 더 낫지도 더 나쁘지도 않다.

물론 일부 편집자들은 당파성을 초월하기 위해서 매우 열심히 노력하며, 일부 서평가들은 서평에 극도로 높은 정직성의 기준을 갖고 있고, 때때로 어떤 서평은 다루는 책보다 훨씬 더 뛰어날 뿐 아니라 단행본에 재수록할 만한 가치도 있다. 하지만 얼마나 많은 서평가가 호의를 바라거나 되갚는지, 개인적 원한을 푸는지, 솔직하게 구는 것이 졸렬하다는 이유만으로 사정을 봐주는지를 깨닫는 독자는 많지 않다. 서평가는 특정한 사람들을 적으로 만들기를 원하지 않는 한편으로, 다른 사람들을 공격함으로써 친구를 만들 수 있음을 확신할 수도 있다. 공개 논쟁에서 반대자를 완패시키는 저자가 있다면, 조만간 자신이 쓴 책이 그 반대자의 서평을 얻는 피장파장의 가능성에 직면할 것이다. 일부 국가에서 이 모두는 잘 간직된 비밀이며, 서평가와 서평 대상자가 똑같은 대학 똑같은 학과에 재직하지 않는 한 가장 가까운 직업적 연계가 있다 해도 간과된다. 심지어 정기 간행물 편집자 가운데 한 명이 책을 내면 공동 편집자인 사람들 여럿이 다른 정기 간행물에 서평을 써주고, 대학의 학과장이 자문 위원회 소속 위원 저서의 서평을 써주는 경우도 있다. 이 모두가 프랑스에서는 당연시되며, 사람들도 이에 대해 냉소적이다. 친절한 프랑스의 저술가라면 책을 한 권 쓴 친구에게 다음과 같이 물어보아야 한다. '내가 그 책에 대해서 뭐라고 말해주면 좋겠나?'

많은 사람들은 자기가 서평 읽기의 기술에 숙달했다고 상상한다. 하지만 그들 대부분은 자기 학과에 속하지 않은 사람이 쓴 서평은 에누리해 듣는 한편, 자기 학과에 속한 사람이 쓴 서평은 신뢰하는 것뿐이다. 좀 더 세련된 사람은 몇몇 서평을 읽고 나서 자기가 어떤 책에 대한 명료한 그림을 얻었다고 생각한다. 물론 그들은 그럴 것이다. 하지만 제아무리 명료한 그림이라도 그건 여전히 캐리커처에 불과하다. 이른바 비방자는 한번 붙으면 사라지지 않는 오명에 의존할 수 있다는 고대 로마의 금언은 불운하게도 사실이며, 편견에 딱 들어맞는 경우에는 두 배로 사실이다. 우리는 두 번째 서평을 읽으면서 앞서 받았던 인상을 재확인할 때 자신이 도덕적이고 박식한 것처럼 느끼는 경향이 있고, 세 번째 서평을 읽은 다음에는 아직 읽지도 않은 책에 관한 전문가라도 된 것처럼 느끼는 경향이 있다. 우리는 이에 대한 처방을 알고 있다. 서평 대신 실제로 책을 읽는 것이다. 물론 책을 읽을 수 있다. 그러나 이는 서평을 읽는 것보다 많은 시간이 걸린다.

35

번역은 또 다른 문제다. 우리 대부분은 불가피한 경우를 빼면 굳이 번역에 의존하지 않는다. 하지만 폭넓은 관심을 가진 사람이라면 종종 번역에 의존할 것이다. 19세기 초에만 해도 서양의 가장 위대한 문학, 철학, 역사, 과학 저서 대부분을 원어로 읽는 보기 드문 개인들이 있었는데, 예를 들어 헤겔이 그러했다. 하지만 헤겔도 히브리어는 몰랐다. 게다가 중국어와 아랍어와 산스크리트어와 팔리어는 서양 교육의 지평선 바깥에 있었다. 오늘날 대부분의 학생은 번역자에게 의존하고 있으며, 학자들 역시 점점 더 번역자에게 의존하고 있다. 그럼에도 정작 번역의 윤리를 반성해본 사람은 극소수에 불과하다.

번역자는 무엇보다도 자기 일의 목적을 물어보아야 한다. 출판사에 최대한 많은 돈을 벌어주게끔 계획된 읽기 쉬운 번역본을 생산하는 것이 목표라면, 번역자는 오로지 출판사에 책임을 져야 할 뿐 책의 저자나 독자에게까지 책임을 질 필요는 없다는 암묵적 전제가 있다.

하지만 주로 학교에서 사용하기 위해 나온 번역도 매우 높은 비율을 차지한다. 이때에는 그런 번역본에 근거하여 원저자에 관해 논의하고, 쓰고, 시험 볼 학생들의 연구가 목적이다. 예를 들어 불교, 호메로스, 노자를 다룬다고 소개한 강의를 듣는 학생들은 바로 그런 주제를 알고 싶어 하며, 공부를 다 마치고 나면 그 주제에 관해 이야기하고 싶어 한다. 최소한 자기네 선생들만큼은 원문을 읽을 수 있기를 바라는 학생도 있겠지만, 폭넓은 관심을 가진 교사 역시 번역에 의존할 것이고, 나아가 자신의 간행물 일부에서도 그러할 것이다.

이런 상황의 도덕적 함의는 명백해 보이지만 널리 무시되어 왔다. 학생들이 사용할 목적으로 제작된 번역은 원래 작품에 관한 논의의 토대로서 기능하도록 설계되어야 마땅하다. 즉 저자의 어조와 의미, 남다른 목소리를 포착하려 노력해야 한다. 번역자의 주된 임무는 언어의 장벽을 넘어서 저자의 목소리가 들리게 만드는 것이다. 만약 번역자가 화려한 문체를 무디고 지루한 표현으로 바꿔놓는다거나 저자가 말하지 않은 내용을 말하도록 만든다면, 번역자는 저자에게 제대로 봉사하지 못하는 셈이다. 예를 들어 포크너 같은 어려운 저자라든지, 또는 『피네건의 경야』 같은 수수께끼 같은 작품을 마치 신문처럼 읽을 수 있는 손쉽고도 진부하고도 언론인다운 산문으로 바꿔놓을 경우, 번역자는 독자를 오도하는 셈이다.

어쩌면 출판사가 명료하게 서술하고 관용구를 많이 사용하라고, 아무런 어려움도 없는 문체를 구사하라고 번역자에게 압박을 가했을 수도 있다. 일부 비평가와 교수가 고전이 거듭해서 번역되어야 한다고, 모든 세대는 그 나름의 번역본이 필요하다고 번역자에게 말했을지도 모른다. 또한 오늘날의 시를 빅토리아 시대의 운문으로, T. S. 엘리엇의 관용구로, '지금' 유행하는 것으로 바꿔놓아야 한다고 말했을지도 모른다. 하지만 이런 조언을 받아들이는 번역가가 있다면, 저자만이 아니라 독자도 배반하는 셈이다. 저자의 이익과 독자의 이익은 본질적으로 똑같기 때문이다. 저자는 반드시 다른 작가들과는 다른 '너'로서 소생되어야 하기 때문이다. 예를 들어 소포클레스는 소포클레스처럼 들려야 하며, 릴케는 릴케처럼 들려야 마땅하다.

만약 모든 세대마다 호메로스와 소포클레스의 당대 번역본이 필요한 것이 사실이라면, 왜 셰익스피어는 안 되겠는가? 1970년대 중반에는 뒤늦게나마 이런 필요가 인식되어, 미국의 한 출판사는 실제로 『맥베스』와 『햄릿』과 『리어 왕』과 『율리우스 카이사르』의 원문과 현대식 의역문을 나란히 수록한 대조본을 간행했다. 예를 들어 "죽느냐 사느냐, 그것이 문제로다.(To be, or not to be, that is the question.)"[1]는 "죽느냐 사느냐, 그것이 정말 중요하다.(To be, or not to be, that is what really matters.)"가 되었다. 또 "내일, 또 내일, 또 내일(Tomorrow and tomorrow and tomorrow)"[2]은 "내일 다음에 내일이 오고, 또 다음에 내일이 오고(Tomorrow follows tomorrow, and is followed by tomorrow)"가 되었다. 그러다가 또 다른 출판사가 이런 번역조차도 너무 충실하고 딱딱하다는 사실을, 따라서 우리에게는 최근의 일부 호메로스 번역본의 경우처럼 시적이고도 자유로운 번역본이 정말 필요하다는 사실을 발견했다. "죽느냐 사느냐"는 오히려 산문적이고 추상적이지 않은가? 차라리 "지속되는 삶과 자살 사이의 선택, 그것이 지금 정말 어려운 문제다."

---

1 『햄릿』 3막 1장.
2 『맥베스』 5막 5장.

는 어떨까?

시는 특별한 문제를 제기한다. 시를 번역하는 사람이 대개는 덜 유명한 시인이다 보니, 기억에 남을 만한 자작시를 창작할 만큼 훌륭한 시행과 이미지를 생각하지 못한다는 것도 그런 문제 가운데 적잖은 부분을 차지한다. 그들은 훌륭한 시행과 이미지를 조금이나마 얻을 수 있는 정신 상태로 진입하기 위해 위대한 시의 자극이 필요하며, 그렇게 얻은 것들을 자신의 번역에 집어넣음으로써 독자를 얻게 된다. 위대한 시인이야 그런 사소한 호의가 필요하지 않은 것이 분명하다. 하지만 현대 철학자가 자신의 해석 대상인 고전 철학자가 자신을 어떻게 생각했을지를 묻지 않는 것처럼, 현대 번역가는 원저자의 심상이 담긴 시행을 희생하면서까지 원저자에게 부여한 자신의 선물을 정작 그 위대한 시인이 어떻게 생각했을지를 묻지 않을 이유가 차고 넘친다. 여러 해 뒤에 강의실에서, 논문에서, 대화에서 이루어지는 위대한 시인에 대한 논의는 바로 이런 유형의 번역본에 근거한다.(앞의 29절을 참고하라.)

내가 『비극과 철학』 말미에 쓴 「번역에 관한 설명(A Note on Translations)」의 일부를 짧게 인용해도 큰 무리는 없으리라 본다.

1965년에 사르트르는 『트로이 여인들(Les Troyennes)』을 간행했는데, 이는 에우리피데스의 『트로이아 여인들(Troiades)』의 각색이었다. 머지않아 이 각색의 '영어 번역본'이 나왔고, 사르트르를 영어로 읽는 수많은 독자는 그가 에우리피데스의 희곡을 어떻게 바꿔놓았는지를 살펴보기 위해 이 매력적으로 제작된 책에 주목했을 것이다.

하지만 xvii쪽에서 우리는 우뚝 멈춰 서게 된다. "사르트르 씨가 에우리피데스를 자유로이 각색한 것처럼, 나 역시 이 작품을 자유로이 각색했다." 이것이야말로 아마 '부조리로의 환원'일 것이다. …… 이 것은 극단적인 사례인데, 결국 우리는 사르트르도 에우리피데스도 아닌 로널드 덩컨(Ronald Duncan)[3]만을 얻게 되기 때문이다.

희곡은 그나마 새로운 버전이 공연될 수 있다는 희망이(만약 그 번역이 BBC의 의뢰로 이루어진 것이라고 치면, 좀 더 확실한 약속이) 있을 수도 있다. 하지만 그 공연을 영화나 비디오로 녹화하지 않는 한, 일단 텍스트가 인쇄되고 나면 그 작품을 무대에서 보게 되는 사람보다는 새로운 번역으로 읽을 사람이 훨씬 더 많을 것이며, 그런 독자의 대부분인 학생들은 향후 현대 번역본에 근거해서 원저자에 관해 논의하게 될 것이다. 이것은 마치 고대 예술을 많이 살펴보지 않은 상태에서 더 현대적인 양식으로 그린 자유로운 각색만을 가지고 고대 예술을 논의하는 것과 매한가지일 것이다.

조각과 회화, 건축과 음악의 경우, 그런 제안 자체가 기괴하게 들릴 것이다. 하지만 희곡과 시의 경우(아울러 문학 중에서도 일부 다른 형태도 마찬가지로), 그런 제안은 워낙 널리 주장되기 때문에 이제는 상식이나 다름없게 되었다. 이 모두가 사실은 고딕 건축을 연구한답시고 미국 대학 캠퍼스에 있는 19세기 말의 고딕 건축물을 그 토대로 삼는 것과 비슷하다는 사실을 알아챈 사람이 사실상 없는 듯하다.

---

3 로널드 덩컨(1914~1982)은 영국의 시인 겸 극작가로 1967년에 사르트르의 『트로이 여인들』을 영어로 번역했다.

어쩌면 음악도 현대의 해석에 의존한다고 이의를 제기할 수 있다. 하지만 음악은 여러 면에서 다르다. 음악은 보통 즐거움을 위해 연주되는 것이며, 바흐나 모차르트를 '가르치는' 사람이라면 누구나 18세기의 연주법이 현대의 연주법과 어떻게 다른지를 학생들에게 설명할 수 있음이 분명하다. 나아가 음악을 사랑하는 사람들 수천 명이 여러 다른 음반을 청취함으로써 여러 다른 해석들을 혼자 힘으로 비교한다. 반면 문학의 경우에는 심지어 교사들조차도 서로 다른 번역을 비교하는 경우가 드물고, 학생들도 그런 비교를 하라고 요구받는 경우가 거의 없다시피 하다. 하지만 실제로는 양쪽 모두를 비교해야 마땅하다. 셰익스피어의 한 구절을 개정표준번역 성서(Revised Standard Version, RSV) 또는 신영역 성서 또는 여러 고전의 더 유명한 번역의 문체로 '번역'하라고 학생에게 요구하는 것은 매우 유익한 과제가 될 것이다. 이 과제를 통해 학생들은 문체의 의미를 자각하게 될 것이고, 번역 과정에서 일어나는 일을 이해하기 시작할 것이다.

아울러 음악 전공 학생들이라면 바흐와 모차르트를 18세기 악기로 연주하는 것을 들어야 마땅하듯이, 문학 전공 학생들은 그리스 비극을 가면을 쓰고 공연하는 버전으로 보고, 셰익스피어 비극을 모든 배역에 오로지 남자들만 써서 공연하는 버전으로 봐야 한다. 음반과 테이프와 비디오테이프를 이용하면 이런 자료를 손쉽게 마련할 수 있을 것이며, 만약 재정 보조가 필요하다면 여러 재단과 정부는 그런 프로젝트가 인문학에 얼마나 유익할지를 깨달아야 한다.

옛날 희곡이나 소설을 현대식으로 각색해서 텔레비전에서

방영하기 위해 보조금을 지급하는 경우, 인문학의 입장에서 보면 그것이야말로 그리스식이나 고딕 건물의 '현대식' 버전에 보조금을 지급하는 것이나 마찬가지다. 인문학을 돕는답시고 이런 식으로 사용되는 모든 돈은 확실히 해악을 끼친다. 여기서 핵심은 그런 건물들이 즐거울 수 없다거나 그런 제작이 재미있을 수 없다는 것이 아니다. 물론 그런 것들도 즐겁고 재미있을 수는 있다. 하지만 즐겁게 만들고 재미있게 만드는 과정에서 식별과 이해의 부족을 촉진한다는 것이 문제다. 그 결과 사람들은 (예를 들어 에우리피데스를) 제대로 알지도 못하면서 안다고 생각하며, 그들이 안다고 생각하는 것은 사실 크게 틀린 것뿐이다.

우리는 텔레비전 카메라를 따라 가장 이국적인 장소로 들어가서 동물원 바깥에서 결코 볼 수 없었던 자연 서식 상태의 동물을 바라보는 것을 즐긴다. 우리는 이제껏 한 번도 본 적이 없었던 종류의 것을 더 많이 볼수록 더 많이 좋아한다. 하지만 BBC가 입센의 희곡을 텔레비전 시청자에게 소개했을 때에는 약간 낯설어 보일 만한 내용을 삭제해서 영국 중산층을 위한 멜로드라마로 만들어버렸다. 그럼에도 그 각색은 교육용 텔레비전의 큰 위업으로 격찬을 받았다. 상황이 이러하니, 모험과 흥분을 좋아하는 취향을 지닌 학생들이 인문학보다 과학을 더 선호하는 것은 이상할 것도 없지 않겠는가?

최근의 가장 위대한 수학자 가운데 한 명인 다비트 힐베르트(David Hilbert, 1862~1943)는 제자 한 명이 수학을 포기하고 소설가가 되자 오히려 잘한 일이라고 말했다. 그 젊은이는 수학에서 흥미로운 일을 할 만큼 충분한 상상력을 갖지 못했다는 이유였다. 이 발언이 종종 인용되는 까닭은 많은 사람들이 이를 역설적이라고 느꼈기 때문이다. 하지만 이 발언은 그 역설의 분위기를 이미 잃어버렸다.

우리의 단과 대학과 종합 대학에서는 상상력을 독점하는 학과들이 전혀 없으며, 어느 분야에서든지 간에 중요한 연구는 상상력이 필요하다고 주장할 만하다. 아울러 인간의 상상력에 의해 형성된 작품들을 다루는 것이야말로, 그리고 학생들의 상상력을 자극하고 확장하는 것이야말로 인문학의 존재 이유라고 주장할 만하다. 다른 문화에서 비롯된 작품들과 (문학의 경우) 다른 언어에서 비롯된 작품들은 이런 관계에서 특별히 중요한 역할을 담당한다. 따라서 번역에 관해서 이야기하지 않은 상태에서 독서의 기술을 논의한다는 것은 어불성설일 것이다. 우리는 번역이 필요하지만, 우리가 가진 번역본은 역효과를 낳는 경우가 종종 있다.

위대한 시를 다룰 때나 진정으로 독특한 문체를 지닌 작가를 다룰 때 번역자의 문제는 마치 해결할 수 없는 것처럼 보일 수도 있다. 그것이 어렵다는 사실은 부정할 수 없지만, 일단 여기에 윤리의 문제가 개입된다는 사실을 깨닫고 나면, 아울러 번역자가 누구에게 책임을 지니는지를 깨닫고 나면, 몇 가지 해결책을 발견할 수 있다.

36

첫째로 번역자는 새로운 번역본의 성격에 관해서, 번역 과정에서 어느 정도는 상실된 원문의 품질에 관해서, 그리고 저자의 문체와 아울러 그로부터 야기된 특수한 문제의 일부에 관해서 약간의 설명을 저자와 독자에게 내놓을 책임이 있다. 이런 설명은 번역자의 직권이며 학생들에게는 절실히 필요한 것이므로, 서문이 아니라면 후기에라도 넣어야 한다. 아울러 저자의 생애와 업적과 사상에 관해서 독자에게 약간 설명한다고 해악이 될 리는 결단코 없으며, 이런 종류의 정보를 거의 항상 다른 곳에서 쉽게 얻을 수 있음에도 불구하고 그렇다. 이런 설명은 새로운 번역본에 부록으로 실어야 도움이 될 것이다. 사실 이런 설명이야말로 번역본에는 필요 불가결한데, 그곳 말고 다른 곳에서는 찾아볼 수 없는 것이기 때문이다.

어쩌면 출판사가 번역자에게 '당신의 번역과 더 이전의 시도들을 비교할 적임자는 당신이 아니다.'라고 말했을 수도 있는데, 그의 번역본이 최초가 아니라고 가정해서일 수도 있다. 하지만 이 경우에 독자는 아직 번역되지 않은 다른 작품을 공략하는 대신, 굳이 이 작품을 다시 작업하는 것이 중요한 이유가 무엇인지를 알 권리가 있다. 즉 이전의 시도들에서 과연 무엇이 부적절하다고 여겨졌는지를, 또한 이 번역자가 과연 무엇을 달성하려 했는지를 알고 싶어 할 수도 있다.

둘째로 각별히 중요한 몇 마디 말이 있게 마련이다. 철학 작품에서는 논증의 근거가 되는 핵심 용어들이 있다. 문학 작품에서는 (산문과 운문 모두) 종종 '라이트보르테(Leitworte)'를 발견하게 되는데, 이는 (마르틴 부버와 프란츠 로젠츠바이크(Franz Rosenzweig)가 히브리어[구약] 성서의 독일어 버전과 연계하여 고안한 용어로서) 라이트모티프의 기능을 보유한 길잡이 단어를 뜻한다. 만약 번역자가 일관적으로 사용될 수 있는 상응 단어를 찾는

데 실패할 경우, 많은 부분이 사라져버릴 것이다.(실제로 워낙 많은 것이 사라지기 때문에, 그 번역본 전체가 쓸모없어질 것이다.)

독일어 Geist(정신)는 영어에서 완벽한 상응 단어가 없다. 만약 철학 저술에서 이를 어디서는 영혼(spirit), 또 어디서는 정신(mind), 또 어디서는 혼령(ghost), 재치(wit), 지력(intellect)으로 옮긴다면, 번역본에 의존하는 학생들과 기타 독자는 저자의 Geist 개념 또는 이성에 대한 태도를 논의하는 과정에서 여러 구절을 잘못 설명할 수밖에 없을 것이다.

소포클레스의 『안티고네』에서 가져온 다음 사례는 시에도 똑같은 원칙이 적용된다는 사실을 보여준다. 가장 널리 사용되고 존경받는 영어 버전인 『그리스 비극 전집(*The Complete Greek Tragedies*)』을 보면, 이 희곡에서 가장 유명한 구절을 다음과 같이 옮겨놓았다.

> 놀라운 것 많지만, 인간보다 더 이상하게 걷는 것은 없다.
> (Many the wonders but nothing walks stranger than man.)

사실 이 문장도 내 원칙을 기계적으로 적용했음직한 아래의 문장, 즉 에리히 프롬이 좌우명으로 사용한 문장보다는 더 나은 편이다.

> 놀라운 것이 많지만, 인간보다 더 놀라운 것은 없다.
> (Wonders are many, and none is more wonderful than man.)

그리스어 원문에 deina와 deinoteron이라는 단어가 있다고 해서 위와 같이 옮긴 것은 잘못이다.[4] 사실은 아래와 같이 옮기는 것이 소포클레스의 의미에 가장 가깝다고 할 수 있다.

> 이상한 것이 많지만, 인간보다 더 이상한 것은 없다.
> (Much is strange but nothing stranger than man.)

그걸 우리가 어떻게 아는가? 어떻게 해야 인간에 관한 우리의 견해를 소포클레스에게 투사해서 읽는 데에 도움을 줄 수 있는가? 우선 우리는 바로 그 그리스어 단어가 이 문장에서 겨우 아홉 행 전에 또다시 등장했음을 알아챘을 수도 있다.[5] 『그리스 비극 전집』에서는 이를 "끔찍한(terrible)"으로 상당히 타당하게 옮겼다.

> 추측하다니, 그것도 잘못 추측하다니, 얼마나 끔찍한가!
> (How terrible to guess, and guess at lies!)

이제는 이 세 부분에 모두 맞아떨어지는 영어 단어를 찾아내기가 쉽지 않다. 설령 그런 단어를 찾아낸다고 해서 끝나는 것도 아니다. 그 단어가 이 희곡의 다른 부분에도, 소포클레스의 다른 비극에도, 이 작품에 반향을 남겼을 법한 더 이전의(예를 들어 아이스킬로스의) 작품에도 등장하는지를 확인해

---

4 위의 영역문에서 그리스어 원문의 ta deina와 deinoteron을 각각 "놀라운 것(wonders)" 과 "더 놀라운(more wonderful)"으로 옮긴 것을 가리킨다. 이 단락에서 저자는 두 단어의 원형인 deinos가 "놀라운"과 "끔찍한"이라는 뜻을 모두 갖고 있기 때문에 생기는 번역상의 난점을 지적하고 있다.
5 여기서 사용된 단어는 역시나 deinos의 활용형인 deinon이다.

야 하기 때문이다. 결국 단어 하나를 놓고서 상당히 많은 일을 해야 하며, 고전 언어학자들이 이 모두가 가능하도록 오랫동안 참고 도서를 편찬해왔음에도 그렇다. 설령 번역자가 완전히 만족스러운 단어를 찾아내지 못하더라도, 즉 '무서운(dire)'이나 '두려운(awesome)'이란 단어 모두 이상적이지 않아 보이더라도, 이 모든 노고가 헛수고였다는 뜻은 아니다. 이 대목에서 세 번째 요점으로 접어든다.

번역 과정에서는 자칫 중요한 뭔가를 잃어버릴 수밖에 없는 구절들이 있게 마련이다. 이에 대처하는 좋은 방법이 두 가지 있다. 핵심 용어와 '라이트보르테'는 번역자의 해설에서 논의될 수 있고, 논의되어야 마땅하다. 여기서 독자는 무엇이 사라졌는지, 또 무엇이 시도되었는지에 대해서 경고를 들을 수 있다. 하지만 그런 요점 가운데 여러 가지는 독자가 해당 구절에 도달할 때까지 독자의 정신에 머무를 가능성이 적게 마련이다. 따라서 정보는 해당 텍스트와 같은 페이지에 넣어둘 필요가 있다. 각주를(기껏해야 저자의 현학성을 과시하는 용도에 불과하더라도) 이상하리만치 높이 평가하고 사방에 늘어놓는 문화에서도 정작 이런 종류의 사례에서는 번역자가 각주를 이용하는 법이 거의 없다는 사실은 정말 기이할 뿐이다. 하지만 여기서도 추가 정보는 오로지 그 페이지에서만 절실히 필요할 뿐, 그렇다고 해서 텍스트 안에 집어넣어서는 안 된다. 예를 들어 말장난, 다른 언어로 옮길 수 없는 농담, 그리고 중요한 애매어는 각주가 꼭 필요하다.

일부 사례에서는 각주 형식의 주석에 관해서 많은 이야기가 나왔다. 많은 번역자들은 저자를 충분히 잘은 모르지만,

여기서 옹호하는 최소한의 각주야말로 기준이 되어야 마땅하다. 심지어 시의 경우에도 가능할 것이다. 물론 시의 경우에는 원문을 옆 페이지에 나란히 싣는 방법을 선호하겠지만 말이다. 예를 들어 그리스 시의 번역본이 대부분 그러하듯이, 대역본 만들기가 불가능한 경우에는 각주가 호메로스와 그리스 비극 번역의 가치를 크게 향상시킬 수 있다. 아리스토파네스는 물론이고 노자의 경우에도 이는 실제로 시도되었고, 무척이나 도움이 되는 것으로 판명되었다.

그렇다면 왜 이런 것들이 일찌감치 기본적인 관습이 되지 못했을까? 그 이유는 명백하고도 논쟁의 여지가 없다. 여러 출판사는 가급적 번역을 마치 번역이 아닌 척하며 내놓으려 하기 때문이다. 번역자는 터무니없을 정도로 보수가 적으며, 서평도 대개 번역자를 언급할 가치가 없다고 간주한다. 심지어 저자와 출판사의 이름이 제목이며 가격과 나란히 나열된 곳에서도 번역자의 이름은 찾아볼 수 없다. 번역자는 익명의 매문가(賣文家)로 간주된다. 시의 경우(그리스 고전도 여기 포함되는데) 상황이 그 정도로 나쁘지는 않지만, 그래도 출판사는 여전히 구매자가 손에 쥔 책이 시대를 초월한 고전이라는 인상을 주려고 노력한다. 즉 이 책이 수많은 경쟁 번역본들 가운데 하나이며, 심지어 그 번역자인 덜 유명한 현대 시인이 종종 원저자인 중요한 시인의 원문에서 불가피하게 (또는 아무렇지도 않게) 벗어난다는 사실을 전달하지 않으려고 노력하는 것이다. 이때 정직이 다른 고려보다 아랫길에 놓이고, 이 세상에는 이른바 번역의 윤리라는 것이 있다는 생각을 떠올리는 사람도 많지 않다.

대부분의 현학자는 특유의 화려한 문체로 유명한 저자를 번역하는 일에 적임자도 아니며, 시인을 번역하는 일에는 굳이 말할 것도 없다. 하지만 현학자가 주석과 색인까지 곁들인 신중한 번역을 내놓을 수만 있다면, 그들 대부분이 평생 하는 것보다 훨씬 더 큰 기여를 할 수 있다. 물론 이를 위해서는 그 당사자가 맨 먼저 최소한 두 가지 언어에 철저하게 능숙해야만 한다. 실제로 라틴어와 그리스어를 철저하게 아는 현학자들이 여러 유용한 번역물을 현대 언어로 내놓았을 뿐만 아니라 귀중한 사전과 기타 참고 도서를 편찬했다. 인문학에서는 근면한 현학자가 활동할 여지가 넉넉하며, 선견자도 이들의 도움이 필요하다.

37

'편집'은 번역과 마찬가지로 읽기의 기술이라는 맥락에서 잠시 지나가듯 언급된 바 있다. 하지만 편집 역시 하나의 산업이 되었다. 일부 국가의 정부와 재단에서는 마치 이것이야말로 인문학이 필요로 하는 바라고 간주해서 워낙 많은 돈을 들이붓기 때문에, 이 문제를 조금 자세하게 살펴보아야 한다.

우선 비평의 여지가 있는 두 가지 종류의 판본(edition)을 구분하는 것이 유용할 것이다. 첫 번째는 강의실에서 사용할 목적으로 여러 사람이 쓴 논문을 한데 엮은 선집이다. 이런 종류의 서적 몇 가지는 어마어마하게 유용하다. 반면 그 외의 나머지는 딱히 그 방법 말고는 자기 이름을 내걸고 서적을 간행할 방법이 없는 불운한 학자가 고안한 물건에 불과하다. 이런 종류의 프로젝트는 종종 매우 애처로우며, 가끔 한 권씩 나오는 그렇게 잘못 고안되고 핵심 없는 책들조차도 대부분의 출판사 입장에서는 숱한 출간 제안서 중에서 그나마 선별한 결과물일 것이다. 하지만 심지어 이치에 닿는 선집도 여전히 유해할 수 있다.

한 가지 중심 주제를 다루는 이런 종류의 선집에는 그 가치가 상당히 의심스러운 논문이 몇 개씩 들어 있게 마련이며, 심지어 내용의 절반 이상이 그런 경우가 종종 있다. 편집자는 일정 분량의 서적 한 권을 만들기에 충분한 개수의 논문을 찾아내기 위해 정기 간행물을 샅샅이 뒤진다. 이들은 더 많은 저자의 글을 수록하면 교재로 채택될 확률도 늘어날 것이라고 느낄 수도 있다. 또한 이들은 간혹 그 책에 포함된 저자들의 환심을 얻기를 바랄 때도 있다. 하지만 여기서 중요한 것은 동기가 아니라 결과다. 급기야 인문학 강의에서는 시대를 초월한 고전 대신에 시류적인 글들, 즉 정기 간행물에서 추려 모은 단발성 자료를 점점 더 많이 읽게 되고 말았다.

학생들에게 시류적인 내용을 너무 많이 읽게 만드는 것이 잘못인 까닭은, 그로부터 영양분을 거의 얻지 못하기 때문만이 아니다. 단행본에 재수록된 경우더라도 그런 글들은 오래된 정기 간행물만큼이나 금세 김빠져버리기 때문이기도 하다. 이런 종류의 자료에 시간을 소비하다 보면, 정작 읽어야 마땅한 책을 읽을 시간을 빼앗기고 만다. 예를 들어 설탕 입힌 시리얼 제품, 감자 칩, 탄산음료 같은 정크 푸드가 그 자체로 유해한 것은 아니지만, 더 영양가 높은 식품을 외면하면서까지 그런 음식을 먹도록 배운 사람이 있다면 잘못 배우며 자라난 셈이다.

　두 번째 종류의 판본은 오히려 정반대 극단으로 간 것처럼 보일 수도 있다. 내 말뜻은 주요한 인물이 쓴 저술의 이른바 비평 판본을 가리킨다. 이것은 막대한 보조금을 받는 산업이 되어버린 유형이다. 지금 나는 하다못해 염가본 편집이라도 담당해서 학계에서 생존하려 노력하는 무명 학자들을 가리키는 것도 아니고, 가끔 한 번씩 이런 방면의 선집을 편집하는 교수를 가리키는 것도 아니다. 단지 여러 사람에게 일거리를 제공하는 일련의 기관을 가리키는 것이다.

　서평가와 번역자가 종종 언론인다운 기풍을 갖는 반면, 이런 종류의 편집은 거의 예외 없이 현학자에 의해서 이루어진다. 이들이 편집하는 작품은 대개 선견자가 쓴 것이기 때문에, 편집자가 그 저자에 대해서 이례적이다 싶을 정도로 공감하지 못하는 것이야말로 대부분의 비평 판본에 따라다니는 잘못이다. '산 하나가 요동치더니 고작 생쥐 한 마리가 나왔다.'는 옛 속담이 있다. 우리가 목격하고 있는 현상을 비유하자면, 개미 군락이 거인들을 꼴불견의 개미탑 아래 파묻어서 거기 사는 개미들에게만 쓸모 있게 만드는 형국이라 하겠다.

　이 대목에서 내가 8절에서 인용했던 예이츠의 시 「학자」가 떠오르지만, 아마도 아인슈타인의 덩굴 식물 이미지가 좀 더 핵심에 가까울 것이다. 덩굴 식물은 자기가 살아가고 기어오르는 나무를 결국 눈에 안 보이게 가리기 때문이다. 물론 내가 모든 비평 판본에 반대하는 것은 아니다. 여기서 난제는 저자가 독자에게 말하도록 편집자가 도와주느냐 아니면 오히려 방해하느냐다. 내 비판은 비평 판본이 반(反)인문학적인 취지를 가진 경우가 아주 흔하다는 것이다. 최소한 이것이야말로 편집자들과 이런 종류의 프로젝트를 후원하는 사람들이 자각해야 하는 문제다.

미국에서 비평 판본에 대한 정부의 지원을 가장 현저하고 강력하게 공격한 사람은 에드먼드 윌슨이다. 처음에는 1968년 9월과 10월에 《뉴욕 리뷰》에 게재한 두 편의 기사에서, 같은 해 같은 매체에서 간행한 그 기사의 증보판 단행본 『MLA의 결실(The Fruits of the MLA)』에서 볼 수 있다.(MLA는 '현대언어협회(Modern Language Association)'의 약자다.)[6] 나는 그가 신중한 학술성을 충분히 존중하지 않는다고 생각하는 이유를 이미 말했고, 또한 나는 윌리엄 딘 하우얼스(William Dean Howells)의 첫 작품인 『그들의 신혼여행(Their Wedding Journey)』을 한 번도 읽은 적이 없으며, 하물며 윌슨이 길게 비평한 이 작품의 비평 판본을 연구한 적은 더더욱 없다. 하지만 나는 미국 인문학기금(National Endowment of the Humanities)이 하우얼스의 작품 비평판에 후원했던 자금을 차라리 다른 사업에 후원했더라면 더 나았으리라 본다. 후원 결정을 내린 사람들은 하우얼스의 목소리를 경청할 필요가 있는가는 물론이고, 이런 종류의 판본이 그런 경청에 도움을 줄 수 있는가도 별로 진지하게 고려하지 않았으리라고 가정해도 무방하다.

『톰 소여의 모험』은 분명히 고전이지만, 만약 윌슨의 말이

---

6 윌슨은 《뉴욕 리뷰》에 두 차례 기고한 「MLA의 유산」이란 제목의 글에서 MLA의 자금 지원으로 간행된 미국 작가들의 비평 판본의 문제점을 날카롭게 비판해서 큰 반향을 일으켰다. 기고문의 전편에서는 윌리엄 딘 하우얼스의 소설 『그들의 신혼여행』의 문제점을 다루었고, 후편에서는 전 14권 예정으로 간행 중이던 마크 트웨인의 미간행 문서를 다루었다.

사실이라면 편집자들이 작업한 것 대부분이야말로 사소하고도 불필요한 것임을 누구도 부정하지 못할 것이다. 윌슨에 따르면, 편집 과정에서 열두 명 이상이 동원되어 『톰 소여의 모험』을 뒤에서부터 읽어나갔는데, 그래야만 그 책의 의미나 문체에 의해 정신이 산란해지지 않을 것이기 때문이었다. 그들은 '폴리 이모(Aunt Polly)'가 어디서는 대문자 A로 시작되고 어디서는 소문자 a로 시작되는지 그리고 의성어 '슈욱(ssst)'의 s가 어디서는 세 개이고 어디서는 네 개인지를 결정해야 했다.

이쯤 되면 인문학이 표류하고 있고 인문학을 위해 막대한 돈을 소비하는 책임을 맡은 사람들이 그 목표를 충분히 생각하지 않는다고 말해도 과언은 아니지 않을까? 그리고 (흔하지는 않더라도) 때로는 이들이 현학자들의 말에 너무 많이 귀를 기울인다고 말해도 과언은 아니지 않을까?

만약 인간 정신의 가장 위대한 작품들의 보전과 육성이 인문학의 최우선 목표 가운데 하나라면, 그런 작품들의 좋은 판본과 번역이 중요하다는 점은 이치에 닿을 것이다. 이 목적을 위해서는 무엇이 더 위대한지 결정하거나 (현행 관용어를 사용해 표현하자면) 우선순위를 판정하기 위한 가치 평가가 필요하다. 우리의 관심사가 진정으로 인문학에 있다고 치면, 적절한 번역본을 구할 수 없었던 위대한 고전의 훌륭한 영역본보다 비교적 덜 유명한 미국인이 쓴 소설의 비평 판본이 더 필요하다는 주장은 결코 합당하지 않다.

물론 필요한 물건이라면 종종 팔려나간 것이며 스스로 비용을 충당할 수 있을 것이다. 따라서 필요하지도 않은 물건에 보조금을 주려는 유혹이 생긴다. 보조금이 나오는 이런 프로젝트에 몰려드는 사람들로 말하자면, 정작 그 저자에 대해 조금이라도 애정을 가질 가능성이 가장 적은 축이다.

우리에게 필요한 것은 번역과 판본의 우선순위와 기준에 대한 약간의 의논이다. 보조금을 진지하게 고려하자면 경쟁해야 할 것이고, 지원하고 싶은 사람이라면 자기들이 하려는 일과 그 이유를 설명하는 10여 쪽 정도의 샘플을 제출해야 할 것이다.

하지만 비평 판본이 다룰 수 있는 네 가지 종류의 자료에 관해서는 논의가 좀 더 필요하다. 그 각각은 서로 다른 문제를 제기하기 때문이다. 나는 우선 진본(眞本) 저술을 짧게 다루고, 이어서 유고(遺稿) 자료를(저자가 간행하지 않은 초고와 단편 같은 것들을) 다룰 것이며, 이어서 편지를 다루고, 마지막으로 강의를 다룰 것이다.

38

한 저술가가 단 한 가지 판본만 간행한 저술은 대개 비평 판본이 전혀 필요 없게 마련이다. 훌륭한 편집자라면 여기에 유용한 해설을 추가하고, 몇 가지 언급과 인유를 설명하고 몇 가지 애매어를 해설한 각주를 덧붙일 수 있다. 하지만 이 모두는 오히려 최소한의 주석의 성격에 가까우며, 보통 비평 판본의 의도에는 어울리지 않는다. 한편으로 한 저술가의 전집 비평 판본은 그저 무시무시한 가격으로만 재간행되는 작품들까지 굳이 포함하여 종종 터무니없이 분량이 부풀려진다.

저자 생전에 여러 번의 개정 판본을 거친 작품은 문제가 더 복잡하다. 판본이 더 많고 개정이 더 방대할수록 편집자에게는 더 어려운 문제가 생긴다. 칸트의 『순수이성비판』의 독일 편집자들은 매우 저렴한 대중용 판본 한 권 안에서 1781년의 초판본과 1787년의 2판본의 상이점을 보여주는 적절한 방법을 일찌감치 발견했다. 양쪽의 쪽수를 A와 B로 여백에 표시한 것이다. 아무런 소동도 허세도 놀라운 장치도 없이 문제를 잘 해결했기 때문에 현학자와 학생 모두가 그때 이후로 A나 B를 인용하거나 확인하는 데에 아무런 어려움이 없었다.

아주 살짝이라도 이 저술에 버금가는 중요성을 지녔다고 할 수 있는 작품들이 이 사례를 따르는 것은 매우 바람직해 보인다. 셰익스피어도 그러한데, 일부 판본은 오랫동안 그 상이점을 각주로 설명했기 때문이다. 예이츠의 시도 이를 따라 상이점을 모두 표시해서 한 권에 담을 수 있다. 이때 가독성과 편리함이 강조되어야 한다. 드문 사례지만, 때로는 초판본과 최종 판본을 모조리 재수록하고, 여러 중간 판본들이 이 두 판본과 다른 부분이 어디인지를 설명함으로써 그 차이에 주목하는 각주를 덧붙이는 것이 최상의 해결책일 수 있다.

여기서 중요한 것은 그런 일을 시작하기 전에 목적이 무엇인지를 물어보아야 한다는 것이다. 작품이 워낙 중요하거나 여러 판본의 차이가 워낙 중요하므로 학생들이 상이점을 고려하지 않고 텍스트를 공부해서는 안 된다고 느낄 만한 이유가 있을 때, 결과물이 가독성이 떨어지거나 터무니없이 비싸다면 그 판본의 목적은 실패한 셈이다.

반면 그 분야의 전문가로서 여러 판본의 차이를 알아야 하는 경우, 가독성이 뛰어난 책 한 권을 만들어내는 식으로는 그 목적이 결코 달성될 수 없다. 차라리 논문의 형태를 취했을 때 오히려 정보가 더 잘 전달되고 더 유용하지 않을지 진지하게 고려해야 한다. 하지만 이런 사례는 극소수이게 마련이다.

비평 판본의 주요 대상은 바로 '유고', 즉 저자가 사망할 때까지 미간행 상태로 남겨놓은 자료다. 여기서 큰 질문은 항상 '무엇'을 간행하는가다. 그리고 비평 판본 편집자 대부분의 무비판적 답변은 '모든 것'이게 마련이다. 왜? 도대체 무슨 목적으로? 이 문제는 오로지 그 자료의 양이 방대할 때만 현저하지만, 그런 비평 판본의 완간이 수십 년이나 걸릴 것으로 예상되는 사례도 전혀 없지는 않다. 그 와중에 편집자와 후원자는 작업이 진행 중인 상황에서 현학자들이 그 자료 일부를 참고하고 간행한다면 사업 전체가 약화될 것이라고 종종 느낀다. 이런 경우에 검열이라고 해석할 수 있는 것에 대한 명백한 두려움은 결국 검열로 나타난다.

학술의 대의에 훨씬 더 기여할 수 있는 일이란, 방대한 자료에 대한 비평적 선별일 것이며 저자를 새로이 조명할 수 있는 미확인 단편이나 구절의 이른 간행일 것이다. 두 가지 두드러진 사례를 들자면, 『헤겔의 청년기 신학 저술(*Hegels theologische Jugendschriften*)』(1907)과 마르크스의 초기 원고(1932)가 이룩한 일이다. 하지만 이런 일이 성취되는 경우는 드물어서 과연 그 안에 흥미로운 재해석이 필요한 것이 정말 있는지 궁금해진다. 만약 그럴 만한 것이 없다면, 사업 전체가 의구심의 대상이 될 것이다.

어떤 경우든 비평 판본의 편집자가 무엇을 해야 하는지는 분명해 보인다. 이들은 우선 이제껏 간행되지 않았던 어떤 내용이 있는지에 대한 설명을 대중에게 내놓아야 하며, 이 설명에는 모든 항목의 상세한 설명과 확인이 포함된다. 이런 방식으로 모든 관심 있는 현학자들은 애초부터 무엇을 사용할 수 있는지 알게 될 것이며, 문서 보관소에 가서 특별히 관심이 있는 항목을 살펴보거나 복사본을 요청할 수 있을 것이다. 어마어마하게 값비싼 책들을 무척이나 띄엄띄엄 내놓는 현재의 시스템보다 차라리 이쪽이 더 선호될 것임은 분명하다. 오늘날 일반적으로 따르는 시스템은 흥미로운 정보를 최대한 빨리, 저렴하게, 효율적으로 유포하기 위해서 고안된 것이 아님은 분명하기 때문이다.

진짜로 간행되어야 마땅한 것은 어떤 발견에 주목하도록 만드는 소개글과 각별히 중요해 보이는 선별된 텍스트다. 발견과 관련된 미간행 텍스트는 간행되어야 한다. 모든 경우에 편집자는 자기가 무엇을 왜 간행하는지, 또한 (혹시라도 이런 사례가 있다면) 무엇을 왜 생략했는지 설명해야 마땅하다. 어떤 학자가 생략된 부분에 대한 복사본을 요구할 수 있는 한, 부당한 검열의 위험은 전혀 없을 것이다.

39

'편지'도 마찬가지다. 저자가 평생 쓰고 받은 편지 모두를 간행하자고 고집하는 것은 이치에 닿는 경우가 드물고, 그 숫자가 여러 권을 가득 채울 정도로 방대한 경우에는 특히나 그렇다. 이때도 비평적 선별이 필요한데, 그러기 위해서는 우선 각각의 연락 상대와 얼마나 많은 편지가 오고 갔는지는 물론이고 날

짜와 분량에 대해서도 설명이 있어야 한다. 이때에도 역시나 관심 있는 현학자는 복사본을 이용할 수 있어야 한다. 어떤 경우에는 저자의 가족 또는 연락 상대 가운데 한 명이 이런저런 시점까지 복사본을 허락하지 않는다는 설명이 나올 수도 있다. 마찬가지 이유로 (또는 제3자에게 매우 남부끄러운 언급이 나와 있는 경우) 간행할 수 있는 편지 중에서도 일부 구절은 생략될 수 있다. 일부 학계의 관음증 환자들이라면 이에 격분하겠지만, 지금과 같은 시스템이 그들에게 더 도움이 되는 것은 아니다. 오히려 정반대다.

선별이 필요한 이유는 또 하나 있다. 대부분의 사람들은 무미건조한 사업상의 편지를 상당히 많이 쓸 수밖에 없는 상황에 놓이며, 또 어떤 때에는 여러 연락 상대에게 똑같은 사건을 알려야 하는 상황도 있다. 그런 면에서 어떤 작가가 지루하고도 반복적인 것처럼 보인다면 그건 독자의 부당한 판단일 것이다.

독일에서는 때때로 편지 모음집이 잘 팔리기도 한다. 반면 미국에서는 그런 경우가 드물다. 하지만 여기서 우리의 관심사는 사람들이 여가 시간에 재미있다고 여길 만한 내용 또는 어떤 출판사가 돈을 조금 벌거나 못 벌 만한 내용이 아니다. 학술과 교육의 관점에서 편지가 (그나마 조금이라도) 중요한 이유가 있다면, 어떤 저술가의 작품, 사상, 심성, 그리고 (더 드물기는 하지만) 그 시대를 조명해주기 때문이다. 하지만 이런 관점에서나 다른 거의 모든 관점에서도 완전함에 대한 수요가 이치에 닿기는 드물며, 분량이 방대하고 가격이 어마어마하게 비싼 여러 권짜리 판본을 여러 해에 걸쳐서 내놓은 경우는 대개 비생산적일 수밖에 없다.

기록 보관소는 '모든 것'을 이용할 수 있도록 한다는 목표를 갖는다. 반면 책은 편집적 판단이 필요하다. 편집자의 의견 가운데 일부는 상반될 수도 있다. 어떤 편집자는 작가의 편지 모두를 연대순으로 간행하려 할 수도 있다. 대개 이런 시도는 어마어마하게 반복적이고 가독성이 떨어지는 여러 권짜리 책을 낳으며, 저술가가 답장한 편지들에 정보를 제공하는 풍부한 주석이 없는 경우 텍스트는 아예 이해할 수 없거나, 설령 이해되더라도 독자를 오도할 것이다. 이런 종류의 판본에서 연락 상대들이 저술가에게 보낸 편지 모두를 책에 넣는 것은 불가능하다. 그 나름의 시간 순서에 따라서 편지를 배열하다 보면 혼돈만 생기고, 전체 사업을 사실상 가독성이 떨어지게 만들 것이다. 편지를 선별해야 비로소 납득되는 단일한 연대순으로 제시할 수 있을 것이다.

현재 베를린에서 간행 중인 니체의 저술과 편지의 비평 판본 편집자인 이탈리아인 두 명은 기발한 해결책을 발견했다. 이들은 니체가 보낸 엽서와 편지를 연대순으로 배열해서 여섯 권하고도 절반으로 간행했으며, 니체가 받은 현존하는 엽서와 편지 '모두'를 연대순으로 배열해서 여섯 권하고도 절반으로 별도 간행했다. 그중 첫 번째 권은 니체가 다섯 살 때 쓴 편지로 시작해서 그의 스무 살 생일 직전 편지로 끝나는데, 그가 보낸 내용은(그중에는 "니체가 잉크를 사게 해달라고 허락을 구함" 같은 항목이 여럿 포함된다.) 1~297쪽에 나오고, 그가 받은 내용은 299~436쪽에 나온다. 그 이후 시기에 니체가 보낸 편지와 받은 편지는 앞서 말했듯 각각 여섯 권씩 따로따로 간행되었다. 여기에 니체에 관한 편지 선집이 네 권이고 부록 및 색인이 세 권 더 간행되어, 모두 합치면 스무 권이다.

이는 어떤 저자가 일상적인 편지를 너무 많이 쓰지 않았거나 수백 통의 사소하고도 흥미로울 것 없는 편지를 받지 않았을 때나 가능하다. 물론 니체가 받은 편지 중에서 흥미로운 편지의 비율이 어느 정도인지는 아직 판명되지 않은 상태다. 이 판본의 출간 계획은 이미 여러 해 전에 발표되었지만, 처음 세 권은 겨우 1975년에야 모습을 드러냈기 때문이다.[7]

편집자들이 (니체가 받은 편지에 대해서도) 완전성을 향한 자신들의 열망을 설명하며 내놓은 이유는 주로 다음 세 가지였다. a) 니체에게 '도달한' 모든 '목소리'가 포함되어야 하기 때문에, b) 선집은 불가피하게 주관적 해석의 위험을 불러낼 것이기 때문에, c) 따라서 서한의 비평 완전 판본의 결정성에 대해서는 진지하게 의문이 제기될 것이기 때문에.

여기서 차마 부인할 수 없는 사실은, 평범한 편지가 '어쩌면' 또 다른 편지나 책의 한 구절을 약간이나마 조명해주는 것으로 드러날 수도 있고, 사소한 편지가 여럿 합쳐지면 저자의 환경에 관한 놀라운 그림이 생겨날 수도 있다는 점이다. 따라서 이 특정한 노력을 판단하기는 시기상조일 수도 있다. 하지만 예를 들어 프로이트가 받은 편지 모두를 간행한다든지, 심지어 윌리엄 딘 하우얼스나 드와이트 아이젠하워가 받은 편지 모두를 간행하는 것이 사실상 이치에 닿지 않는다는 것도 분명해 보인다. 니체는 비교적 적은 편지를 받았으며, 워낙 외

---

7 본문에 언급된 니체의 편지 비평 판본(KGB)은 2004년에 완간되었고, 현재는 www.nietzschesource.org 사이트에서 디지털 버전(eKGWB)을 열람할 수 있다.

롭게 살았던 탓에 편지로 그에게 도달한 목소리의 숫자도 그가 보낸 것에 비해 불균형하리만치 적었다. 그렇다 해도 그에게 도달한 다른 목소리들이 더 있었다. 그가 읽은 것 대부분은 편지가 아니었기 때문이다.

니체의 경우가 '비평 완전 판본'을 만들기에 예외적일 정도로 유리하다고 가정해보자. 1800년 이후의 저술가 중에서 그만큼 흥미롭고도 영향력이 큰 경우도 드물기 때문이다. 그런 경우에도 여전히 심각한 문제가 몇 가지 남는다. 우선 가장 중요한 문제는, 그가 쓴 책 전부라고 해야 한때 얇은 종이를 사용한 책 두 권에 모두 담아 간행한 사례가 있을 만큼 분량이 많지 않다는 점이다. 만약 이 책들이 아니었다면, 그가 쓴 편지는 아무런 관심의 대상이 아니었을 것이며, 그가 받은 편지를 간행한다는 생각 역시 터무니없게 여겨졌을 것이다. 니체에게 관심 있는 사람이라면 무엇보다 그가 쓴 책을 읽고 공부해야 마땅한 것처럼 보인다. 하지만 이제는 그들 모두 자기 시간과 에너지를 쪼개서 니체의 책과 유고와 편지는 물론이고 심지어 2차 문헌에 투자하도록 권유받고 있는 실정이다. 어느 누구도 이 모두를 소화할 만큼 충분한 시간을 니체에게 바칠 수는 없다. 그러니 대부분 니체의 책에 바쳐야 마땅할 시간을 뚝 떼어다가 책 이외의 것에 소비하는 일이 자연스럽게 벌어진다. 이런 식으로 가장 중요한 내용이 비교적 안 중요한 것들의 바다 속에 푹 잠겨버리는 경향이 있다. 이 은유를 약간 변형하자면 이렇다. 니체를 부르는 목소리며 니체에 관해 떠드는 목소리에 푹 잠기는 바람에, 정작 니체 본인의 목소리가 들리지 않게 되는 것이다.

그뿐 아니라 그런 비평 판본을 적절히 이용하기 위해서는 두툼한 책 네 권을 반드시 동시에 열어보아야 한다. 즉 니체가 쓴 편지, 니체가 받은 편지, 니체에 관한 편지, 그리고 그 텍스트를 이해하는 데 필요한 중요한 정보와 원본에 관한 자료를 편집자가 제공하는 책이 각각 한 권씩이기 때문이다. 당연한 이야기지만, 전집에서 부록 및 색인은 항상 맨 나중에, 그것도 보통은 아주 여러 해 뒤에야 나오게 마련이며, 그때까지 독자는 편지 필자 일부는 누구인지조차 모르는 상황에서 헤매야 한다.

이탈리아인 편집자들처럼 신중하게 일을 해내면, 즉 막대한 지원금이나 수많은 인력이 없는 상태에서 오로지 서지학적 깔끔함을 위한 열망을 동기 삼아서 해내면, 독자에겐 감사할 일이다. 그리고 각 권에 편집 후기를 집어넣으면 텍스트를 수록한 권을 덜 주관적이면서도 더 결정적으로 만들 수 있을 것이다. 그래도 나는 중요한 주석이 딱 필요한 대목에 나와 있을 때 독자에게 훨씬 큰 도움이 되리라고 생각한다.

그런 시도는 윌리엄 맥과이어(William McGuire)가 편집해 단권으로 간행한 『프로이트/융 편지: 지크문트 프로이트와 C. G. 융 사이의 서한문(*The Freud/Jung Letters: The Correspondence between Sigmund Freud and C. G. Jung*)』(1974)에서 훌륭하게 이루어진 바 있다.[8] 두 사람의 현존하는 편지를 모조리 한데 모아놓

---

8 윌리엄 맥과이어(1917~2009)는 미국의 출판 편집자로, 1949년에 볼링겐 총서 (Bollingen Series)로 간행된 조지프 캠벨의 『천의 얼굴을 가진 영웅』의 편집자로서 볼링겐 재단과 첫 인연을 맺었다. 볼링겐 재단은 미국의 부호 폴 맬런(Paul Mellon) 부부가 카를 융의 저술을 소개하기 위해 만든 기관으로, 이후 융과 폴 발레리의 영역본 전집을 포함한 100종의 총서를 간행했다. 본문에 언급된 프로이트와 융의 서한집도 볼링겐 총서 제

고 보면, 만약 우리가 어느 한 사람이 쓴 편지만 갖고 있었다면 얼마나 많은 것이 사라졌을지를 새삼 깨닫게 된다. 아울러 편집자의 풍부한 주석이 딱 필요한 곳에 들어 있음으로써 큰 차이가 생겨났음을 새삼 깨닫게 된다.

융이 프로이트에게 보낸 1912년 12월 7일자 편지를 보면 이런 대목이 나온다. "[알프레트] 아들러(Alfred Adler)의 책 서평을 할 계획입니다. 저는 그 깊이까지 내려가는 데에 성공했고, 거기서 높이 치켜들 만한 가치를 지닌 흥미로운 것들을 몇 가지 찾아냈습니다. 그 사람은 실제로 약간 정신이 나갔더군요." 얼핏 보기에 이 구절은 그저 수수하게 흥미로운 것 같지만, 주석에 따르면 융은 1912년 가을에 쓴 저서의 서문에서 아들러의 책이 "이 강의들을 준비하기 시작한 이후에야 비로소" 자신의 눈길을 끌었으며, "나는 여러 가지 핵심에서 그와 내가 유사한 결론에 도달했음을 인식했다."고 썼다. 융은 "지금까지 알려진 바에 따르면 서평을 쓰지 않았다."고 하지만, "1913년 9월에 …… 그는 아들러의 책과 이론을 전반적으로 그리 비우호적이지는 않게 대우했다."

주석을 넣으려면 편집자의 식별 능력이 필수인데, 그렇지 않다면 중요한 내용이 사소한 내용에 푹 잠겨버릴 것이기 때문이다. 그러려면 편지 작성자들의 삶과 저술에 대한 철저한 지식이(프로이트와 융의 경우에는 이것이야말로 힘든 과제이게 마련이다.) 필요하며, 편집자에게도 아무 편향 없이 주석을 선별할 수 있는 충분한 초연함이 필요하다. 이 두 가지 측면에서 윌리

94권으로 간행되었다.

엄 맥과이어가 세워놓은 기준에 감히 버금갈 만한 편집자는 극소수일 것이다. 하지만 이처럼 어려운 사례에서 그런 과제를 잘 수행할 수 있다면, 그보다 더 쉬운 여러 사례에서 그런 시도를 하지 않는 것에 대해서는 변명의 여지가 없을 것이다.

40

『프로이트/융 편지』를 제외하면 프로이트와 융의 편지는 서로 다르게 취급되어왔다. 융의 편지 선집은 두 권으로 간행되었다.(독일어판은 세 권이지만, 편지가 더 많이 들어 있는 것은 아니다.) 그중 1906년부터 1950년에 해당하는 권은 약 600쪽이고, 융의 생애에서 마지막 10년(1951~1961)에 해당하는 권은 이보다 약간 더 두껍다. 그는 1875년에 태어났지만, 현존하는 최초의 편지는 1906년의 것이고 그나마도 1930년 이전의 편지는 극소수다.

이 선집은 어마어마한 사랑의 노동을 상징한다. 주석도 마찬가지로 딱 필요한 페이지에 등장한다. 설령 융에 대해서 관심이 많은 사람이라 하더라도, 1930년 이후로 그가 쓴 편지들을 훨씬 더 많이 모은 선집에서 이보다 더 나은 대접을 받았다고 느낄 수는 없을 것이며, 그가 받은 편지들을 모두 모은 간행물에서 그렇게 느낄 가능성은 더욱 없을 것이다. 물론 거기 포함되었어야 마땅한 몇몇 특별한 편지가 있지만, 그 편지들이 편집자의 관심을 끌고 나면 다음 판본에 추가되리라고 기대할 수 있다.

그 출판사가 2권의 초판본을 내놓았을 즈음, 육필 원고를 매매하는 가장 중요한 업체인 마르부르크 소재 J. A. 슈타르가르트(J. A. Stargardt)에서 우편 발송한 카탈로그(608호)에는 융이 독일의 정신 요법사 볼프강 크라네펠트(Wolfgang Kranefeldt)에게 보낸 편지와 엽서 27점이 나와 있었다. 이 업체는 평소와 같은 학술적 방식으로 그 경매 물품을 낱낱이 설명했는데(14쪽 이하), 그 내용을 보면 최소한 한 통의 편지는 향후의 판본에 반드시 포함되어야 할 듯하다. 1934년 2월 9일에 융이 독일에 있는 크라네펠트에게 보낸 편지를 보면, 비록 어리석음을 근절할 수야 없겠지만, 아리아인이라면 마땅히 그 당시까지도 공개적으로 유포되던 프로이트와 아들러의 관점이 각별히 유대적이고 현저히 zersetzend하다는 사실을 독일 정부에 환기시켜야 한다고 썼다. 융의 가족이 이 편지의 간행을 허락한다면, 편집자 각주에서는 zersetzend야말로 나치가 항상 유대인에 결부시키는 단어임을 지적할 것이다. 이 단어에 상응하는 영어 단어는 없지만, disintegrative(비통합적, 분열적) 정도가 가까울 것이다. 융은 나아가 이렇게 말하기도 했다. 이러한 유대인의 복음 유포를 독일 정부가 즐거워한다면 어쩔 도리가 없겠지만, 사실은 독일 정부가 즐거워하지 않을 가능성이 있다는 것이었다.

프로이트의 유언 집행인들은 그가 플리스(Wilhelm Fliess)에게 보낸 1887년부터 1902년까지의 편지를 먼저 간행했는데, 그 서한집의 영역본 제목처럼 '정신분석의 기원'을 조명하는 것이 목표임을 분명히 했다. 이는 프로이트에 대한 배려가 과학적 관심이었음직한 것에 대한 배려에 굴복한 셈이다. 플리스가 쓴 편지는 현존하지 않으며, 프로이트도 자신의 편지가 간행되는 것을 원하지 않았기 때문이다.

이 책 다음으로는 1873년부터 사망 연도인 1939년까지 프로이트가 쓴 편지의 아름다운 선집이 한 권으로 간행되었는데, 이 책에서 프로이트는 (최소한 독일어 원문으로는) 역사상 가장 뛰어난 편지 작성자 가운데 한 사람이라는 사실이 드러난다. 곧이어 『프로이트/융 편지』의 형식으로 몇 가지 선집이 나왔는데, 그 각각에는 프로이트가 특별히 흥미로운 몇몇 사람들과 교환한 서한이 담겨 있다. 예를 들어 오스카어 피스터(Oskar Pfister), 카를 아브라함(Karl Abraham), 아르놀트 츠바이크(Arnold Zweig), 루 안드레아스 살로메(Lou Andreas-Salomé) 등이다. 이런 책 모두에서 우리는 큰 어려움 없이 온전한 사람을 발견하게 되며, 각각의 책은 나름의 가치를 지닌다.

이런 방식으로 니체와 그의 충실한 친구인(아울러 바젤 대학의 교회사 교수이지만 정작 본인은 불신자였던) 프란츠 오버베크(Franz Overbeck)의 서한집도 1916년에 간행되었다. 간행 당시에 몇 가지 생략이 지적되었지만 해명은 없었다. 그 이후 니체를 싫어하면서도 그에 대한 책을 무려 여섯 권이나 내놓은 어느 저자가 미간행된 문서들을 번번이 포함시켜서 독자를 얻었으며, 1963년에 간행한 마지막 책에서는 앞의 서한집에서 생략된 대목들도 포함시켰다. 이 서한집은 완전한 형태로(번역을 해서라도) 염가본을 재간행해도 괜찮을 것이다. 그 내용만 보면 이미 영어로 간행된 편지 선집 몇 가지 판본 가운데 가장 니체를 잘 조명해줄 터이니 말이다.

어떤 면에서 독일어 비평 완전판(kritische Gesamtausgabe)은 용어상의 모순일 수밖에 없지만 이 용어는 독일에서 상당히 많이 사용된다. '완전' 판본은 중요한 의미에서 비평적이지 못하다. 비평적이 되려면 식별 능력이 필요하기 때문이다. 이 문제는 내가 이미 한 번 인용한 문구에서 멋지게 지적된 바 있다. "선집은 불가피하게 주관적 해석의 위험을 불러낼 것"이다. 물론 비평적이길 선택할 때는 이런 '위험'이 불가피하다. 니체조차도 그런 일은 언제라도 불가피하다고 생각했을 법하다. 그럼에도 앞에서 지적한 이유들로 인해 니체의 서한문은 사실상 매우 이례적이므로 그 서한문의 '비평 완전 판본'은 보물상자가 될 것이다. 그렇더라도 이는 따라야 할 모범이 아니라 오히려 희귀한 예외로 간주되어야 한다.

41

강연은 작가 스스로가 종이에 옮겨 적을 때는 특별한 문제를 일으키지 않는다. 작가가 아니라 다른 누군가가 필기했을 때는 그것을 간행할 생각을 하지 않는 것이 일반적이며, 거기에 살을 붙인 결과물을 작가의 주요 저술로 내놓으려고 하는 경우도 드물다. 하지만 헤겔의 경우는 이보다 훨씬 더 나쁜 일이 벌어지고 말았다.

  그가 생전에 간행한 저술은 겨우 네 종으로, 그중 마지막 두 종은 연이어 숫자가 매겨진 절들로 구성된 간결한 개요일 뿐이고, 각 절은 한 쪽 미만이며 그리 빽빽하지도 않다. 이 마지막 두 종인 『철학적 학문의 백과사전 강요(*Enzyklopädie der philosophischen Wissenschaften im Grundrisse*)』(이하 『백과사전』)과 『법철학』 서문에서 그는 양쪽 모두 학생들을 위해 만든 자료, 즉 강의와 연계해서 사용하려는 자료라고 분명히 설명한다. 두 권 모두 뭔가의 개관을 얻기 위해서 빠르게 넘겨볼 수 있지만 세부 사항을 이해하기는 어렵다. 생애 마지막 10년 동안 헤겔은 매우 영향력 있는 교수가 되었으며 더 이상 저서를 간행하지 않았다. 하지만 사망하기 4년 전에 그는 10년 전에 간행된 『백과사전』(즉 자신의 체계)을 매우 급진적으로 개정한 2판을 간행했으며, 사망 바로 전해에는 다시 급진적으로 개정한 3판을 간행했다.

헤겔의 강의는 따라가기가 어려웠다. 그는 강의에서 길고도 종종 꼬인 문장을 구사했으며, 그의 목소리는 크지도 또렷하지도 않았다. 그는 전공 강의를(그중에는 역사철학에 관한 매우 영향력 있는 강의도 포함되어 있었다.) 거듭해서 했지만, 똑같은 내용을 두 번 강의하지는 않았다. 그는 보통 전체 강의를 다시 만들었으며, 개별 문장에 대해서는 물론이고 심지어 전체적인 구성에 대해서도 결코 만족하지 않았다.

그의 사후에 제자들은 스승의 전집을 간행하면서 강의도 포함시키기로 했다. 제자들은 스승이 사망하기 직전에 내놓은 『백과사전』 3판의 각 절마다 스승이 개요에 근거해 강의하는 도중에 내놓은 가장 설득력 있는 첨언 가운데 일부를 '추가'라고 표시해 인쇄했다. 하지만 10년 동안이나 이 강의는 실제로 초판에 근거해서 이루어졌으며, 이후로는 3년 동안 2판에 근거해서 이루어졌다. 편집자들은 인쇄하기로 선택한 문장들을 집어넣을 적절한 자리를 찾아내야 했으며, 여러 해에 여러 사람이 작성한 강의 필기에 의존했다. 그러다 보니 문장의 형태와 연결은 때때로 편집자들이 손을 댄 것으로 알려져 있다.

『백과사전』에 내용이 추가되자 초판에서는 300쪽 남짓으로 전혀 빽빽하지 않았고 3판에서도 겨우 두 배로 늘어나는 데 그쳤던 책이 무려 세 권의 압도적인 저술로 변모했다. 일부 헌신적인 헤겔 학자들을 제외하면 사실상 누구도 처음부터 끝까지 읽어보지 않았을 것이다. 지난 세기에 영국과 미국에서 헤겔주의가 번성했을 때도 이 책의 2권은 아예 번역조차되지 않았다. 그러다가 헤겔 사후 140년이 지나서야 마침내두 가지 영역본이 동시에 간행되었는데, 그중 하나는 무려 세권으로 이루어져 있었다. 번역자가 (초판에서는 약 80쪽에 불과했고, 3판에서도 두 배쯤으로 늘어나는 데 그쳤던) 일부 대목에 관해서 워낙 많고도 박식한 첨언을 덧붙였기 때문이었다.

우리는 아직도 헤겔이 단권으로 간행했던 『백과사전』의단권짜리 번역본을 갖고 있지 않다. 하지만 2권처럼 저술 전체를 번역한다면, 헤겔의 그 단권 저서는 졸지에 열한 권이나열두 권짜리 영역본이 될 것이다. 책을 읽던 시대를 지나 책을참고만 하는 시대로, 그리고 완성하는 데에 몇 세대가 필요할법한 거대한 기념비 아래 작가들이 파묻히는 시대로 넘어간셈이다.

심지어 헤겔 전집 초판본에도 오로지 제자들의 강의 필기로만 이루어진 네 가지 '저술'이 포함되어 있다. 모두 합친 분량은 헤겔이 생전에 간행한 네 가지 저술보다 두 배쯤 많다. 하지만 초기의 편집자들은 그 거장을 가독성 있게 만들기 위해 노력했으며, 그런 노력이 결국 성공했기 때문에 많은 사람들이 그 자료에 눈길을 돌리게 되었다. 헤겔의 저서보다 훨씬더 접근이 쉬웠기 때문이다.

헤겔의 '비평' 판본을 만들려는 최초의 시도는 여전히 저렴한 책들을 만들어내고 있으며, 전문가뿐만 아니라 학생도 사용할 수 있도록 고안되었다. 게오르크 라손(Georg Lasson)은 탁월한 해제와 어마어마하게 도움이 되는 각주를 제공했다. 그로부터 한 세대 뒤, 그러니까 2차 대전 이후에는 요하네스 호프마이스터(Johannes Hoffmeister)가 여전히 이런 전통하에서 작업을 진행하여 라손의 탁월한 판본에 개정과 추가를 하고 있다.

이때만 해도 비평 완전판의 개념이 완전히 발전하기 이전이었다. 그 옛날 편집자는 그런 간행물의 목표에 대해서 자문해보았으며 자신이 헤겔과 학생들과 교수들에게 1차적인 책임을 지닌다는 사실을 분명히 알고 있었다. 오늘날 정부와 재단은 공공의 기념물을 세우기 위한 소규모 산업에 보조금을 지급해야 한다고 설득당했으며, 이는 독일에서만 일어나는 일도 아니다.

여기서 다시 헤겔이 매우 특수한 사례를 상징한다고 주장할 수도 있다. 부분적으로는 마르크스에 대한 세계적인 관심 덕분에 헤겔에 대한 관심이 커지자, 급기야 새로운 헤겔의 자료를 포함한 책이라면 무엇이든(심지어 처음부터 끝까지 읽어야 하는 책이 아니더라도) 여러 국가의 학자들에 의해 사용되거나 최소한 참고될 상황에 이르렀다. 어쨌거나 1970년부터 1975년까지 간행된 헤겔 관련 단행본과 논문만 해도 무려 1000종 이상이다. 이 방대한 문헌은 거의 모두 학술적이어서 (헤겔에 대한 이사야 벌린의 평가를 인용하자면) "무례하고도, 심오하고도, 황폐화하는, 때로는 심하게 난폭한 사상가"에게 접근하는 것을 더 어렵게 만들었다.

42

이런 쟁점은 그레고리 블라스토스(Gregory Vlastos)가 훌륭하게 지적한 바 있다. 그는 또 다른 유명 고전학자 W. K. C. 거스리(W. K. C. Guthrie)가 저서 『그리스 철학사(*A History of Greek Philosophy*)』에서 무려 두 권을 플라톤에게 할당한 대담한 시도에 관한 서평에서 이와 관련한 잘못을 발견했다. 블라스토스가 《타임스 문예 별면》(1975년 12월 12일자)에서 말한 바에 따르면, 이런 작업은 "워낙 어마어마하기에 가장 대담무쌍한 학자를 제외한 다른 이들은 겁에 질려 도망갔을 것이다." 어째서 그러할까?

> 더 이전의 그리스 철학에 관해서는 오로지 단편이 남아 있는 반면, 플라톤의 전작은 다 남아 있기 때문이다. 실제로는 이보다 훨씬 더 많기도 하다. 위작(僞作)이 28종쯤 되는데, 일부는 여전히 진짜라고 믿는 학자들도 일부 있으므로 그의 저술의 고대 정전(正典)은 부풀려진다. 이 집성(集成)에 대한 철저한 지식을 얻는 것만 해도 평생이 걸릴 과제일 것이다. 하지만 이것은 역사가의 과제 중에서 첫 번째 항목에 불과하다.

실제로 그게 전부였다면 플라톤의 저술이 어쨌거나 영어로는 얇은 종이에 휴대하기도 좋은 단권으로 나와 있다고, 심지어 블라스토스가 진짜라고 간주하지 않는 자료의 일부도 포함되어 있다고 말참견을 할 수도 있을 것이다. 그리고 그걸 숙달하는 데 평생이 필요하다면, (몇 명만 예를 들면) 루터나 칸트나 괴테나 프로이트나 융처럼 전작이 훨씬 많은 작가들을 여러 권짜리 저술에서 다룰 엄두조차 내지 못할 것이라고 말할 수도 있을 것이다.

플라톤에게 영향을 준 사람들은(이것이 과제의 두 번째 항목인데) 상황이 더 유리하다. 살아남은 것이 워낙 없기 때문이다. 하지만 플라톤에 관한 거스리의 책 첫 번째 권에 대한 이 비평의 핵심은 블라스토스에 따르면 "현대의 논평, 그리고 논평에 대한 논평으로 이루어진 산더미"다. 예를 들어 "1950년부터 1957년까지" 플라톤 관련 논문을 포함한 2차 문헌이 무려 2000종 이상 나왔다고 지적한다.

하지만 그 규모만 가지고는 학술 산업의 방대하게 축적된 생산물을 소화하는 일의 어려움을 제대로 보여주지 못한다. 그 규모보다 더 위협적인 것은 그 실력과 절차의 다양성으로 …… 과연 그 모든 전문 용어를 해독할 수 있는 두뇌 하나가 이 모두를 숙달한다는 것이 인간으로서 가능한 일일까? …… 나는 눈으로 직접 봐야만 믿을 것이다. 그런데 이 책에서는 그런 일이 이루어지지 못했다.

만약 거스리가 유명 인문학자로 널리 알려진 사람이 아니었다면, 위와 같은 언급은 그다지 신랄하지 않았을 것이다. 그러나 널리 알려진 저자조차도 이런 비판을 받았기에, 이후 (좀 더 신중하게 몇몇 세부 사항에 논의를 국한시키는 대신) 주요 인물의 업적을 두 권에 다루려고 하는 사람이 있다면, 반드시 두 배로 대담무쌍해져야 하게 됐다. 그러니 방대한 비평 판본의 편집자들과 고도로 전문화된 실력과 절차를 통해 세부 사항을 저술하는 사람들이 어떻게 해서 전반적 평가의 앞길을 가로막는 '산더미'에 각자의 몫을 기여하는지가 명백해지는 셈이다.

이것은 단지 진정으로 위대한 사상가들을 다룰 때만 생기는 불행한 일도 아니다. 실존주의에 대한 문헌은 놀라운 속도로 계속 늘어나는 반면, 거기에 기여하는 사람들은 하이데거가 키르케고르가 상상해낸 인물 비슷하다는 사실을 알아챘다는 징후를 전혀 드러내지 않고 있다. 1974년 하이데거의 85세 생일에 그의 '저술'이 전 70권으로 간행될 예정이라는 발표가 있었다. 이 사업의 완성에는 수십 년이라는 오랜, 정말 오랜 세월이 걸릴 것으로 예상되었다. 그렇다면 예상 가능한 미래에 하이데거의 어마어마한 허식을 꼬집는 비평가 모두는 '아직 그 사람을 판정하기에는 너무 이르다.'는 주장과 맞닥트리게 될 것이고, 일부 현학자만 하이데거 편집에 평생을 소비하는 반면 "가장 대담무쌍한 학자를 제외한 다른 이들"은 "겁에 질려" 도망가게 될 것이다. 만약 과제가 언젠가 완수되고 나면, 학계에는 전 70권의 '저술'뿐만 아니라 모노그래프, 그리고 모노그래프에 관한 모노그래프도 무더기로 쌓여 있을 것이니, 설령 하이데거가 중대한 점에서 잘못되었다거나 오도되었다고 생각하는 비평가라 한들 자기 요점을 입증하기 위해 그 모두를 소화하느라 평생을 바치려 하겠는가?

나아가 비평 판본의 편집자들이 내놓는 결과물은 어마어마하게 오도하는 경우가 종종 있으며, 이들의 의도가 최선이라 하더라도 그러하다. 초고와 메모는 보통 수정이 가득하게 마련이다. 그중 상당 부분은 지워지고, 때로는 읽을 수 있지만 때로는 아예 읽을 수조차 없다. 그중 상당 부분은 행간에 삽입되거나, 또는 페이지의 위아래 여백에 삽입되어 있다. 그리고 종종 단어와 약자를 확실하게 해독할 수가 없다. 이 모두를 충실하게 밝히고 나면, 정작 텍스트가 가독성이 떨어지게 되고 만다. 모두가 아니라 일부만 밝히고 나면, 정작 텍스트가 오도하게 되고 만다. 이런 종류의 자료로 이루어진 판본은 대부분 이런저런 이유로 인해 전적으로 부적절하며, 원고의 유동적인 성격에 대해서는 독자에게 전혀 말해주지 않는다. 전형적인 경우 어마어마하게 신중함을 발휘한 결과, 페이지를 읽는 것이 워낙 어려워져서 독자는 내용에 집중하지 못하게 된다. 그런데 실제 원고나 영인본과 대조해 보면, 정작 인쇄된 텍스트는 가장 흥미로운 정보 가운데 일부를 빼먹은 것으로 보이는 것이다.

비평 판본에 완전한 영인본을 섞어놓으면 가격이 훨씬 비싸진다. 미국에서 현대언어협회의 후원으로 간행되는 비평 판본의 비판자들은 초고를 저술가의 '쓰레기'라고 말해왔다. 하지만 가끔은(대부분은 아니지만) 수정이 가득한 초고나 원고도 연구할 만한 가치가 있다. 최선의 해결책은 복사본을 만들어서 요청하는 학자들이 이용하게끔 하는 것임이 분명하다. 우리의 기술은 여전히 여러 장점을 지닌 책을 졸지에 폐물로 만들지 않았지만, 혹시 '비평 완전 판본'을 폐물로 만들지는 않았는지 진지하게 물어야 한다.

43

모든 판본에 관한 중심 질문은 그 목적과 관련되어 있다. 그 판본에 무엇을 원하는가? 어떤 발굴을 바라거나 기대하는가? 우리의 관심사는 무작정 골동 애호적일 뿐인가? 아니면 일부 사람들은 한 저술가가 간행하지 않았던 내용, 즉 남의 눈에 띄리라고는 전혀 의도하지 않았던 내용을 읽는 데에서 특별한 짜릿함을 얻을 뿐인가? 왜 군이 재단과 정부가 그런 엿보기를 후원해야 하는 것일까?

이처럼 방대한 판본의 비대증, 그리고 인문학 저술들의 많은 부분의 특징인 현미경주의, 이 두 가지는 궁극적으로 유사한 결과와 같은 이유를 가지고 있다. 양쪽 모두 사소함과 의미 상실로 귀결된다. 저술의 목적에 대해서 질문하지 못하는 데서 비롯하는 것이다.

터무니없게도 이런 실패는 저술의 목적에 관한 질문이야말로 천박한 것이라고 말함으로써, 그리고 진리를 향한 탐색은 그 자체로 목표라고 말함으로써 면죄부를 얻는다. 만약 이것이 사실이라면, 19세기 우편 소인을 연구하는 곳에도 자금을 지원하고 그 염색제에 대한 화학 분석을 담당하는 교수직을 신설해도 그만일 것이다. 프로젝트에 자금을 지원하는 사람들뿐만 아니라, 학자들과 학생들 역시 여러 프로젝트 가운데 하나를 선택해야 한다. 자기네가 무엇에 대한 해결책을 찾고 있는지에 대한 질문을 염두에 두지 않은 상태에서 그저 자료나 사실이나 정보만을 계속 모으는 사람들은 대개 사소한 연구밖에는 생산하지 못하는 경향이 있다. 목적 없이 연구하는 사람들은 그 연구가 무의미하다는 느낌, 즉 가뜩이나 늘어나는 그런 느낌에 기여하는 셈이다.

편집하거나 번역하는 (또는 서평 하는) 대상은 작가의 작품이며, 그 일을 하는 이는 다음과 같이 물어봄으로써 시작해야 한다. 왜 다른 작가가 아니라 이 작가인가? 왜 다른 작품이 아니라 이 작품인가? 이렇게 하는 이유는 무엇인가? 무엇이 그 간행을 가치 있게 만드는가? 누구에게 이득인가?

매문가의 답변은 간단하다. '나 자신이다! 나는 이것을 하고 돈을 받기 때문이다.' 출판인은 다음과 같이 말할 수 있고, 실제로도 종종 그렇게 말한다. '나는 이것으로 돈을 벌기를 바란다.' 하지만 학자라면 이렇게 호소할 수만은 없다. '나는 진리가 이끄는 곳 어디든지 따라갈 뿐이다.' 이것은 다른 프로젝트 대신 한 프로젝트를 선택하는 이유가 아니다. 심지어 심리학자는 다음과 같이 말할 수도 있다.(물론 이렇게 말할 만한 심리학자는 부족한 상태이지만.) '진리를 따른다거나 폭발력이 있는 쟁점을 탐사한다거나 하는 것과는 영 딴판으로, 번역가나 편집자란(서평가도 매한가지지만) 모험가라기보다는 오히려 모범생, 즉 누군가의 작품에 스스로를 파묻어버림으로써 안전을 도모하는 사람일 수도 있다.'

번역이나 편집을 하는 뚜렷한 이유는 특별히 아름답거나 중요하다고 간주하는 것을(즉 무시되어서는 안 되는 중요한 이야기를 해주는 작품을) 타인이 이용할 수 있게 만들어주는 것이다. 그것은 새로운 정보이거나 사물을 바라보는 새로운 방법이거나 공인된 견해에 대한 놀라운 비판이거나, 심지어 어떤 사람이나 운동이나 시기에 새로운 조명을 비추는 서적이거나 단편이거나 편지들일 수 있다.(이런 경우라면 서평가도 그 목적을 물어보는 것이 좋을 것이다.) 만약 이전의 번역이나 판본이 심각하게 오도했을 경우, 누군가는 똑같은 이유로 새로운 번역이나 판본을 만들거나 저자를 재해석하도록 선택할 수 있다. 모든 경우에 편집자나 번역가는 그 프로젝트의 목적이 무엇인지를 독자에게 말해야 하며, 서평가 역시 그 목적을 논의하고 실행을 평가해야 마땅하다.

앞 장에서 나는 훌륭한 해석자야말로 저자의 심성을(즉 geistige Persönlichkeit를) 어느 정도 파악할 필요가 있다고 주장했는데, 이런 맥락에서 한 저술가의 유고와 편지가 얼마나 귀중한지는 명백하다. 하지만 내가 지금까지 보여주려 한 것처럼, 번역과 '완전' 판본은 오히려 저술가를 흐려놓는 경우가 더 많다. 번역은 과도하게 불충실한 경우가 전형적인 반면, '완전' 판본은 광적이고 오도된 충실함으로 저술가를 뒤덮는 경향이 있다. '작품집'은 점차 과도하게 분량이 많아지고 부담스러워져서 (저자를 싫어하지는 않지만 그의 정신의 일말도 느껴본 적 없는 몇몇 모범생을 제외하면) 사실상 누구도 그 집성을 소화할 수 없게 된다. 그나마 책 몇 권 읽을 시간이 있는 사람들도 그 시간을 저자의 책 몇 권과 수많은 비(非)서적 사이에 나누어야 한다. 따라서 작가로선 간행할 생각도 없었던 자료가 그가 평생을 바친 작품들과 나란히 주목을 받기 위해 경쟁을 벌이게 된 것이다.

현학적 현미경주의도 이런 경향은 똑같다. 점점 더 많은 사람들이 숲을 보지 못하고 그 안의 나무만 본다. 죽은 작가에게 자기 피를 수혈해서 말하게 만드는 대신에 죽은 작가를 이용해 생계를 유지하는 자들이 무수히 많은 것이다.

죽은 자가 오로지 피를 마신 이후에야 말할 수 있다는 사실을 호메로스는 이미 알고 있었다. 하지만 오디세우스는 사람이 아니라 양의 피를 대신 이용했다. 오늘날은 양도 더는 효과가 없을 것이고, 인간의 땀도 효과가 없을 것이다. 귀를 기울일 만한 가치를 지닌 죽은 자들 어느 누구도 땀에 유혹되지 않으며, 그들은 자칫 주관성의 위험에 빠질까 봐 위축된 학자들에게 가장 내밀한 생각과 인성을 밝히고 싶어 하지 않는다. 모든 인문학 학과에 필요 불가결한 과거의 저술가, 작곡가, 예술가는 격정을 지닌 인간이었고 사랑을 했을 뿐만 아니라 어쩌면 증오도 했을 법한 인간이었다. 그들이 말하게 만들고 싶은 사람은 최소한 어느 정도는 그들의 비위를 맞춰주어야 한다. 이는 '내 생각에는(I think)' 또는 더 나쁜 경우에는 '나는 이렇게 생각해야 마땅하리라(I should like to think)'고 말하는 게으른 주관성과 방종을 지워버린다. 우리는 가장 소중한 환상과 바람 가운데 일부를 희생하고, 죽은 자에게 우리 자신의 피를 제공해야 한다.

4장
고등 교육에서
종교의 위치

44

한때 인도와 이스라엘에서, 아랍 세계와 유럽에서 종교가 고등 교육의 중심, 심지어 핵심이자 대단원인 시기가 있었다. 중세 유럽에서 대학의 교수는 수사(修士)였고, 20세기 초 우드로 윌슨(Woodrow Wilson)은 프린스턴 대학에서 성직자가 아닌 최초의 총장이 되었다. 윌슨의 시대로부터 한참이 지나도록 미국의 여러 대학에서는 매일 예배의 의무가 남아 있었고, 그중 일부는 2차 대전 이후 한참이 지나도록 폐지되지 않았다. 1947년 6월 프린스턴 대학 새 도서관의 주춧돌을 놓기 직전에 새 건물이 인근의 예배당보다 높아지지 않도록 커다란 구덩이를 팠다. 예배당이야말로 캠퍼스에서 가장 높은 건물로 남아 있어야 한다고 생각했기 때문이다. 하지만 예배 의무가 폐지된 이후로 예배당은 대개 텅 빈 껍질이 되었고, 그 규모는 그 고딕 건축 양식만큼이나 시대착오적이라 간주되었다. 예배 출석이 의무였던 시대에도 깊은 정서적 경험은 차라리 인근의 시어터 인타임(Theatre Intime)[1]에서 경험하기가 더 쉬웠다. 약

---

1 1920년에 프린스턴 대학의 학부생들이 조직한 극단으로, 오늘날까지도 작품 선정부

200명의 관객이 들어갈 수 있는 그 장소에서는 학부생들이 때때로 훌륭한 공연을 펼쳤기 때문이다.

종교는 그리스어와 라틴어와 함께 유행이 지났다. 소수의 학생이 여전히 종교를 공부하지만, 대다수는(유신론자조차) 종교에 대해서는 거의 전적으로 무지하다. 과거에만 해도 대학에 들어오는 학생은 이미 라틴어와 성서를 알고 있으리라 간주되었으며, 이런 지식은 추가적인 공부에 필요한 기반을 제공하거나 최소한 차원을 더한다고 여겨졌다. 이제 학생들은 라틴어를 전혀 모르고 그리스어는 더욱 모른다. 신약성서도 낯설게 여길 정도이니 구약성서는 두말할 나위 없다. 일요 예배가 의무였던 시절에도 학생들은 10년 동안 주일 학교를 다니고 종교철학의 상급 강의를 수강했지만, 성서가 어떤 언어로 쓰였는지는 대부분 몰랐고, 아브라함이 누군지 몰랐고, 「하박국」이나 「갈라디아서」에 관해 들어본 것을 기억하지 못했다. 분명히 이들은 성서의 목차 너머로는 한 번도 나가지 못했음직하니, 이쯤 되면 과연 그들이 주일 학교나 예배에서 (배운 게 있다면) 무엇을 배웠는지 궁금해진다. 그들은 모세가 살았던 시기를 전혀 몰랐고, 붓다가 누구냐고 물어보자 중국 철학자라는 식의 답변을 내놓았다.

오늘날 세계의 일부 지역에 있는 일부 특수한 학교는 여전히 종교를 고등 교육의 '유일한' 주제로 여기는 학생을 소수나마 배출하고 있지만, 현대의 대학에서는 종교에 관해 거의 아무것도 모르는 졸업생을 훨씬 더 많이 배출한다. 피상적으로

터 실제 공연에 이르기까지 모든 면에서 학생 자치 방식으로 운영되고 있다.

는 이것이야말로 정립(thesis)에서 반정립(antithesis)으로 나아가는 세속적 변증법의 깔끔한 도해다. 즉 고등 교육에서 종교의 쇠퇴야말로 한두 세대 전에 종교를 지나치게 강조한 것 때문인 듯 보인다. 하지만 한두 세대 전의 학생들이 종교에 대한 과도한 지식에 질린 나머지 그런 지식을 더는 원하지 않게 되었다는 것은 사실이 아니다. 그런 반발은 성서나 교회사에 대한 과도한 지식에 반대했다기보다는, 오히려 기본적인 종교적 문해성조차도 산출하지 못했던 여러 해 동안의 엉터리 교습법에 반대한 결과였다. 10년 동안 주일 학교와 설교에 노출되었음에도 학생들은 (다른 교단에 대해서는 고사하고) 자신의 교단에 관해서든 유사 종교에 관해서든 다른 종교에 관해서든 거의 아는 게 없었으니까.

교육에서 종교의 쇠퇴라는 큰 변화를 제대로 파악하려면 더 과거로 거슬러 올라가야 한다. 분명히 19세기에는 교육받은 사람들이 성서를 잘 알고 있었지만, 그들 역시 모세가 살았던 시대나 붓다가 누구인지에 대해서는 전혀 아는 바가 없었다. 설령 그들이 자기 종파의 신조를 분명히 알고 있더라도 그 신조의 역사나 그 교단의 역사에 대해서는 아무것도 몰랐다. 경쟁 신조나 교파에 대해서는 더욱 아는 바가 없었고, 다른 종교에 대해서도 마찬가지였다.

무지는 오랫동안 우리 곁에 있었다. 황금시대로 돌아가는 것이야 굳이 질문의 대상도 되지 못한다. 여기서 질문은 과연 우리가 이런 무지를 공략해야 마땅한가, 그래야 한다면 어떻게 공략해야 마땅한가 하는 것이다.

설령 무지보다 지식이 선호할 만하다고 해도, 우선순위에 관한 질문은 여전히 남는다. 불과 3년 또는 4년 동안 학생들이 모든 것에 대한 지식을 얻을 수는 없다. 교육은 반드시 극도로 선별적이어야 한다. 문제는 종교가 과연 중요한 자리를 차지해야 하는가, 아니면 기껏해야 중세 스칸디나비아 희곡처럼 마지못해 받아들여져야 하는가 여부다.

45

한편에는 종교가 중대한 주제는 아니라는 견해가 있고, 다른 한편에는 종교가 중심으로 옮겨지고 호교론자에 의해 교습되어야 마땅하다는 견해가 있다고 치자. 두 가지 견해 모두 나름의 가치가 있으므로 과연 둘 중 어느 쪽이 더 터무니없는지를 따져보게 된다. 만약 호교론자들이 똑같은 종교에 전념할 경우 후자가 더 터무니없다. 호교론자가 넓은 스펙트럼을 상징한다면 오히려 전자가 더 터무니없다.

이런 판단의 이유는 처음 두 장에서 상술된 바 있다. 만약 우리가 학생들에게 그들 나름의 믿음과 도덕, 그리고 부모와 또래 집단과 사회의 이데올로기와 가치에 대한 검토를 원한다면, '비교 종교'보다 더 중요한 주제는 사실상 없을 것이다.

믿음과 도덕은 종교 안에서 가장 잘 만날 수 있다. 다른 여러 종교 속에서(즉 같은 종교의 서로 다른 종파와 국면이 아닐 때) 급진적으로 다른 믿음과 도덕적 견해가 나타난다. 따라서 소크라테스적 교사들과 변증법적 독자들로선 종교 경전과 비교 종교 전반보다 더 노력을 기울일 만하고 인문학 교육에 더 적절한 자료를 발견하리라는 희망을 가질 수 없다.

한때 인문학 교육이 라틴어와 그리스어로 시작되었던 이유는 학생들에게 약간의 역사적 전망과 함께 다른 문화로 들어가는 발판을 제공하기 위해서였다. 물론 라틴어를 알면 로망어와 식물학을 배우는 데 도움이 되었지만 그게 핵심은 아니었다. 우리가 산출하기를 원한 결과물은 더 뛰어난 생물학자라든지 스페인어나 루마니아어에 숙달하고자 하는 사람이라기보다는 오히려 교양 있는 문인이었다. 이 발상은 존경할 만하긴 해도 딱할 정도로 편협하기도 했다. 예를 들어 어떤 사람이 그리스어로 호메로스를 읽는다 해도(물론 이는 매우 좋은 일이지만) 히브리어로 구약성서를 읽지는 못할 수 있기 때문이다. 그에게 노자와 공자라든지 불교와 힌두교는 미지의 대륙이나 다름없다. 이런 상황에서 호메로스와 그리스 비극만으로는 크나큰 문화 충격을 산출하지 못한다. 일반적인 접근법은 매우 고상하게 마련이었다. 아리스토파네스나 몇몇 로마 작가들의 추잡한 문장에 웃음을 터트릴 때를 제외하면 말이다. 2차 대전 이후에는 고전을 최소한 번역이라도 해서 판매하려는 시도가 있었지만, 그런 시도는 우리와 근본적으로 다른 내용이나 익숙한 곳에서는 찾을 수 '없는' 내용을 강조하기보다는 성(性)적 흥미로 기울어지는 경우가 종종 있었다.

현대의 번역본은 고대인의 일부도 우리와 크게 다르지 않은 '보통 사람'이라는 사실을 보여주었다는 이유로 찬사를 얻었다. 경직성과 답답함과의 결별이야말로 매우 좋은 일이며 점점 더 성서 번역의 특징처럼 되어왔지만, 그 목적에 대한 질문은 다시 한 번 무시되고 말았다. 왜 군이 이런 자료를 신경 써야 한단 말인가? 오늘날 서적에서(잡지와 영화에서는 두말할 것도 없고) 성이 그 어느 때보다 두드러지는 상황에서 고전을 팔아 보겠다는 이런 시도의 진부함은 유난히 두드러지게 된다.

그리스와 로마 작가들에 대한, 또 비교 문학에 대한 강의 에서 기껏해야 나쁘지 않은 정도로(물론 그 정도에 도달하는 경우 도 드물지만) 달성할 수 있는 일을, 비교 종교에 관한 강의에서 는 매우 손쉽게 달성할 수 있다. 이 주제는 그리스어와 라틴어 라는 고전의 필수 요건을 대체할 수도 있을 것이다. 실제로 수 학이라든지 독서의 기술이라든지 단순 명료한 산문 쓰기의 능력과 마찬가지로, 비교 종교에 관한 약간의 지식도 모든 대 학생에게 필수가 되어야 하지 않을지 진지하게 고려해야 한다. 더 야심만만한 학교들은 최소한 한 가지 외국어에 대한 숙달 과 아울러 그 언어가 사용되는 국가에서 한 학기 체류를 요구 할 수도 있다. 하지만 오늘날의 학생들은 그저 방대한 반복 내 용에만 노출된다. 카뮈나 비트겐슈타인처럼 유행하는 저자들 은 그 유행이 지속되는 동안에는 그 목적이나 목표에 대해서 아무도 묻지 않은 채 수많은 강의에서 다뤄지기 때문이다.

．

46

비교 종교의 필수 강의는 반드시 두 학기 동안 지속되어야 한 다거나 한 학기 안에 끝내야만 한다고 주장할 필요는 없을 것이 다. 이상적으로는, 어떤 주제가 중요하다면 그 공부가 두 학 기 이상 지속되기를 바라겠지만, 바로 그 시점에 전문화가 시 작된다. 전문화는 바람직한 문화 충격과는 거리가 멀기 때문 에 선택 사항으로 남아야 한다.

우선 한 학기 동안 무엇을 할 수 있는지, 그리고 두 학기 동안 무엇을 할 수 있는지를 짧게 고려해보자. 학생이 성서에 친숙하다는 사실을 전제로, '동양의 성전(The Sacred Books of the East)'에(19세기에 막스 뮐러(Max Müller)가 편찬한 50권짜리 영역본 시리즈에 딱 어울리는 제목이다.) 집중할 수 있다면 좋을 것이다. 그러나 대부분의 학생은 성서를 알지 못하며 동양 철학에 열광하는 교수들도 그렇기 때문에, 비교 종교에 반드시 성서를 포함시켜야 한다. 성서는 다른 여러 강의 주제들을 이해하는 데에도 중요하므로, 한 학기 동안이건 두 학기 동안이건 간에 성서에 그 강의의 딱 절반을 바치는 것은 타당할 것이다. 구약성서와 신약성서에 관한 약간의 지식이 있다면, 유럽과 미국의 역사와 문학과 미술과 음악과 철학 연구에도 차원이 더해질 것이다.

우리에게 허용된 시간이 10주 동안의 한 학기뿐이라면, 그중 세 주는 구약성서, 두 주는 (분량이 더 적은) 신약성서, 한 주는 코란에 바치는 것이 타당할 것이다.(이 가운데 어느 것도 다 읽을 만한 시간은 없을 것이기 때문이다.) 마지막 네 주는 『법구경』, 『바가바드 기타』, 『논어』, 『도덕경』을 한 부분도 빼먹지 않고 다 읽을 수 있다. 이런 과제의 일부는 참고 도서를 덧붙일 수도 있을 것이다.

성서와 코란에서 일부를 선택할 때 완전한 권이나 수라(Sura)를 선택해야 마땅한데, 여기에도 몇 가지 특별히 흥미로운 구절을 보충할 수 있을 것이다. 세 주 동안의 구약성서 강의는 우선 「창세기」와 「신명기」를 선택하고, 거기다가 「출애굽기」 앞부분 몇 장과 「레위기」 19장을 보충하고, 다음으로

「미가」와 「이사야」와 「예레미야」를 더하고, 마지막으로 「요나」와 「욥기」와 「전도서」를 보충할 수 있다. 신약성서 강의는 최소한 두 가지 복음서를('산상설교'가 포함된 「마태복음」과 「요한복음」이면 좋은 선택으로 보인다.) 읽고, 두 번째 주에는 「사도행전」, 「로마서」, 「고린도전서」를 읽어야 한다.

학생들은 (좋은 가르침을 받았을 경우) 성서를 읽는 과정에서도 마치 인도나 중국의 경전에 노출되었을 때만큼이나 큰 문화 충격을 경험할 수 있다. 엘리트 학교를 졸업한 학생들조차도 정작 여기서 언급한 책들은 하나도 읽지 않는 반면, 헛소리에 불과한 자료만 잔뜩 읽었다는 사실은 정말 터무니없다.

47

비교 종교로 두 학기짜리 강의를 할 수 있다면, 그중 한 학기는 성서에 바치는 것이 타당할 것이다. 한 학기 강의가 10주라면, 다음의 제안은 실행할 수 있는 최소한일 것이다. 우선 첫 주에는 「창세기」를 읽고, 2주 차에는 「출애굽기」와 「신명기」를 읽고 「레위기」와 「민수기」에서 선별한 몇 가지 구절을 덧붙일 것이다. 「사무엘」과 「열왕기상」은(「열왕기하」까지는 아니더라도) 3주 차에 손쉽게 읽을 수 있고, 다음 두 주 동안에는 예언서를 읽을 수 있다. 4주 차에는 (바빌론 유수 이전의 위대한 예언자 네 명인) 「아모스」, 「호세아」, 「미가」, 「이사야」 1장부터 39장을 읽고, 5주 차에는 「예레미야」, 「이사야」 40장부터 66장, 「에스겔」을 읽는 것이다. 마지막 한 주는 「요나」와 「욥기」, 거기다가 「시편」 가운데 일부와 「전도서」를 읽는다.

이렇게 하고 나면 최소한 네 주는 신약성서를 다룰 수 있다. 「마가복음」과 「마태복음」으로 시작하는 것이 탁월한 발상일 것인데, 「마가복음」은 오늘날 우리가 보유한 4복음서 중에서 가장 오래된 것이기 때문이다. 8주 차에 「누가복음」과 「사도행전」을 읽을 것인데, 두 권은 같은 저자가 쓴 것이다. 그다음으로 바울의 「로마서」와 요한의 「요한복음」을 읽는다. 바울의 서신은 사실 신약성서에서 가장 오래된 부분이지만 4복음서는 그보다 더 먼저 일어났다고 전해지는 사건을 다루며, 「사도행전」은 복음서의 결말에서부터 바울의 선교로 이어지는 이야기를 다루고 있어서 바울이야말로 「사도행전」의 주인공이라고 종종 이야기된다. 4복음서 전체가 바울의 영향을 보여준다고 말하는 것은 논란의 여지가 있겠지만, 「요한복음」만큼은 차마 그런 사실을 부정할 수 없어 보인다. 마지막으로 이 강의의 10주 차에는 「고린도전서」, 「야고보서」, 「요한계시록」을 읽을 수 있다.

　한 학기에 걸친 강의에서 학생들은 자연히 성서 전체를 읽어보라는 독려를 다양한 방식으로 받게 되겠지만, 모든 권에 동일한 시간을 할애하는 것은 불가능할 터이다. 여기서 내놓은 제안은 그 내용물의 범위와 다양성을 학생들이 조금이라도 이해하도록 만들기 위해서는 특별히 어떤 권들이 강조되어야 할지를 보여주려는 것이다. 학생들이 성서를 읽어야 한다고만 말하고 넘어가면 더 구체적인(필연적으로 더 논쟁의 여지가 있는) 제안에 비해서는 오히려 도움이 덜 될 테니까 말이다.

　성서 번역에 관해서는 한마디 하고 넘어갈 필요가 있다.

킹 제임스 성서[2]의 커다란 미덕은 흔하다는 것이지만, 속표지 문구처럼 "교회에서 읽도록 정해진" 것이다 보니 각 권의 저자와 문체의 차이를 지워버린 것이기도 하다. 당연히 그 결과는 단조로움이다. 반대로 어조는 어디에서나 일관되게 고조되어 있다. 급기야 마비 효과가 나타난다. 어조가 인상적이라고 느끼지만 정작 그 내용을 듣지는 않게 되며, 번역자도 내용이 과거에 '어떻게' 이야기되었는지는 크게 신경 쓰지 않았다. 영어로 성서를 연구한 사람들은 이 번역본의 몇 가지 샘플에 노출되게 마련이며, 이때 다른 번역본들과(예를 들어 그보다 좀 더 오래된 로마가톨릭의 두에(Douay) 번역본 등과) 대조해야 한다. 교사가 유능하다면 원문의 문체와 비교해야 할 것이다.

만사를 현대적이고 구어적으로 만들기 위해서 텍스트를 균질화한 현대어 번역본들은 정작 우리의 목적에는 쓸모가 없다. 고대 텍스트에서 두드러지는 특징을 인지할 수 있도록 몇 가지 비교를 굳이 시도하는 교사가 있을 때나 예외일 것이다. 방대한 주석이 달린 학술적 영어 번역본 중에서도, 무려 50권이 넘고 각 권을 다른 학자들이 번역하고 편집한 앵커 성서(Anchor Bible)는 특별한 위치를 차지한다. 1964년에 첫 권이 간행된 이후 10년이 넘도록 완간과는 거리가 멀며,[3] 우리가 논

---

2 여기서 말하는 '킹 제임스 성서(KJV)'는 영역본을 말한다. 현재 우리나라에는 '한글판' 킹 제임스 성서니 흠정역 성서를 자처하는 책들이 나와 있지만, 이는 KJV만이 유일무이하게 올바른 성서라고 신봉하는 일부 교파에서 만든 것으로 본문에서 저자가 말하는 영역본 KJV와는 무관하다.

3 앵커 성서 주석 시리즈는 1964년의 『창세기』를 시작으로 2018년에 『에스겔: 38~48장』이 간행되어 사실상 완간되었다. 그러나 반세기 넘도록 간행되는 와중에 새로운 연구 성과를 반영한 증보판이 재간행되는 까닭에(예를 들어 『마가복음』은 1986년에 간행되었지만, 새로운 저자의 두 권짜리 증보판이 2002년과 2009년에 재간행되었다.) 어찌 보면

의 중인 강의에 적절한 자료는 당연히 아니고, 애초부터 그런 목적으로 고안된 것도 아니지만, 교사에게는 어마어마하게 도움이 많이 되는 것으로 종종 입증된다.

전반적으로 지금까지 나온 것 가운데 영어로 가르치는 강의에 사용할 만한 최상의 번역본은 개정표준판이다. 이는 워낙 가독성이 높아서 「사사기」나 「사무엘」이나 「열왕기」 가운데 어디선가 읽기 시작한 사람이라면 계속 읽다가 결국 끝까지 다 읽을 수도 있을 정도다. 번역가들은 킹 제임스 성서의 아름다움의 일부를 지키려고 노력한 동시에 문체의 차이에 대한 약간의 자각을 보여주려고도 했다. 가장 뚜렷한 사례를 딱 하나만 골라 언급하자면 운문은 운문처럼 인쇄하고 산문은 산문처럼 인쇄한 것을 들 수 있다. 마지막으로 이 번역본은 학술적 양심을 견지하고 있어서 드물게나마 포함된 각주가 중요하다. 성서를 많이 아는 교수라면 경쟁 관계인 번역본과 논란의 여지가 있는 구절에 학생의 관심을 유도할 수도 있고 때때로 원문을 살펴보고 돌아올 수도 있겠지만, 학생들을 위한 텍스트로 이 번역본은 전반적으로 인정할 만하다.(그럼에도 나는 직접 번역한 성서를 인용하는 내 습관을 고수할 것이다.)

영어로 집필된 책을 다른 언어로 번역하는 과정에서 그 번역에 관해 이와 유사한 언급을 덧붙여서 번거롭게 만드는 것은 아무 소용이 없겠지만, 이 작은 책이 혹시나 다른 언어로 간행된다면 방금 이야기한 세 문단만큼은 해당 언어의 성서 번역에 관한 몇 가지 짧은 논의로 대체하는 것이 확실히 적절

2021년 현재도 계속 간행 중인 셈이다.

할 것이다. 성서 독자들은 이 세상에 얼마나 많은 번역본이 있는지 그리고 그중 어떤 번역본을 선택하는지에 따라 얼마나 큰 차이가 생기는지를 늘 잊어버리는 경향이 있다.

48

동양 종교를 가르치는 데 10주를 할애할 수 있다면, 우선 『리그베다(Rigveda)』와 『우파니샤드』와 『마누 법전』에 한 주씩 소비하는 것으로 시작하는 게 나을 것이다. 4주 차는 『법구경』과 붓다의 주요 설법 가운데 일부에 소비할 수 있을 것이다. 이런 내용의 일부를 무삭제판으로 읽음으로써 그 어조와 박자에 대한 느낌을 약간이나마 학생에게 전달하는 것이 중요할 것이다. 나라면 그다음 주에는 『바가바드 기타』를 읽을 것인데, 이것이 시기적으로도 더 나중이며 붓다의 도전에 대한 응답으로 간주될 것이기 때문이다. 그다음 주에 학생들은 대승 불교에 대한 약간의 이해를 얻게 된다. 이를 위해서는 『묘법연화경』이 좋은 선택일 것이다. 여기까지 인도에 여섯 주를 할애한 셈인데, 이는 그 쌍둥이 강의에서 구약성서에 여섯 주를 할애한 것에 비견할 만하다.

다음 주는 우선 『논어』를 공부하고, 어쩌면 적절한 추가 내용을 덧붙일 수 있을 것이다. 그다음 주에는 『도덕경』을 공부하고, 『장자』에서 몇 장을 골라 보충한다. 그다음 주에는 선 불교 텍스트 몇 가지를 공부함으로써, 노자와 장자의 나라에 간 불교가 어떻게 되었는지를 보여줄 것이다. 이 강의의 마지막 주에는 코란의 수라 몇 가지를 다룰 수 있을 것이다.

현대 학자들은 이런 강의가 피상적이 될 가능성이 있고, 차라리 한 가지 종교나 (가능하다면) 한 가지 텍스트를 깊이 있게 연구하는 편이 훨씬 낫다고 느끼는 경향이 있다. 어떤 텍스트를 오랫동안 신중하게 연구하는 것이 바람직하다는 데에는 의심의 여지가 없지만, 제아무리 상상력을 한껏 발휘한다 치더라도 그런 연구가 여기서 개략적으로 설명한 한 학기짜리 또는 두 학기짜리 강의의 대안은 아니다. 여기서 묘사한 독서가 (제대로 가르칠 경우에) 학생들에게 줄 수 있는 이득이란 책 한 권을 면밀히 연구해서 얻을 수 있는 이득과는 전혀 다르기 때문이다.

이를 보여주는 분명한 사례는 옥스퍼드의 '위대한 고전(greats)' 프로그램인데, 옥스퍼드 학부생은 여러 세대에 걸쳐서 플라톤의 『국가』와 아리스토텔레스의 『니코마코스 윤리학』을 모두 그리스어 원문으로 접해왔다. 두 권 모두 어떤 기준에서 보아도 위대하며 자세히 연구할 만한 가치가 있지만, 옥스퍼드 학부생 가운데 그들의 방식으로 이 책들을 읽으면서 조금이라도 문화 충격을 경험한 사람은 극소수에 불과했다. 내가 여기서 열거한 책들 가운데 어느 하나를 한 학기 내내 공부하면서 어떤 학생이 문화 충격을 경험할 가능성 역시 전혀 없어 보인다. 우리의 연구가 더 현미경적일수록 문화 충격이나 삶을 재검토하는 하는 일에서 안전해지기 때문이다.

물론 이러한 교과 과정을 제안하더라도, 이른바 '검토되지 않은 삶'의 만연이 사라지리라는 보장이 되는 것까지는 아니다. 그런 결과는 강의를 가르치는 방식에도 상당 부분 좌우되기 때문이다. 하지만 만약 모든 학생에게 그런 강의를 필수로

정한 명목상의 이유가 학생들로 하여금 믿음과 도덕에 관해 반성하고 가장 중요한 질문 가운데 일부에 대해 비판적으로 생각하게 만드는 것이라고 치면, 상당수의 사례에서 이런 목표가 달성될 수 있으리라는 것도 과도한 기대는 아닐 것이다.

49

이런 강의를 '필수' 과목으로 정한 이후에, 나는 관심 있는 학생들이 그 후속으로 따라올 수 있게끔 몇 가지 텍스트를 깊이 있게 연구하는 몇 가지 강의를 선택 과목으로 제공하고 싶다. 여기서 또다시 한창 유행하는 3류 시와 소설과 철학이 어마어마한 주의를 기울여서 음미되는 경우는 워낙 많은 반면, 역사 상 가장 심오한 텍스트들은 눈길을 받는 경우조차 드물다는 사실은 정말이지 터무니없다. 악화가 양화를 구축한다는 것은 오래된 이야기이지만, 최소한 위대한 텍스트에 관한 훌륭한 가르침이 표준을(즉 학생들이 이보다 더 못한 작품들을 가려내는 데 사용할 표준을) 세울 약간의 기회는 있다. 그 목적을 위해서는 기꺼이 비교를 할 만한 텍스트를 선정하는 것이 최선이다.

　나로선 「창세기」보다 더 나은 선택을 생각할 수가 없다. 나는 이보다 더 위대하고 아름답고 심오하고 영향력 있는 책을 알지 못한다. 현재의 맥락에 어울리는 이런 짧은 언급만으로는 그 풍부함을 암시하려고 시작하기조차 역부족이다. 하지만 고등 교육에서 종교의 위치에 관한 논의를 한다면, 한 학기 동안 성서의 한 권을 연구하는 방식에 관해서 약간의 암시를 하지 않고 넘어가서는 안 될 것이다. 지금부터 내가 설명하고

자 하는 접근법은 성서의 다른 권들에도 적용될 수 있을 것이며, 더 많은 분량을 다루기를 선호하는 교사라면 한 학기 동안 성서의 여러 권들을 공부할 수도 있다. 여기서 중대한 질문은 이렇다. 과연 어떻게 해야 종교심 없는 젊은이들에게 성서를 가르칠 수 있을까?

우선 학생에게 「창세기」의 특징적인 문체에 관한, 특히나 여전히 추종을 불허하는 그 숭고한 경제성에 관한 약간의 이해를 전달하려 해야 한다. 더 이전과 더 이후의 시대 모두에서 장엄함이란 기본적으로 화려한 것이라고 종종 여겨졌다. 이는 마치 장관과 방대한 수사(修辭)를 요구하는 것처럼 보였다. 킹 제임스 성서야말로 딱 그런 사례지만, 그래도 어느 정도까지는 원문에 의해 억제되어 있다. 히브리어 「창세기」는 완전히 다른 취향과 감수성을 상징한다. 이것은 화려하고 찬란하지 않으며, 오히려 돌과 오래된 올리브나무가 드문드문 서 있는 예루살렘 인근의 풍경과 시나이 사막의 꾸밈없는 아름다움을 지니고 있다. 양쪽 지역 모두 과도한 것은 모조리 오래전에 제거되기라도 한 것처럼 여기저기 구멍이 숭숭 나 있다. 실제로 거기서는 풍경 위에 돌들이 여기저기 흩어져 있는 것처럼 보인다기보다는, 오히려 신록이 워낙 드문드문해서 돌투성이 땅을 차마 다 숨기지 못하는 것처럼 보인다. 세상 어느 곳도 이곳보다 더 빛이 투명하고 공기가 깨끗하지는 못하다. 마찬가지로 그 어떤 산문도 그 간결하고 단순한 위엄이란 점에서 「창세기」에 버금가지는 못한다.

붓다의 다분히 의도적으로 반복적인 설교의 느낌은 완전히 다르며, 호메로스의 『일리아스』에서 발견할 수 있는 긴 묘사의 서사시적 즐거움도 (그 방식은 또 다르지만) 마찬가지고, 노자의 특징이라 할 수 있는 역설의 격언조와 짓궂고 변덕스러운 기쁨도 마찬가지다. 불교의 『법구경』과 소포클레스의 경우는 「창세기」의 문체와 그처럼 극단적으로 대조되는 것은 아니지만 그 작품들 역시 다르므로, 「창세기」를 길게 공부할 때는 이런 모든 차이를 추출해서 그 작품의 내용과 연관 지어 보는 것도 풍부한 가치가 있을 것이다.

문체 이야기가 나왔으니, 우리는 특별히 무척이나 많은 운문의 수없이 경이로운 교묘함에서 일부를 추출하려 해야 마땅하다. 예를 들어 신영역 성서에 근거해서는 그렇게 할 수가 없겠지만, 이 번역본도 수많은 부적절한 표현 가운데 일부를 지적하는 데 사용할 수 있다. 어떤 곳에서는 킹 제임스 성서의 구절을 여전히 보유하고 있으므로 두 배로 더 주목할 만하다. 이 번역본은 저 번역본과의 대조를 초래하고, 둘 중에서 더 이전 번역이 불충분함에도 문체와 박자와 아름다움에서 확실한 느낌이 있는 반면, 현대의 번역은 그렇지 않다는 것을 살펴볼 수 있다는 것은 흥미로운 일이다.

몇 가지 번역본에서 같은 구절을 찾아서 나란히 놓고 보면 매우 유익할 수도 있다. 이것이야말로 번역자가 반드시 해결해야 하는 문제가 무엇인지, 그리고 그 문제들의 성격이 얼마나 크게 다른지 학생들에게 보여주는 방법이 될 수 있다. 또한 번역에 항상 의존하는 모두에게 중요한 교훈이 되며, 대부분의 학생들이 비판의 여지가 있음을 깨닫지도 못하는 영역에서 비판적 사고의 시작이 될 수 있다. 이는 문체에 관해서나 훌륭한 산문과 어설픈 산문의 차이에 관해서 뭔가를 배우는 방법이기도 하다.

원문의 교묘함을 발견하는 것이야말로 원문을 읽을 수 있는 사람에게는 당연히 큰 도움이 된다. 원문을 읽을 수 있는 사람이라면 옛날 랍비의 주석과 해석에서도 매력적인 사례들의 보고를 발견할 수 있을 것이다. 랍비의 주해서 상당수는 불신자를 위한 설득을 전혀 담고 있지 않으며, (설령 담고 있다 치더라도) 주해적 독자들이 친숙한 텍스트를 다루는 방식을 살펴보는 것만으로도 뭔가를 얻을 수 있다. 서로 다른 주해를 비교하는 것은 경쟁 관계의 번역본들을 나란히 놓고 보는 것만큼이나 흥미롭다. 때때로 주해자가 어떤 표현에 주의를 환기할 경우, 일단 보고 나면 결코 잊을 수 없게 되는 것도 있다. 독일어를 알지만 히브리어는 모르는 사람이라면, 2000년 동안 축적된 연구에 의존한 베를린의 정통파 랍비 벤노 야코브(Benno Jacob)의 「창세기」 번역과 주석에서 풍부한 사례를 발견하게 될 것이다. 야코브의 저술(1934)은 커다란 판형으로 1000쪽이 넘는다. 영어로는 훨씬 더 간략한 번역본인 『창세기의 요셉 서사(The Joseph Narrative in Genesis)』(1973)가 나와 있는데, 거기에 주석을 단 랍비 에릭 I. 로웬탈(Eric I. Lowenthal)은 벤노 야코브와 다른 선행자들에게 크게 의존하고 있다.

「창세기」의 문체를 이토록 많이 강조할 만한 가치가 있는 까닭은, 그 문체가 다른 모든 문체보다 더 숭고하기 때문이고, 그 문체가 「창세기」에 관한 현대 독자의 견해를 방해하는 경향이 있기 때문이다. 킹 제임스 성서는 매우 장엄하기는 해도 어딘가 동떨어지고 수사적이고 교회다운 문체이다 보니, 우리도 추종을 불허하는 그 직접성과 단순성을 미처 깨닫지 못한

215

다. 따라서 그 글쓰기를 약간이나마 이해하는 것이 그 책에 대한 탁월한 접근법이다.

50

「창세기」는 50개의 짧은 장으로 이루어졌으며 (물론 판본에 따라서 정확한 쪽수는 달라지지만) 대략 60쪽쯤 된다. 이 권은 세계의 창조로 시작되어서(그 내용은 불과 40개도 안 되는 문장으로 설명된다.) 낙원이며 거기서 쫓겨난 아담과 하와의 이야기를 짧게 하고 나서, 카인과 아벨의 시대를 초월한 이야기를 불과 20개도 안 되는 문장으로 서술한다. 그다음 주요 부분에서는 홍수와 노아 이야기를 하고, 바벨탑에 관한 인상적인 이야기는 11장에서 겨우 아홉 절만 차지할 뿐이다. 이처럼 불과 10쪽만으로 인류의 상상력을 그토록 풍부하게 만든 사례가 과연 세상 어디에 또 있을까?

이 권의 나머지 부분은 아브라함, 그의 아들 이삭, 이삭의 아들 야곱, 야곱의 열두 아들과 특히 그중 하나인 요셉의 이야기를 다룬다. 「창세기」는 요셉의 죽음으로 끝난다. 더 이전의 어떤 이야기도 그 순전한 서사의 힘과 지속적인 간결한 암시성이라는 점에서 한 가족을 다룬 이 이야기에 버금갈 만한 것은 없다. 「사무엘」에서 시작되어 「열왕기상」에서 끝나는 사울과 다윗의 더 나중 이야기만큼은 그 흥미진진한 아름다움이라는 면에서 「창세기」에 버금갈 수도 있겠지만 똑같은 신화적 암시력을 지니고 있지는 못하다. 그리스인조차도 이런 것은 창조하지 못했다. 물론 유대인도 호메로스의 서사시와 같은 것을 창조하지 못하기는 마찬가지였다. 우리가 여기 갖고 있는 것은 독특하기 그지없기 때문이다.

야곱은 (예를 들어 아킬레우스나 오디세우스처럼) 기본적으로 그 위업을 계속해서 더 많이 덧붙일 수 있는 유형과는 영 딴판이며, 청년에서 성년을 거쳐 노년까지 발달하는 과정에서 성장하는 개인으로서는 세계 문학을 통틀어 최초다. 하느님과 씨름을 벌인 이후에 그는 이스라엘로 이름을 바꾸었고, 기원전 722년에 아시리아에게 멸망한 북이스라엘 왕국은 영웅인 그의 이름을 따서 국가명으로 삼았다. 「창세기」 25장에서 그의 탄생이 서술되고 49장의 마지막 절에서 그의 죽음이 서술되므로, 이 권의 절반쯤이 그를 다루고 있는 셈이다.

「창세기」를 가르치다 보면, 번역과 주해만이 아니라 작품의 연대를 알아내고 기원을 설명하려는 학술적 시도도 자연스럽게 비교하게 될 것이다. 1800년까지만 해도, 토라 또는 오경(五經)은 (「창세기」를 필두로 하는 모세오경은) 하느님이 모세에게 계시한 것이라고들 일반적으로 믿었다. 하지만 19세기에 이르자 이 권 전체를 어떤 천재가 집필했다는 생각은 모조리 과거의 종교적 견해에 너무 가까운 것으로 여겨졌고, 학자들은 이 권이야말로 어설픈 짜깁기라고 진지하게 주장했다. 그들은 하느님을 '하느님'(엘로힘(Elohim))이라고 부른 절 모두가 한 가지 출처(E)에서 나왔고, 하느님을 '주님'(YHWH. 오늘날은 거의 보편적으로 '야웨'[Yahweh]라고 읽는다.)이라고 부른 절 모두가 또 다른 필자(J)에게서 나왔다고 설명했다. 그러다가 누군가가 사제 저자(P)를 '발견'했고, 이후 점점 더 많은 독일 학생들이 박사 학위를 따기 위해서 지식에 작은 기여를 할 필요를 느낀 나머지, E_1과 E_2와 J_1과 J_2와 P_1과 P_2를 덧붙이면서 한 절 또는 반절은 (예를 들어) E_1에서 또는 P_2에서 나왔다고 봐야 할지에 관해 논증했다. 19세기 말부터 상당히 최근까지도, 이와 같은 종류의 일이 사실상 모세오경에 관한 논의에서 학술적 존경을 위한 선행 조건이나 다름없었다. 이런 오려 붙이기 이론을 주장하는 사람들이 믿는 바에 따르면, 어리석은 편집자가 서로 다른 출처에서 이런저런 내용을 조금씩 오려다가 이어 붙인 결과로 그런 유례 없이 뛰어난 책이 나왔다는 것이다. 이는 이른바 여분과 모순이라고 주장되는 부분을 설명해준다고 간주되었다. 하지만 여러 출처에서 일부 내용만 오려내고 나머지는 버릴 만큼 충분히 불손한 편집자가 그토록 많은 모순과 여분이라고 주장되는 부분을 남겨놓으려면, 그는 기묘하게 무능한 것이 틀림없다는 사실을 인식한 사람은 없었다. 「창세기」가 진짜로 무능력자의 작품처럼 보이는지를 물어본 사람도 없었다. 여러 세대에 걸친 현학적 현미경주의자들이 이보다 더 크게 스스로를 웃음거리로 만든 경우는 드물 지경이다.

그 책의 저자가 한 가지 이상의 구전 전통에 의존했다는 사실은 또 다른 문제다. 때때로 그는 서로 다른 버전의 이야기를 한데 집어넣으려 시도했으며, 그것도 완숙한 솜씨를 드러내면서 그렇게 했다. 여기서 우스꽝스러운 점은 과거의 모세 저자(Mosaic) 이론을 모자이크(mosaic) 이론으로 대체하려는 시도였다. 마치 모든 절과 반절을 이런저런 기록 출처에서 비롯된 것으로 설명할 수 있다는 듯 말이다.

고대의 모세 저자 이론에 대한 또 한 가지 과대 반응을 보면, 일부 학자들은 고대 이집트와 (다른 무엇보다도) 메소포타미아의 찬가와 전설의 발견으로 인해「창세기」는 모방자의 작품이라는 사실이 입증되었다고 주장했고, 이후 곳곳에서 이런 주장이 잇달았다. 이런 사례들은 지적 유행이 얼마나 기괴해질 수 있는지를 보여주는 동시에, 그럼에도 그런 학자들이 때때로 여러 세대 동안이나 대학을 지배하는 것을 막을 수 없음을 보여주는 셈이다. 이런 경우에 이들은 기묘한 이중 기준을 종종 채택하게 마련이다. 더 이전 시대에만 해도 성서는 다른 모든 책들과 완전히 다르다고 간주되어왔다. 그런데 이제는 또다시 완전히 다른 기준에 의거해서 성서를 판정한다. 과연 누가 감히 소포클레스를 모방자라고 부르거나 그의 작품인『안티고네』의 줄거리에 나타난 모순을 설명하기 위해서 그 희곡이 최소한 세 명의 다른 저자의 작품이라고 주장할 것인가? 사실「창세기」에 나오는 주제와 유사한 주제들을 다룬 더 이전 버전들과의 비교란, 예를 들어 소포클레스의 줄거리를 같은 신화의 더 이전 변주와 비교하는 것만큼이나 매우 계몽적일 수 있다. 어떤 작품에서 남다른 부분을 찾아내기 위해서라면 이보다 더 나은 방법이 없다.

51

읽기의 기술에 관해서 이야기할 때 나는 일부 텍스트의 철학적 차원에 관한 개념을 소개했다.「창세기」에 나오는 '세계와 인간의 창조'에 관한 짧은 설명은 분명히 그런 차원을 갖고 있다. 단지 원문의 문체와 시적 정취에 대해서만 어느 정도의 이해를 발전시킨 독자라면 풍부하게 보상받을 테지만, 정작 그런 절들이 어떤 내용을 말하는지는 상당 부분 놓치게 될 것이다. 또다시 나는 오로지 고도로 도식적인 제안이긴 하지만, 여하간 한 강의에서 어느 정도 상세하게 탐구하려 할 수도 있는 주제들을 제안할 것이다.

성서의 서술의 아름다움을 만끽했으니, 이를 같은 주제를 다룬 다른 버전들과 비교하는 것으로 나아갈 수도 있다. 여기서 말하는 다른 버전들은 예를 들어 제임스 프리처드(James Pritchard)가 편찬한 『구약성서 관련 고대 근동 텍스트(*Ancient Near Eastern Texts Relating to the Old Testament*)』에서 찾아볼 수 있다. 이런 버전들은 그 문체와 내용과 함의에서 성서와 어떻게 다른가? 세계에 관한, 세계 속에서 인간의 위치에 관한, 하느님에 관한, 하느님과 인간에 관한 그 개념은 과연 어떤 방식으로 남다른가?

다음으로 근동 이외의 지역에서 발견되는 평행 또는 경쟁 버전들을 다룰 수도 있다. 「창세기」에 나오는 세계와 인간의 창조를, 예를 들어 『리그베다』나 플라톤의 『티마이오스』에 나오는 창조에 관한 서술과 대조해야 할 것이다. 또한 최초의 인간의 서로 다른 부분에서 나머지 인간이 만들어진 방식에 근거해서 카스트 제도를 도출했던 고대 인도의 시도, 또는 사람에 따라서 혈액 속에 금이나 은이나 더 저급한 금속이 함유되어 있다던 플라톤의 『국가』에 나오는 신화도 고려해야 한다.

곧이어 성서의 신화의 영향력을 연구할 수도 있을 것이다. 인간이 최초의 한 쌍의 후손이라는 개념은 급기야 모든 인간이 형제라는 개념으로 귀결되었다. 그리고 인간이 하느님의 형상을 따라 만들어졌고, 하느님이 자신의 영(靈)을 인간에게 불어넣었다는 이야기는 (단지 왕이나 사제만이 아니라) 모든 인간이 다른 동물보다 하느님과 더 유사하다는 개념으로 귀결되었다. 우리 감각의 풍부한 증거로서 우리를 엄습하는 것들과는 단연코 모순되지만, 인간은 자연 속의 한 점에 불과한 것이 결코 아니며 본질적으로 자연과는 단절되어 있고 훨씬 더 중요하다고 주장되었다. 이런 자부심은(만약 자부심이 맞다면) 인도에서보다 오히려 서양에서 더 만연했는데, 정작 고대 미술에서 (그리고 뒤러 이전의 서양 미술에서) 풍경화를 단 한 점도 찾아볼 수 없다는 것은 참으로 충격적인(하지만 잘 인식되지 못하는) 사실이다. 프랑스 남부와 스페인 북부의 동굴 벽화에서는 동물에 대한 웅장한 감정이 나타나는데, 이는 동물에 대한 관심이 과연 사냥꾼의 성공 욕망에 의해서 촉진된 것인지 여부와는 무관하다. 하지만 예술에서 자연에 대해 그와 비교할 만한 감정은 찾아볼 수 없다. 오로지 「창세기」만이 놀라우리만치 인간 중심적인 견해를 우리에게 남겨주었다는 뜻은 물론 결코 아니다. 「창세기」에서 두드러지는 점은 모든 인간이 형제이며 신성한 존엄성을 갖고 있다는 함의였다.

　로마의 회화에 들어 있는 자연의 요소들은(예를 들어 먹을 수 있는 과일들의 장식적인 정물화 같은 것들은) 이런 주장과 모순되지 않는데, 이는 레오나르도 다빈치의 초상화 가운데 일부의 배경에 등장하는 작은 나무와 산이 이런 주장과 모순되지 않는 것과도 매한가지다. 이탈리아 르네상스에서 풍경은 전적으로 중요한 것처럼 보였던(오늘날에는 그 그림을 제외하면 아무도 누구인지를 기억하지 못하는) 사람들 뒤에 있는 기껏해야 작은 장식적 배경에 불과했다. 실제로 레오나르도는 (동시대인 뒤러와 마찬가지로) 자연의 형태와 풍경에 약간의 관심을 가졌으며, 1500년경에 몇몇 스케치에서 탁월한 기술로 그 모습을 묘사하는 데에 성공했다. 하지만 인간이 극도로 작아지거나 심지어 아예 눈에 띄지도 않게 되는 방대한 자연 세계에 관한 개념이란 레오나르도에게 영 낯설기만 했고, 시스티나 예배당의 천장에 천지창조를 그리던 미켈란젤로에게도 영 낯설기만 했다.

고대 중국에서는 창조 신화를 전혀 찾아볼 수가 없는데, 프리츠 모트(Fritz Mote)는 『중국의 지적 기반(*Intellectual Foundations of China*)』(1971)에서 이것이야말로 중국인의 사고에서 가장 남다른 특징이라고 주장했다. 설령 그렇다 치더라도, 우리가 풍경화를 처음 마주한 곳은 바로 중국이었으며 서기 1000년경에 제작된 송 왕조의 거대한 두루마리에서는 자연이 크게 묘사된 반면 인간은 워낙 작게 묘사되어 한참이 걸려서야 어디 있는지 찾아낼 정도였다. 이런 유형의 최상의 작품 속에서 우리는 「창세기」와의 비교를 야기하는 경제성을 발견한다. 하지만 중국과 이스라엘에서의 드문드문함과 단순성은 전혀 다른 감성을 전달한다.

이제 우리는 서양 과학과 「창세기」 1~2장의 세계관을 대조할 준비가 되었다. 코페르니쿠스 이후인 16세기에 가서야 피터르 브뤼헐 1세(Pieter Bruegel the Elder)는 때때로 인간을 풍경에 위치시키게 되었다. 이때의 풍경은 단지 배경으로만 간주될 수는 없음이 분명했다. 뒤러는 그보다 좀 더 일찍 순수한 풍경 수채화를 그렸고, 더 나중에는 렘브란트와 라위스달(Jacob van Ruysdael)도 좀 더 커다란 규모의 유화로 풍경화를 그렸다. 하지만 전반적으로 서양 미술에서는 인간이 크게 나타났으며, 이런 점에서 현대 과학보다는 「창세기」에 더 가까웠다. 현대 과학이 서양에서 발전했지만, 그 내용은 「창세기」보다는 오히려 여러 세계에 관한 불교의 사변과 여러 면에서 더 가까웠다.

마지막으로 「창세기」의 천지창조와 20세기의 서양에서 혼란에 빠진 상식을 비교해야 마땅하다. 이 상식은 상당 부분 「창세기」와 현대 과학의 산물이지만 모순으로 뒤범벅되는 경향이 있다. 따라서 그중 몇 가지를 정리하고 난 다음에야 선악의 지식을 알게 하는 나무, 낙원에서의 추방, 카인과 아벨에 관한 이야기들로 넘어갈 수도 있다.

52

이런 이야기들 각각은 유사한 절들과 함께 연구될 수 있을 것이다. 일부는 성서의 이야기 하나를 더 나중에 나온 똑같은 주제의 문학적 각색과 대조함으로써 추가적인 차원을 얻을 수도 있다. 때로는 교사가 그 이야기들로부터 영감을 얻은 회화의 슬라이드 몇 점을 보여주고, 그 그림을 단순한 삽화로서가 아니라 오히려 해석이나 변형이나 발전으로 간주함으로써 훨씬 더 많은 것을 더해줄 수 있다. 때때로 음악 작품도 함께 논의될 수 있다.

마지막으로 한 가지 사례를 들면서 「창세기」에 관한 논의를 마무리하겠다. 히브리어로 '아케다(Akedah)'라고 하는 것인데, 바로 「창세기」 22장의 처음 열아홉 절에 나오는 이야기를 가리키는 이름이다. 또다시 라틴어 격언을 인용하자면

multum in parvo, 즉 '좁은 공간에 많은 것이 들어 있다'는 말조차도 과소평가다. 이 인상적인 이야기는 짧은 문장 몇 개를 통해 이야기되는데, 그 간결한 교묘함이 정말 놀라울 정도다.

이 이야기는 그 자체로도 완결성을 갖지만, 실제로는 이전 여러 장을 배경으로 삼은 상태에서 읽도록 의도되었음이 분명하다. 「창세기」 12장이 이와 연관되어 있는데, 거기서 하느님은 아브라함에게 고향을 떠나 "내가 너에게 보여줄 땅으로 가라."고, "그러면 내가 너를 큰 민족으로 만들겠다."고 말한다. 이 약속은 여러 가지 방식으로 반복되는데, 아마도 가장 통렬한 사례는 15장에서 아브라함이 하느님에게 이렇게 묻는 장면일 것이다. "당신께서 저에게 무엇을 주시겠습니까? 저는 자식이 없으며, 제 집의 상속자는 다마스쿠스의 엘리에제르임을 아시지 않습니까?" 하느님은 그의 상속자가 엘리에제르는 아니라고 말한다. 오히려 그의 후손이 상속자가 될 것이었다. "하늘을 보고, 혹시 셀 수만 있다면 거기 있는 별의 숫자를 세어보아라. 곧이어 하느님이 그에게 말씀하셨다. 너의 후손도 그렇게 될 것이다." 하지만 아브라함과 아내 사라는 여전히 자녀가 없어서, 사라는 급기야 남편에게 재촉해서 자기 하녀 하갈과의 사이에서 아이를 낳게 했다. 하갈과 그 아들 이스마엘의 이야기는 다른 이야기에 산재되어 있다. 하느님은 사라도 아들을 낳을 것이라고 아브라함에게 단언했다. "그리고 너는 그의 이름을 이삭이라고 지으라. 그러면 내가 그와 언약을 맺을 것인데, 그것은 영원한 언약이 될 것이고, 그의 이후에는 그의 후손과 언약을 맺을 것이다." 그다음 장인 18장에서 사라가 아들을 낳을 것이라는 약속이 반복되고 나서야, 하느님은 소돔과 고모라에 사는 사람들이 매우 사악하다는 이유로 두 도시를 파괴하려는 의향을 아브라함에게 밝힌다. 아브라함은 악인 때문에 선인까지 제거해서는 안 된다고 하느님을 설득하고, 만약 소돔에 버젓한 사람 50명이 있으면 그 도시를 살려 두겠다는 하느님의 약속을 얻어낸다. "그러자 아브라함이 이렇게 대답했다. 보소서, 흙과 재에 불과한 제가 감히 주께 말씀드리나이다. 어쩌면 올바른 사람이 50명에서 다섯 명 부족할 수도 있습니다. 그렇다면 주께서는 그 다섯 명이 부족한 것 때문에 그 도시를 파괴하시겠습니까?" 이 설득이 계속된 끝에, 하느님은 올바른 사람이 딱 열 명만 있어도 소돔을 파괴하지 않겠다고 약속한다. 이 이야기 역시 '아케다'와 관련이 있는데, 왜냐하면 이 이야기는 「창세기」의 아브라함이 키르케고르의 『두려움과 떨림』에 묘사된 아브라함과는 어떻게 다른지를 보여주기 때문이다. 그 책에서 키르케고르는 「창세기」 22장에 대한 자신의 숙고를 제시하여 큰 영향력을 발휘했다.

'아케다'에 선행하는 이 몇몇 장에는 더 많은 것이 들어 있다. 22장에 가서 이를 향상하는 맥락이 나타난다고 말하기 위해 지나가듯 언급되는 대신, 그 여러 장 각각이 관심의 중심이 될 수도 있을 정도다. 물론 「창세기」에 한 학기를 통째로 바치는 교사라면 분명 어느 한 장을 그 책 전체의 초점으로 만들고 싶어 하지는 않을 것인데, 자칫 그러다가는 크게 오도할 위험이 있기 때문이다. 하지만 현재의 맥락에서 그 배경을 완성하기 위해서는 딱 한 번 더 타격이 필요하다. 21장에서 사라는 남편을 설득해서 하갈과 이스마엘을 내쫓게 하고, 이에 아브라함은 "자기 아들 때문에" 슬퍼했다. "하지만 하느님은 그에게 말씀하셨다. 그 아이 때문에, 그리고 너의 여자 노예 때문에 슬퍼하지 말아라. 사라가 너에게 한 말에 관해서는 사라의 말을 들어라. 왜냐하면 이삭에게서라야 너의 후손이라 일컬어질 것이기 때문이다. 또한 여자 노예의 아들에게서도 나는 한 민족을 만들 것이니, 그 역시 너의 후손이기 때문이다." 이 모두가 22장 시작 부분의 통렬함을 더해준다.

"이런 일들이 있은 후에 하느님이 아브라함을 시험하여 이렇게 말씀하셨다. 아브라함. 그러자 그가 대답했다. 예. 그러자 하느님이 말씀하셨다. 네가 사랑하는 하나뿐인 아들 이삭을 데리고 모리아 땅으로 가서, 거기서 내가 너에게 보여줄 언덕 가운데 한 곳에서 그 아이를 불에 태우는 제사의 제물로 바쳐라. 그러자 아브라함은 아침 일찍 일어나 나귀에 안장을 얹고, 청년 두 명과 아들 이삭과 함께 불에 태우는 제사에 쓸 장작을 쪼갠 다음, 출발해서 하느님이 말씀하시는 장소로 갔다. 셋째 날에 아브라함이 고개를 들어 보았더니 멀리 떨어진 어떤 장소가 보였다. 그러자 아브라함은 청년들에게 말했다. 나귀를 데리고 여기 있어라. 나와 아이는 저기에 가서 예배를 드리고 다시 너희 있는 곳으로 오마. 아브라함은 불에 태우는 제사에 쓸 장작을 내려서 아들에게 짊어지게 했다. 그러고는 한 손에 불을 들고, 또 한 손에 칼을 들었다. 그렇게 두 사람은 함께 떠났다."

아브라함의 감정에 대해서는 한마디도 이야기되지 않는다. 군이 그걸 말할 필요가 없으니, 앞의 장들에서 서술된 "일들이 있은 후에", 감정이 있는 독자라면 누구나 아브라함이 무엇을 느끼는지를 "알기"(또는 오히려 스스로 느끼기) 때문이다.

간결함은 긴장을 만들어내고, 여기서 도입된 주제는 「창세기」의 나머지 내내 반향하고, 다윗 이야기나 복음서에서도 차용되며, 급기야 서로 다른 방식으로 유대인과 기독교인의 경험에서 핵심이 되었다.

여기 나오는 아버지의 아들을 향한 사랑은 다른 아버지들의 이야기들에서도 여전히 중심으로 남으며, 요셉과 베냐민을 향한 야곱의 감정에서 극치에 도달한다. 「사무엘하」에서 우리는 이 주제와 다시 만나는데, 아버지에게 반역한 아들을 향한 다윗의 울부짖음은 여전히 잊을 수 없는 내용으로 남아 있다.(물론 여러 세대 동안 대부분의 학생들이 모르고 있었던 이런 이야기들을 익히 아는 사람의 경우에만 해당하는 말이다.) "내 아들 압살롬, 내 아들, 내 아들아!"(18장 33절. 히브리어 성서로는 19장 1절)

야곱과 다윗은 히브리어 성서에서 가장 사랑스럽고도 가장 길게 묘사된 인물들이며, 양쪽 모두 각자의 자녀에 대한 강렬한 사랑으로부터 깊은 고통을 겪는 것으로 드러나는 사람이다. 고대 인도나 그리스나 중국 문학 어디에도 이들의 이야기에 비견할 만한 것은 없다. 이것이야말로 남다르게 유대적인 주제이며, 「창세기」의 아브라함의 이야기에서 처음 도입되었다. 다윗의 감수성은 아브라함과 이삭과 야곱의 이야기에 의해서 형성된 것일 수도 있다. 분명히 유대인 아버지들의 감정은 이런 이야기들이나 다윗의 이야기로부터 여러 세기에 걸쳐 영향을 받았을 것이다. 거듭, 또 거듭, 삶은 문학을 모방하는 셈이다.

「창세기」에서 우리는 딸에 대해서 이에 비견할 만한 감정을 전혀 찾아볼 수 없다. 심지어 34장에 나오는 야곱의 딸 디

나의 이야기도 사정은 마찬가지다. 다만 「사사기」 11장에서 입다가 자기 딸을 희생 제물로 바친 이야기가 '아케다'에 근접하므로, 양쪽을 비교해야 할 것이다.

「요한복음」(3장 16절)에서 "하느님이 이 세상을 무척이나 사랑하셔서 그 유일한 아들을 주셨으니"라는 기독교인의 발상은 분명히 「창세기」 22장을 상기시킨다. 자녀를 죽여서 그 고기를 바치면서 과연 신들이 이 제물과 평소의 제물의 차이를 깨닫는지 알아보려 했다는 탄탈로스의 이야기를 할 때, 그리스인은 이것이야말로 탄탈로스의 입장에서는 신들에게 희생을 바치는 것일 수도 있다는 생각을 미처 떠올리지 못했다. 라이오스가 갓 낳은 자기 아들 오이디푸스를 죽게 내버리라고 명령했을 때도 그리스인은 아버지가 고통을 겪게 되리라고 믿기는커녕 오히려 그 모든 문제를 깡그리 잊어버렸으리라 가정했다. 그 어떤 희생도 자신의 하나뿐인 아들을 내놓는 것보다 더 크지 않다는 개념은 「창세기」에서 비롯되었으며, 다윗의 울부짖음을 통해서 다시 한 번 울려 퍼졌다.

심지어 자신을 희생시키는 데에 사용될 장작을 짊어진 이삭의 이미지도 복음서에서 차용되어서 예수는 자기가 달릴 십자가를 운반했다고 서술된다. 하지만 정작 「창세기」에서 그 이야기는 누군가의 아들의 희생이 궁극적인 헌신의 증표로서 필요하거나 용인된다는 개념을 하느님이 거부함으로써 마무리된다.

첫 자녀의 희생이야말로 그 지역에서는 고대의 관습이었으며 본인의 자녀에게만 해당하는 것도 아니었다. 「창세기」에서 이 고대의 의례는 사실상 재해석된 셈이었다. 첫아들의 희생이 거기에서는 "네가 사랑하는 하나뿐인 아들 이삭"의 희생으로 변한 것이다. 여기서는 그가 첫 자녀라는 사실 대신에 (서자인 이스마엘도 있으므로 어떤 면에서는 첫 자녀도 아니다.) 오히려 아들을 향한 아버지의 깊은 사랑이 무엇보다 강조되었다. 곧이어 하느님은 희생 제사를 금지하고, 아브라함에게 대신 양을 희생시키라고 명령한다.

이 이야기만 뚝 떼어놓고 보면, 이 희생 제사가 오로지 이 특별한 사례에서만 금지된 모양이라고 가정할 수도 있을 것이다. 하지만 모세와 예언자들은 이 관습을 극도로 혐오스러운 이교도의 의례로 낙인찍었다. 따라서 신약성서에서 이 의례가 구원의 필요 불가결한 조건으로 다시 등장했다는 점은 두 배로 주목할 만하다. 「요한복음」 3장 16절에 나오듯이, "누구든지 그를 믿으면 멸망하지 않고 영원한 생명을" 얻게 하려고 하느님이 "그 유일한 아들을" 희생시키면서까지 인간을 향한 당신의 사랑을 보여주었다는 사실을 믿는 것을 거부하는 사람은 구원받을 수 없었다.

"우리의 근심을 지니고, 우리의 슬픔을 운반하는" 저 "경멸받고 거부당하는" 사람에 관한 이사야의 매우 영향력 있는 묘사를 읽으면서, 문득 자기 아버지 옆에서 걷는 이삭을 떠올릴 수도 있다. 최소한 우리가 신약성서에 인용된 "그는 어린 양처럼 도살되기 위해 데려온 것이다."(53장 7절)라는 구절을 읽을 때는 말이다. 하지만 이사야는 같은 절에서 두 번이나 그가 입을 열지 않았다고 말한 반면, 「창세기」의 저자는 아브라함과 함께 걸어가던 이삭이 직접 말하게 만든다.

19세기 중반에 H. 슈타인탈(H. Steinthal)은(그는 모리츠 라차루스(Moritz Lazarus)와 함께 '민족심리학(Völkerpsychologie)'을 공동 창시한 인물이다.) 성서의 서사 기술에 관한 통찰력 있는 에세이에서 이렇게 말했다. 그 이야기가 끝난 부분부터 다시 시작해서, 아브라함과 이삭이 나누기에 어울릴 만한 대화를 창작하기 위해 역사상 가장 위대한 작가들이 서로 경쟁을 벌이는 대회를 상상해보면 결실이 많으리라는 것이다. 슈타인탈은 누구도 「창세기」를 능가할 수는 없을 것이라고 제법 그럴듯하게 주장했다. 에우리피데스조차도 『아울리스의 이피게네이아』에서 이와 유사한 주제를 다루었으나 차마 능가하지는 못했다고 단언할 수 있다. 「창세기」에 나온 해결책을 추종불허로 만든 요소는 역시 간결함이며, 덕분에 감상벽에서 벗어날 수 있었던 것이다.

"그리하여 그들 두 사람은 함께 걸어갔다. 이삭이 아버지 아브라함에게 말했다. 아버지. 그러자 아브라함이 대답했다. 그래, 아들아. 그러자 이삭이 말했다. 불과 나무는 여기 있습니다만, 불에 태우는 제사에 쓸 새끼 양은 어디 있나요? 그러자 아브라함이 말했다. 불에 태우는 제사에 쓸 새끼 양은 하느님께서 직접 마련해주실 것이다, 내 아들아. 그리하여 그들 두 사람은 함께 걸어갔다."

세계 문학에서 이 몇 행의 비애감에 버금갈 만한 대화는 극소수일 것이다. 또한 그 경제성에 버금갈 만한 대화는 전무할 것이다. 여기 나오는 단어 거의 모두가 어마어마한 무게를 지니고 있지만, 정작 대단하거나 멋진 단어는 없다.

"그리하여 그들은 하느님께서 말씀하신 장소에 도착했고, 아브라함이 그곳에 제단을 짓고, 장작을 펼쳐놓은 다음, 자기

아들 이삭을 묶어서 제단의 장작 위에 눕혔다. 그리고 아브라함은 자기 아들을 죽이려고 한 손을 뻗어 칼을 붙잡았다. 그러자 주님의 천사가 하늘에서 그를 부르며 말했다. 아브라함! 아브라함! 그러자 그가 말했다. 예. 그러자 천사가 말했다. 아이에게 네 손을 대지도 말고, 아이에게 아무 짓도 하지 말아라.”

'아케다(Akedah)'는 히브리어로 '묶는다'는 뜻이며, 이 이야기 전체를 가리키는 이름이기도 하다. 여기서 이 이야기의 나머지를 계속할 필요는 없다. 나는 단지 그 차원에 대해서, 그리고 「창세기」에 관한 강의에서 할 수 있는 일에 대해서 약간의 이해를 주려고 했을 따름이다. 또한 다음과 같은 사실을 지적할 필요가 있을 것이다. 유대교의 전통에 따르면 아케다가 있었던 장소인 바위 위에 더 나중인 기원전 10세기 초에 솔로몬 왕이 첫 번째 성전을 지었다. 이 바위는 지금도 예루살렘의 바위 돔 안에서 실제로 볼 수 있다.

여기서 이 장소와 예루살렘이 전반적으로 유대인, 기독교인, 무슬림에게 지니는 의미에 대한 약간의 토론으로 손쉽게 나아갈 수 있으며, 이 과정에서 경전에 나오는 텍스트와 성지의 관계에 각별히 집중할 수 있다. 경전은 정의상 단순한 문헌이 아니라 한 종교의 권위 있는 요소다. 경전을 가르칠 때 그 텍스트나 해석에 대한 권위를 주장하지는 않지만, 그 영향력과 여러 세대의 신자들에게 지니는 의미의 차원을 무시해서는 안 된다.

이와 동시에 유물로만(독자가 공유하지 않는, 어쩌면 독자가 크게 좋아하지 않는 종교의 일부로서) 읽히지 않도록 텍스트를 구출해야 한다. 비록 모든 텍스트에 대해 이렇게 할 수는 없다 치더라도, '지금' 불신자인 독자의 경험에 어떤 텍스트가 어떻게 영향을 줄 수 있는지를 보여주려고 때때로 시도해야 마땅하다. 이런 발상은 문화 충격의 회피와는 크게 동떨어진 것이다. 즉 문화 충격을 회피하기는커녕, 그 내용이 현대 독자의 뇌리에도 새겨질 수 있음을 입증함으로써, 그 텍스트가 제기하는 도전을 고조시키는 것이다.

아케다는 내가 쓴 시 가운데 몇 편에서도(하나같이 매우 짧은 시인데) 여러 가지 방식으로 반복되는 주제이기에, 내가 「창세기」에 관한 강의를 한다면 서슴없이 그 시들을 읽어줌으로써, 한 독자가 똑같은 이야기로 돌아감으로써 그 이야기를 다양한 맥락에서 경험할 수 있음을 보여줄 것이다. 예를 들어 무슬림 국가에서 아케다를 만난 것도 거기 포함될 것이다. 여러 사람이 쓴 짧은 시를 살펴봄으로써 이 텍스트와 다른 텍스트에 추가적인 시각을 제공하는 것은 일리가 있을 것이다.

이스라엘의 베트알파 소재 회당에 있는 아케다에 관한 고대 유대교의 모자이크를 더 후대의 기독교 모자이크와 비교하는 것도 유익할 것이다. 이 이야기는 중세 히브리어 성서와 기도서에서 삽화로 제작되었으며, 초기 기독교인은 물감과 유리와 상아로 이 이야기를 다루었다. 기베르티, 도나텔로, 안드레아 델 사르토, 소도마, 티치아노, 카라바조, 과르디, 티에폴로 같은 이탈리아의 주요 화가들도 이 주제를 차용했다. 피렌체의 세례당에 있는 기베르티의 청동 문 한 쌍은 세계적으로 유명하다. 그중 먼저 완성된 하나는 신약성서에서 가져온 장면들로 장식되어 있고, 두 번째 문은 구약성서의 주제들을 보여주며 '낙원의 문'이라는 별명으로 통한다.(이 별명은 미켈란젤로가 처음으로 기베르티의 예술성에 바친 찬사였다.) 이 의뢰를 따내려고 경쟁하던 미술가 일곱 명이 각자 아케다 청동상을 필수로 만들어야 했다는 사실은 오히려 덜 알려진 편이다. 결국 우승한 기베르티의 작품과 차점자인 (훗날 피렌체 성당의 유명한 돔을 만든) 브루넬레스키의 작품은 오늘날 피렌체 소재 바르젤로 국립미술관에서 찾아볼 수 있다. 렘브란트는 동판화 한 점과 유명한 회화 한 점에서 이 이야기를 다루었다. 우리 시대에는 이고르 스트라빈스키가 히브리어 텍스트를 이용해서 바리톤과 실내악 오케스트라를 위한 「아케다트 이츠하크(Akedat Yizhak)」를 작곡했다.

53

학자라면 (더 앞에서는 아니더라도) 바로 이 대목에서 십중팔구 질문을 던질 것이다. 이런 종류의 강의는 무엇이든 존중해야 하는가라는 질문이다. 그는 어쩌면 이렇게 느낄 수도 있다. 종교는 논외로 하더라도, 다른 학과에서도 충분히 다룰 만한 내용을 여기서 전부 다루면 너무 심하지 않느냐고 말이다. 하지만 사실 종교란 문학, 미술, 음악, 철학, 역사를 선점한 다른 학과들에서 덤으로 연구될 수 있는 뭔가가 아니다. 고등 교육에서 종교의 위치는 다른 무엇보다도 학과 경계의 인위성을 상기시킨다.

학자라면 타당하게도 이렇게 반응할 수도 있다. 과거에만 해도 종교는 실제로 사람들의 삶에, 특히 미술과 문학과 철학과 음악과 (아, 안타깝게도, 예를 들어 십자군 시대에는) 역사에까지 침투해 있었지만, (과학뿐만 아니라) 학문의 발전 덕분에 종교에 대해서만이 아니라 다른 주제들에 대해서도 경계를 설정하는 데 성공을 거두게 되었다. 학자라면 이렇게 말할 수도 있다. 진보를 이루기 위해서 이미 어느 정도의 능력을 획득한 한 가지 분야를 반드시 고수해야 한다. 그 외의 나머지는 아마추어적이고 학생들에게 나쁜 사례가 될 가능성이 있다.

이런 주장들은 절반의 진실일 뿐이며, 이 모두에서 옳은 것이 무엇인지를 파악하는 것이 중요하다. 「창세기」를 가르치는 일이 과연 우리를 어디에 남겨둘 것인가? 불교를 가르치는 일이라면? 불교는 단지 문학이 아니라, 캄보디아에 있는 앙코르 톰 유적과 자바에 있는 보로부두르 사원이기도 하다. 태국의 청동상과 일본의 목상이기도 하고, 양곤의 쉐다곤 탑의 커다란 단지에 있는 도금 불상에 물을 붓는 사람들이기도 하고, 만달레이의 손금쟁이이기도 하다. 아소카 왕과 아잔타 석굴일 뿐만 아니라, 선(禪)과 검술이기도 하다. 종교가 주로 신학이라는 개념은 어떤 경우이든 인간에 대한 배신일 뿐이다. 종교는 그보다 훨씬 더 중요하므로 신학자에게만 남겨둘 수가 없다.

우리는 어떤 유행을 좇아 종교 텍스트를(「창세기」는 단지 한 가지 사례일 뿐이다.) 여러 번 읽어서 그 내용을 잘 알게 되고, 그 내용에 관한 시험에 통과할 준비를 하고 나서도 여전히 그 의미에 대해서는 전혀 이해를 못할 수도 있다. 이를 이해하려면 다른 텍스트와(여기에는 서로 다른 문화에서 작성된 일부 텍스트도 포함된다.) 반드시 비교해야 하고, 예술과 문학에 미친 영향력 가운데 최소한 일부를(우선 히브리어 성서의 뒷부분과 복음서부터 시작해서 미켈란젤로의 해석을 포함해서) 반드시 추적해야 한다. 그 모두를 하는 일은 절대 쉽지 않고, 실제로는 제대로 하지 못할 수 있다. 너무 많은 가르침도 좋지 않기는 마찬가지이며, 어떤 주제를 서투르게 배울지도 모른다고 해서 그것을 아예 가르쳐서는 안 된다는 근거가 되지 않는다.

종교는 고등 교육의 수준에서 잘 가르쳐야 마땅하며, 그러기 위해서는 교육이 학제 간 방법으로 이루어져야 한다. 이는 고등 교육에 대한 전반적인 핵심을 제기하며, 이에 대해서는 어느 정도 길게 고려할 필요가 있다. 학제 간의 접근은 위험하지만, 사랑을 비롯해서 우리 삶에서 가장 가치 있는 모든 것이 위험하기는 마찬가지다.

5장
선견은 가르칠 수 있다.
하지만……

54

맹목(盲目)은 가르칠 수 있으며, 실제로도 여러 세기 동안 그렇게 가르쳐왔다. 교육의 상당 부분은 항상 주입이었다. 학생들은 무엇을 믿어야 할지 가르침을 받았고, 불편한 사실이나 대안이나 심지어 자기 자신의 믿음조차도 바라보지 말라는 권고를 받았다. 경건은 내부에, 즉 어둠 속에 머무르며 우리가 들은 이야기를 믿는 것으로 이루어져 있었다. 우리가 혼자 힘으로 바라보려는 것은, 또는 잘 보이는 곳까지 충분히 뒤로 물러섰을 때 우리의 믿음이 과연 어떤 모습인지를 알아보려고 밖으로 나가는 것은 곧 불경이었다.

투박한 표현을 즐겼던 루터는 반드시 눈을 이성에서 떼어내야 한다고 주장했다. 그렇지 않고서는 결코 하늘 왕국에 들어갈 수 없을 거라고 했다. 루터에 버금가게 독단적인 사람들조차 자신이 맹목을 미덕으로 만들고 있음을 그 정도로 공개적으로 말한 적은 없었다. 대신에 그들은 이성이 얼마나 중요한지 강조하고자 했다. 즉 믿음의 시녀로서 중요하다는 것이었다. 이런 점에서 마르크스주의는 루터보다 오히려 로마가톨릭에 더 가깝다.

이런 고려는 단지 종교에만, 그리고 대안 종교로서 수백만 명이 포용한 이데올로기에만 적용되는 것은 아니다. 이는 모든 현학주의에 어느 정도까지 적용된다. 이때 그 학파의 합의는 종교적이거나 정치적인 믿음을 대신한다. 여기서 우리는 루터의 금언에서 아주 멀어진다. 즉 전형적인 현대의 현학자는 워낙 맹목적이기 때문에 (루터와는 달리) 자기가 무엇을 하고 있는지도 제대로 바라보지 못한다. 그는 의문을 제기하지도 않았고, 보기를 거부하지도 않았던 신성불가침의 믿음을 자기가 조금이라도 갖고 있다는 사실조차도 깨닫지 못한다. 설령 그가 '우리'라고 자주 말하더라도(예를 들어 '우리가 보기에는' 같은 구절에 나오는 무해한 편집적 '우리'는 별개로 치고) 그는 자신이 호소하는 대상인 합의를 구성하는 믿음에 관한 설명을 스스로 내놓은 적이 없었다. 오히려 자신이 어떤 학파에 속한다는 사실을 부정하는 경우가 흔할 것이다. 자신이 근거로 삼는 합의가 여러 학파 가운데 한 학파의 것에 불과하다는 사실도 의식하지 못하다가, 누군가에게 통렬히 지적당하면 오히려 분개하며 잊으려 애쓰는 경우가 흔할 것이다. 그는 자신의 믿음과 입장, 상황을 바라보지 못하는 것이다. 그에게 이에 관해 이야기하고, 맹목적이라고 말하는 것이야말로 매우 서투른 일이 될 것이다.

그렇게 잘못에 민감하면서도, 어떻게 그는 자기가 다른 학파들 가운데 한 학파에 속했다는 사실을 바라보지 못하는 것일까? 이것은 워낙 기묘한 일이어서 현대 학계에 그런 사례들이 가득하지 않았더라면 우리는 이 사실을 믿지 않으려고 할 수도 있을 것이다. 전형적인 현대의 현학자는 자기의 사상 학파를 합리적인 사람이 믿는 바와 동일시하며, 자기 분야의 나머지 사람들은 합리적이지 않다고, 잘못된 가르침을 받았다고, 평균 이하임이 만천하에 드러난 학과의 구성원이라고 간주한다.

이런 위업은 약물 없이 생기는 경우가 드물다. 현학자의 만병통치약은 이른바 과다 전문화로, 이는 동시에 마취제 겸 진통제 겸 흥분제 기능도 한다. 다량을 섭취하면 메틸알코올과 똑같은 효과를 발휘한다. 즉 맹목적으로[눈이 멀게] 되는 것이다.

맹목은 또한 더 낮은 층위에서, 훨씬 더 노골적인 방식으로도 가르칠 수 있다. 상상력과 아이디어가 충만한 상태에서 학교에 들어간 아이들은 비(非)창조적이고 반(反)창조적인 훈련자에게 짓눌리고 만다. 이 모든 문제에 대한 해결책은 의외로 매우 간단할 수도 있는데, 규율과 전문화를 없애버림으로써, 심지어 학교마저 없애버림으로써 선견을 가르칠 수 있다면 그러할 것이다. 하지만 이런 '치료'는 정작 치료하고자 하는 상태보다 오히려 더 나쁠 수도 있다.

양쪽을 비교해보면 손쉽게 알 수 있다. 이처럼 단순 무식한 엉터리 치료는 사람들을 맹목적으로 만들고, 나아가 예속이나 혼돈 가운데 어느 하나로 인도하기 때문이다. 우리는 전문화를 저버릴 수 없으며 학교는 더더욱 저버릴 수 없다. '어느 정도까지는 선견도 가르칠 수 있지만, 규율을 두려워하는 사람이나 목표에 관해 생각하기를 두려워하는 사람은 선견을 가르칠 수 없다.'

우리는 먼저 규율을 고려할 것이고, 다음으로는 목표 지향적이지 않은 것처럼 보이는 고등 교육의 한 종류이며 인문학을 강조하는 자유교양(liberal arts) 교육을 고려할 것이다. 다음으로는 목표를 생각하는 것에 대한 교사와 학생들의 오랜 (이른바 찻잔의 시대에는 물론이고, 그 이후의 전문화의 시대에도 마찬가지인) 거부를 고려할 것이다. 마지막으로 내가 인문학을 가르치는 네 가지 주된 이유라고 간주하는 것을 논의할 것인데, 그 이유 중 하나가 바로 '선견을 가르치기 위해서'다.

55

많은 사람들이 규율을 증오하고 원망하며, 대신에 자유로운 플레이를 원할 것이다. 하지만 그들이 플레이하거나 구경하기를 좋아하는 게임에는 복잡한 규칙이 있고, 그 규칙을 위반해서는 안 된다. 하다못해 작은 위반이 있어도 벌칙이 부과된다. 벌칙으로 인해 누군가는 그 게임에서 지기도 하고, 심지어 다시는 게임을 하지 못하는 경우도 종종 있다. 규칙은 게임을 규정하며, 게임에서 맛보는 만족은 엄격한 규율에 의존하게 마련이다. 규율과 플레이가 기본적인 대안을 상징한다는 일반적인 개념은 차마 옹호될 수 없다.

플레이가 재미있다는 사실은 규율도 즐길 수 있음을 입증한다. 구조의 결여가 (무슨 일이든 가능한 상황이) 지속될 때는 위협적으로 느껴진다. 이때의 위협은 구체적으로 지목될 수 있다. 우리는 의미의 상실, 즉 완전한 목표의 결여에 위협을 느낀다. 게임에는 목표가 있으며, 이는 대개 이기는 것이다. 그 목표가 너무나 쉬워지면 게임도 금세 무의미하고 지루하게 느껴진다. 더는 아무 재미도 없는 것이다.

어린이가 플레이를 통해 뭔가를 배울 수 있다는 발상은 상당히 이치에 맞다. 다만 규율 없이도 플레이가 가능하다는 생각은 우스꽝스럽다. 규율이 없으면 우리는 절망에 직면하게 된다.

그렇다고 해서 선견이 절망을 자아내고 오로지 맹목만이 우리를 구할 수 있다고 말하려는 것은 아니다. 오히려 정반대로 선견자는 규율이 필요하다는 점을 이미 '네 가지 종류의 정신'에 관한 논의에서 살펴본 바 있으며 머지않아 이 주제로 다시 돌아올 것이다.

규율이란 단지 남들과 함께 살기 위해 반드시 지불해야 하는 대가에 불과하다는 발상은 잘못이다. 인간이 규율을 어느 때보다 더 많이 필요로 하는 때가 있다면 바로 독방 감금 상태일 터인데, 그게 없다면 그는 결국 정신이 나가버리고 말 것이다.

그렇다고 해서 우리에게 필요한 규율이 반드시 외부로부터 부과되어야 한다는 뜻은 아니며, 이런저런 구체적인 규칙들이 필요하다는 뜻은 더더욱 아니다. 게임의 규칙은 대개 명백하게도 자의적이지만, 그걸 없애버린다고 해서 상황이 더 나아지는 것은 아니다. 게임은 규칙이 있다는 점이 핵심이므로, 과거의 규칙이 자의적이라는 자명한 사실 이상의 뭔가를 근거로 삼지 않는 한 게임의 규칙을 변경하자는 제안은 이치에 닿지 않는다.

만약 교육의 상황이 이와 다르다고 치면, 그건 교육이 단지 게임에 불과한 것만은 아니기 때문이다. 교육의 목표는 단지 즐거움을 느끼며 시간을 보내는 것이 아니다. 또한 그 목적은 경쟁에서 승리하는 것도 아니다. 심지어 '고등' 교육에도 이처럼 쾌활한 요소가 더 많이 들어 있으며, 심지어 노벨상을 수상하는 난해한 연구의 영역에서도 대부분의 사람들이 생각하는 것 이상으로 그러하다. 제임스 왓슨의 『이중나선』(1968)이 처음으로 그런 문제에 대해 사람들의 관심을 끌어모은 바 있다. 암호를 푸는 데는 물론이고, 어려운 문제에서 해결책을 향해 나아가는 데에도 즐거움이 있다. 하지만 이게 전부라면 마치 퍼즐을 풀거나 체스를 두거나 브리지를 할 때처럼 매우 엄격한 규칙이 필요할 것이며, 규칙은 자의적이라는 학생들의 항의에는 아무런 무게가 실리지 않을 것이다. 모든 종류의 요구 조건에 대한 비판을 옹호하는 주장은 다음과 같은 (일면 사실인) 가정에 근거한다. 즉 초등학교 1학년부터 시작해서 가장 진보한 연구에 이르기까지, 교육은 항상 목표를 향하고 있다는 것이다. 그 점에 대해 분명히 아는 사람이 거의 없다 해도 말이다.

최초의 목표들 가운데 두드러지는 것들은 읽고 쓰고 더하고 빼고 나누고 곱하는 능력이다. 이런 실력은 사실상 모두가 8세 또는 많아야 10세까지는 배울 수 있는 것들이지만, 과연 '모든' 사람이 모국어로 명료하고 문법에 맞게 글을 쓸 수 있거나 철자를 댈 수 있는 것이 정말로 중요한지에 대해서 많은 이들이 깊은 의구심을 품고 있다. 그런 질문도 물어볼 만한 가치가 있기는 하지만, 정작 모든 사람이 학교에, 대학에 가야 하는 상황에서 주장된다면 오히려 유해하다. 그런 주장을 하면서 학생들이 기본 실력을 배워야 한다는 점을 의문시하거나 전적으로 부정하는 사람은 학교에서 의미를 박탈하고 학교를 분개와 절망의 온상으로 만드는 셈이다.

학교에는 반드시 여러 가지 규율이 있어야 한다. 여러 학생을 교실 몇 개에 나누어 넣고 교사를 한 명씩 배치했는데 정작 규율이 없다면, 혼돈과 보편적인 불만족만 산출될 뿐이다. 규율과 질서가 보전되기는 하지만 얻을 만한 것이 없다면, 아이들은 (교사와 마찬가지로) 금세 이 게임이 무의미하다고 느낀다.

오로지 승리의 가능성만이 학교를 구제할 수 있다. 무지에 대한 승리를 이야기하는 것은 단지 수사일 뿐이며, 구체적인 경험과 멀리 떨어져 있다. 단어 하나, 문장 하나, 페이지 하나, 이야기 하나, 책 한 권을 읽을 수 있다는 것이 승리다. 글을 쓰고, 편지를 보내고, 여러 가지 문제를 해결하고, 외국어를 하는 사람의 말을 이해하는 것. 이런 것들 역시 승리다. 물론 편지를 쓰는 것, 그리하여 멀리 떨어진 누군가와 의사소통할 수 있는 것도 전화의 시대에 와서는 과거보다 훨씬 덜 짜릿하며, 글쓰기의 기술도 저하되고 있다. 그러나 학교는 오로지 배움으로써 구출될 수 있고, 배움은 규율과 분리될 수 없으며, 배움은 승리의 짜릿함과 분리되어서도 안 된다.

56

'모든' 사람이 읽는 법, 쓰는 법, 기타 기본 실력을 숙달하는 법을 배울 필요가 있느냐고 질문하는 사람들이 있다면, 누군가는 문해력을 지녔지만 다른 사람들은 그렇지 못한 사회의 나 눔이 가져올 결과를 숙고해보아야 한다. 역사상 거의 모든 사 회는 그렇게 나뉘어왔으며, 여전히 그런 사회가 상당수다. 이 것이 나쁘다는 생각, 즉 온 사회가 문해력을 지닐 수 있어야 한다는 개념은 시나이산에서 유래했다.

이스라엘 민족이 시나이산에 도착하자마자 "모세가 하느 님께 올라갔고, 주님께서는 산에서 나와 그를 부르시고 이렇 게 말씀하셨다. 그러니 너는 야곱의 가문에 말하고, 이스라엘 의 자녀에게 전하라. …… 너는 나에게 사제들의 왕국이 될 것 이니……." 이 말들은 심지어 (바로 다음 장인 「출애굽기」 20장에 나오는) 십계명보다도 먼저 나왔다. 이때까지 근동에서는 사제 를 제외하면 문해력을 지닌 사람이 극소수였다. 인도에서는 오로지 브라만만이 성스러운 전통을 알았고, 심지어 그들조 차도 기원전 3세기 이전에 읽기와 쓰기의 기술을 보유했다는 증거는 전무하다. 아리아인의 침공 이전인 기원전 16세기에 종국에 도달한 인더스강 유역 문화에 관해서 문헌 기록이 있 으며, 알렉산드로스의 침공 이후인 아소카 왕 시기의 문헌 기 록도 있지만, 그 사이 1300년 동안의 문헌 기록은 전혀 없다. 베다와 우파니샤드, 불교의 가장 오래된 문헌에도 쓰기나 쓰 는 도구에 관한 언급이 없기는 마찬가지다. 이런 문헌은 여러 세기 동안 구두로 전승되었음을 믿을 만한 이유가 차고도 넘 치며, 이 가설은 힌두교의 비의적인 전통을 이해하는 데는 물 론이고 붓다의 설법 양식을 이해하는 데도 도움이 된다. 반면 히브리어 성서에서 글쓰기는 항상 언급되며, 유대인은 무려 3000년 동안 거의 모두가 문해력을 지니고 있었다. 기독교인은 사제의 왕국이 되라는 계명을 옆으로 제쳐두었는데, 이것이야말로 오로지 유대인에게만 일종의 특허처럼 이야기된 듯 보였기 때문이다. 그러다가 루터가 로마의 성직자들을 상대로 하는 전투에서 이를 상기시키면서 모든 인간은 사제로 부름을 받았다고 거듭해서 주장했다.

루터가 태어나기 30년 전에 독일에서 이루어진 인쇄술의 발명은 결정적인 전환점이었다. 인쇄술 덕분에 루터는 자신의 새로운 독일어 번역본 성서를 독일의 모든 프로테스탄트 가정마다 비치할 수 있었고, 곧이어 프로테스탄트 세계에서는 (로마가톨릭이나 정교의 영역에서는 결코 없었던 방식으로) 문해력이 번성했다. 루터는 결코 민주주의자가 아니었지만, 북유럽에서(특히 프랑스와 영국을 포함하여) 문해력의 급속한 전파는 계몽과 함께 민주주의 이론의 발전을 촉진했다. 한편에 문해력과 교육, 또 한편에 민권과 참정권이 있고, 이 둘 사이에는 (역사적인 것만은 결코 아닌) 밀접한 연관이 있는 것이 분명하다.

'모두'에게 기초 교육을 제공하는 이유는 대체로 사회적이다. 그 이유는 우리가 갖고 싶어 하는 사회의 종류에 달려 있다. 일부 집단을 추방자의 층위 이상으로 올라가지 못하게 만드는 카스트 사회를 유지하길 열망하는 사람은 누구나 보편적 문해력에 반대하는 탁월한 이유를 갖고 있을 것이다.

소수의 고도로 특권적인 지위와 거의 규제받지 않는 권력을 보전하려는 바람 때문에 대중을 위한 교육을 반대하게 된 사람도 있을 것이다. 한편으로 이 소수는 이런 정책이 기술적 후진성과 기아의 가능성, 그리고 기타 반갑지 않은 결과로 귀결될 수도 있음을 깨달을 수도 있고, (또다시 사회적 이유 때문에)

교육받은 인재의 거대한 인력 풀이 필요하다는 사실을 깨닫게 될 것이다. 어떤 형태나 양식으로든 모든 인간은 하느님의 형상을 따라 만들어졌다고 믿는(이른바 자연권의 이론이란 하느님을 언급하지 않고 이런 이야기를 하는 방법, 즉 의도는 좋지만 별로 그럴싸하지 않은 방법과 크게 다르지 않다고 생각하는) 사람들은 아마도 사회적 결과에 관한 이야기 '없이도' 보편 교육에 대한 호소를 선호할 것이다.

어느 경우든 간에 보편적인 문해력조차도 (예를 들어) 히틀러가 보여준 것 같은 독재에 대항하여 사회를 보호하는 데는 충분하지 않다. 하지만 한 사회가 커다란 두 집단을(문해력을 보유한 집단과 보유하지 못한 집단을) 보유할 경우의 사회적 결과는 명백하다. 이런 나뉨이 유전적이며 피부색의 차이와 일치한다면 이중으로 유해하다. 피부색이나 종교에 따른 인간 집단의 차별을 제거하고자 하는 사람은 반드시 그런 집단들이 문해력과 숙련도 모두에서 인구의 나머지 사람들에 비해 뒤떨어지지 않도록 해야 한다.

57

결국 사람은 스스로를 교육해야 한다. 하지만 대부분의 학생들은 방법을 먼저 배워야 한다. 더 나이 많은 친구나 부모의 도움이 없다면, 가장 강한 의지와 자기 규율[자제력]을 지닌 사람만이 교사 없이도 공부할 수 있기 때문이며, 모두가 개인 교사를 둘 만큼 교사가 충분하지 않기 때문이다. 학교에서는 기본 실력을 가르칠 필요가 있으며, 여기에는 스스로를 교육하는 데 필요한 자기 규율이 포함된다. 또한 학교는 학생들을 배움의 기쁨, 발견과 승리의 짜릿함, 숙달의 기쁨과 규율 사이의 밀접한 관계에 노출시켜야 한다.

몇몇 분야는 나이가 어릴 때의 훈련이 매우 귀중하다. 18세가 되어서야 맨 처음부터 시작한다면, 훌륭한 작곡가나 바이올리니스트, 피아니스트, 체스 챔피언, 수학자, 뛰어난 학자가 될 가능성은 없을 것이다. 오늘날 대부분의 학자는 더 나쁜 학자다. 청소년기 이전과 도중에 더 많은 언어를 배우지 않았기 때문이다. 그뿐 아니라 정신도(어떤 경우에는 신체도) 반드시 일찌감치 훈련되어야 한다.

아이들에게 그림을 잘 그렸다고 말해주는 것은 좋은 일이고, 자상한 부모라면 자녀의 작품에서 레오나르도 다빈치의 작품을 볼 때처럼 기쁨을 느낄 것이다. 하지만 어떤 면에서 자기가 발전을 이룩한다는 느낌을 받지 못하고 때때로 승리로 향할 수 없을 경우, 자녀는 자기 작품에서 금세 만족을 느끼기를 중단할 것이다. 레오나르도의 스승 베로키오는(그가 제작한 바르톨로메오 콜레오니의 기마상은 역사상 가장 위대한 작품 가운데 하나다.) 세상 모든 작품이 여느 작품과 똑같이 좋다고 생각하는 '진보적인' 교사가 아니었다.

레오나르도와 미켈란젤로에게도 좌절이 없었던 것은 아니었다. 하지만 이들은 각자의 창조물에 대해 어마어마한 자부심을 느꼈고, 이를 위해 매우 열심히 일했으며, 작품에서 위안을 얻었다. 필수적인 자기 규율은 여러 해에 걸친 규율이 잡힌 공부를 통해서 얻은 것이었다. 결국 두 사람 모두 '여러' 분야에서 탁월해졌다. 아무런 훈련도 없는 사람이 한 분야에 숙달하는 법을 배우는 것보다는 차라리 한 분야에 숙달된 사람이 두세 가지 다른 분야에 숙달하는 것이 훨씬 더 간단하다.

58

일단 목표가 정해지면 역효과적이거나 유효하지 않은 규칙과 요구 조건에 대한 비판도 가능해진다. 비판자와 옹호자 모두는 반드시 목표에 호소해야 하지만, 물론 목표 자체에 대해서도 의문이 제기될 수 있다. 자기 규율[자제력]은 특히 중요한 1차적 목표인데, 다시 말해 이는 그 자체로 목표가 아니며, 다만 다른 목표들을 달성하기 위해 필요한 것일 뿐이다. 이런 목표들 가운데 일부는 그 자체로 목표라고 불릴 수 있다. 자제력이 없다면 그 어떤 종류의 숙달도, 자율성도, 계속해서 만족을 산출하는 창의성도 있을 수 없다. 자제력만으로는 충분하지 않지만, 자제력이 없는 사람은 예속이나 절망으로, 또는 양쪽 모두로 향하게 된다.

자기 규율을 배우는 유일한 방법은 우선 다른 사람들로부터 규율되는 과정을 거치는 것인데, 외부에서 부과되는 규율은 누군가에게 자기 규율을 가르치는 데에 성공할 때만 그 목표를 달성하는 셈이다. 물론 이보다는 덜 가혹한 방법을 이용해도 훨씬 저렴한 비용에 똑같은 목표를 달성할 수 있지 않느냐고 물을 수도 있지만 말이다. 규율이 매우 가혹한 까닭에 자기 신뢰[자신감]를 구축하는 대신 오히려 창의성과 독립성을 꺼트린다면, 이것은 역효과이자 크나큰 범죄다.

여러 언어에서 '규율(discipline)'이 학습의 한 분야를 뜻하는 것도 우연은 아니다. 이 단어의 두 가지 의미 모두 배움 (learning)을 뜻하는 라틴어에서 유래했기 때문이다. 배움은 여러 가지 방식으로 규율과 관련된다. 그중 하나는 여러 방향에서 계속 벗어나기만 해서는 안 된다는 것이다. 즉 뭔가를 1분쯤 시도하다 포기하고, 다른 뭔가를 몇 초쯤 시도하다 포기하고, 다시 또 다른 뭔가를 시도해서는 안 된다. 한 번에 한 가지에 집중해야 하고 낙담할 때도 버텨야 한다. 예를 들어 읽기, 쓰기, 산수 같은 기본 실력에서도 마찬가지이며, 자전거를 타거나 자동차를 운전하는 법을 배울 때도 마찬가지다.

여러 가지 기본 실력을 숙달한 이후에 한 가지를 배우는 것은 상술할 만한 가치가 있다. 뭔가에 뛰어남으로써 자부심을 느끼다 보면, 건설적 겸손과 자기비판에 필요한 자기 신뢰를 어느 정도 얻게 된다. 이는 또 자기 부양[자급]의 수단을 제공하고, 추가적인 기술 획득 및 더 많은 규율의 숙달을 위한 기반을 제공한다. 자기 부양은 그 자체로 중요한 것이라기보다는, 오히려 독립성과 자율성의 조건으로서 중요하다. 만약 뭔가에 매우 뛰어나더라도 그것이 자기 부양의 수단이 될 가능성이 전혀 없음을 예견할 수 있다면, 다른 경력을 진지하게 고려할 충분한 이유가 된다. 다른 어딘가에 확고한 기반이 있다면 첫사랑을 견지하기를 바랄 수 있다. 학술에서는 일부일처제가 미덕은 아니다. 실패할 운명인 경력을 선택하는 것은 그 이유가 무엇이든지 간에 어리석은 일이며, 누구에게도 좋은 일이 아니다.

59

모든 층위에서 교육은 목표 지향적이어야 한다. 초기에 그 목표는 기본 실력의 숙달이어야 하며, 여기에는 어떤 분야에서건 유의미한 작업과 만족에 필요한 자기 규율도 포함된다. 기타 기본 실력으로는 잘 읽기, 명료하게 쓰기, 어느 정도의 수학, 어느 정도의 지리와 역사, 약간의 과학, 외국어를 들 수 있다. 이 모두는 친숙하지만, 그렇다고 해서 아주 충분하지는 않다. 또한 학생들은 중등학교에서 의학, 응급조치법, (자동차가 보편적인 사회에서는) 운전을 '잘'하는 방법에 대해서도 약간이나마 배워야 한다.

대학원의 목표는 대학의 목표에 비해 공식화하기가 더 쉽다. 사회는 그 필요에 대해 어느 정도 고려해야 하며, 의사와 변호사, 교사와 공학자, 화학자와 물리학자는 물론이고 조종사, 농민, 약사, 전기 기사 등이 충분히 공급되도록 모든 노력을 다해야 한다. 이것은 조직화에 관한 주장은 아니다. 다만 한 나라에서 불과 몇 년 사이에 철학 한 분야에서만 박사가 2000명 이상 배출되는데도 일자리를 찾을 수 없는 것은 심각한 실패라는 뜻이다. 전례가 없는 대학 인구와 의학 공부를 위한 최상의 설비에도 불구하고, 같은 기간 배출된 의사가 워낙 드물다 보니 대부분의 병원이 아시아 국가 출신 의사들을 (그런 국가들이야말로 의사가 간절히 필요한 곳인데도 불구하고) 채용해야 하는 상황은 비극적이라는 뜻이다. 이런 환경에서 의과 대학은 더 많은 학생을 받아들여야 하고(미국 의학협회(American Medical Association)가 좋아하건 말건 간에) 인문학 대학원 프로그램은 더 적은 학생을 받아들여야 한다. 사회는 필요한 것을 알리고 젊은이들에게 고용 전망은 여러 분야에 있다고 말해야 한다. 이런 정보는 관심 있는 학생 모두가 대학에 들어가기 전부터 이용할 수 있어야 한다.

물론 모든 목표가 직업과 관련된 것은 아니다. 대학 교육은 1차적으로 학생들에게 대학원 진학을 대비하도록 설계되어서는 안 되며, 오히려 학생들에게 여가 시간을 대비하도록 설계되어야 한다고 주장할 수도 있다. 하지만 이것은 대학 교육이 목표 없이도 이루어질 수 있다는 말은 아니다. 이 책의 「서론」에서 나는 인문학의 주요 목표들이라고 간주하는 것을 간략하게 언급했으며, 조만간 다시 그 주제로 돌아갈 것이다.

60

자유교양 대학(liberal arts college)[1]은 이례적으로 축복을 받았다. 인문학 교육은 뚜렷한 목적이 없지만, 모두가 그런 대학에 가는 것이 정말로 중요하다고 주장하는 사람들도 많다. 그런 학교에서 보낸 여러 해야말로 한 사람의 삶에서 최고의 시간일 수도 있고, 따라서 그렇게 좋은 것이 극소수를 위한 혜택이 되어서는 안 된다는 모호한 느낌이 있는 것이다.

어떤 면에서 훌륭한 자유교양 대학은 '실제로' 잔혹한 세계에서 축복받은 자들의 섬이다. 1939년 초에 그런 대학에 다녔던 나 자신의 경험을 상기하는 것 외에는 이를 보여주는 더 좋은 방법을 생각할 수 없다. 나는 나치 독일을 떠났고, 허리

---

1 자유교양 대학은 전공 구분 없이 인문학 위주의 자유교양 과목을 배우는 학부 중심의 소규모 대학을 말한다.

케인을 헤치고 대서양을 건넜으며, 갑자기 내가 전혀 다른 세계에 와 있음을 깨달았다. 나는 무척이나 많고도 생생한 방식으로 자유를 만났다. 학생들은 각자의 지적 관심사를 추구할수 있었고, 교수들도 마찬가지였으며, 어떤 견해든 간에 마음껏 비판했다. 이 모든 일의 목적을 물어보았다면 촌스러웠을 것이다. 너무나도 아름다웠다. 실제로 나의 목표는 분명했다. 나는 전문 대학원(professional school)에 들어가고 싶었지만, 그러려면 우선 대학 졸업장이 꼭 필요했다. 내 목표는 대학 졸업장을 최대한 빨리 얻는 것이었다. 하지만 그 요구 조건에 나는 어리벙벙해지고 말았다. 나는 1938년 봄에 독일의 중등학교인 김나지움을 졸업했기 때문에 히틀러만 없었다면 대학에 들어가서 3년 만에 박사 학위를 딸 수 있었을 것이다. 이제 나는 학사 학위를 따는 데에만 무려 2년 반을 보내야 했고, 그런 다음인 1941년에야 대학원 연구를 시작할 수 있었다.

1939년 3월에는 마치 전쟁이 터질 듯이 보였다. 그해 9월에는 2차 대전이 시작되었지만, 내가 대학을 졸업하고 6개월이 지나기 전까지 미국은 전쟁에 뛰어들지 않았다. 그 당시에 학교의 대단한 독립성을 보면서 나는 깜짝 놀랐는데, 어떤 면에서는 마치 달나라에 온 것 같았다. 물론 일부 정치학 강의는 인기가 높았고, 특히 참전을 주장하는 달변의 간섭론자 교수의 강의가 그러했다. 교수진은 매우 다양한 관점을 대표했으며, 학술 대회에는 외부의 저명한 학자들과 정치인들도 참석했다. 가장 인기 있고 존경받는 교수들 가운데 상당수는 인문학 학과에 재직 중이었다. 내 학우들 일부가 목숨을 잃은 전쟁은 거기에서 4800킬로미터 이상 떨어진 곳에서 벌어지고 있었다. 일본은 그보다 훨씬 더 멀었다. 게다가 그 당시에는 대양 횡단 여객기도 없었으므로, 미국의 자유교양 대학들은 유럽이 며 아시아와 똑같은 세계에 존재하는 것처럼 보이지 않았다. 또한 목적에 대한 질문도 유행하지 않았다.

한때 그런 대학들의 존재 이유는 소년을 신사로 바꿔놓 는 것이었다. 신사란 찻잔 드는 법을 아는 사람, 풍부한 여가 시간 동안 점잖고도 교양 있는 대화를 나누는 사람이었다. 그 시절에는 전문화하지 '않는' 것이 전반적 경향이었다. 옥스퍼 드 재학생은 특별한 목적도 없이 라틴어와 그리스어를 배웠으 며, 심지어 특별한 이유도 없이 옥스퍼드식 억양으로 말하는 법을 배우기까지 했다. 여기서 핵심은 자기와 이점을 공유하 지 않는 사람들이 모르는 방식으로 말하는 것이었고, 또한 그 런 사람들이 모르는 언어들과 다른 몇 가지를 배우는 것이었 다. 교양 있다는 것은 다르고 우월해진다는 뜻이었으며, 이런 종류의 교육을 누린 사람들은 경제학에 대한 지식이나 명백 히 연관된 실력이 없더라도 국가나 사업을 운영하기에 알맞다 고 간주되었다. 그중에서도 소수는 교직원이 되었고, 극소수 는 학자가 되었다.

미국에서도 성직자가 되려는 젊은이들에게 예비 교육을 제공하는 것에 관심이 약간 있기는 했다. 하지만 가장 저명한 대학들은 가장 덜 목표 지향적이었고 가장 등록금이 비쌌기 에, 2차 대전 이전까지만 해도 극소수를 제외하면 오로지 부 유층만이 그런 학교에 갈 여력이 있었으며, 졸업 후에 대부분 의 학생이 직업 교육을 받게 되리라는 가정은 전혀 없었다. 오 히려 정반대로, 학생들은 높은 비율로 사업에 나설 것이라고,

대개는 아버지의 사업을 물려받을 것이라고 예상되었다. 학교에서는 유용할 듯한 것은 전혀 배우지 않았기 때문이었다. 물론 일부는 의학 대학원이나 법학 대학원에 갔지만, 핵심은 그들에게 약간의 일반 교육을 먼저 제공하자는 것이었다. 유용성이라는 개념 자체는 천박하게 보였다.

바로 그 시절에는 교사가 소크라테스적이 되는 것도 바람직하다고 간주되었으며, 또한 '검토되지 않은 삶은 살 만한 가치가 없다.'는 것에 대한 약간의 한담도 있었다. 하지만 소크라테스처럼 불경하다는 비난도 기꺼이 감수할 만한 교수를 찾기는 어려웠다. 어떤 사람은 품위가 있었지만 사회의 믿음과 도덕에 의문을 제기하려는 생각은 없었다.(경쟁 신조나 이데올로기의 지원 없이, 소크라테스처럼 자기 나름의 방식으로 하려는 생각은 없었다는 뜻이다.)

그 시절에 대학에 간 사람들이 그 시기를 이상화하기는 어렵지 않다. 그 시기를 조롱하는 것도 어렵지 않기는 마찬가지다. 이른바 찻잔의 시대에는 오늘날처럼 "간행 아니면 파멸!"이라는 구호가 없었다. 젊은 학자는 훌륭한 태도를 지녀야 한다고 여겨졌고, 승진 결정이 내려질 때는 차를 마시는 태도가 중요했음이 입증되었다는 주장도 있었다. 2차 대전에 이르러서야 찻잔의 시대가 종식되었다.

실제로 분위기 변화는 갑작스러운 것이 아니었으며, 아이젠하워 시절 미국 대학의 분위기는 여전히 매우 품위 있었다. 아이젠하워는 어떤 사람이 믿음을 갖고 있다면 그 믿음이 무엇인지에 대해서는 상관하지 않는다고 말했다. 학생들은 '주관적 진실'을 이야기했다는 이유로 키르케고르를 존경했다. 학생들은 '이것은 내게 진실'인 반면, 나머지는 '너에게 진실'일 수 있다고 말하기를 좋아했다. 그리고 교수들은 대개 진정한 소크라테스적 기풍의 암시가 전혀 없었다.

61

결국 찻잔의 시대를 대체한 것은 전문화의 시대였다. 찻잔의 시대에 대해서는 무례한 태도일 수도 있겠지만, 이후 시대의 특정 국면들에 대해서 고도로 비판적이고자 하는 사람이 있다면, 전문화 시대에 선행하는 그 시대의 한계를 파악하는 것이 중요하다. 어쨌거나 어떤 면에서는 더 나은 쪽으로 변화가 이루어졌기 때문이다.

　사실 전문화가 왜 필요한지, 그리고 그에 미치지 못하는 모든 것이 왜 아마추어적이고 괘씸한지에 대한 '이유'를 찾기는 쉽다. 하지만 새로운 시대의 도래는 논증에 의거하지 않으며 증거에는 더더욱 의거하지 않는다. 이 변화는 '원인'을 갖고 있는 역사적 발전이었다.

　그런 원인 가운데 일부는 1장에서 지적한 바 있다. 주된 원인은 2차 대전 이후 대학 인구의 급속한 팽창이었다. 부(富)는 더 이상 대학에 가기 위한 필수 조건이 아니었다. 미국에서는 참전 용사가 대학 교육 자격을 얻었으며, 그렇지 않은 사람들도 더 많은 장학금을 이용할 수 있게 되었다. 선례가 없을 정도로 많은 학생이 입학 신청을 했고 그들이 입학을 허락받은 동시에 새로운 학교가 (또한 다른 국가들에서도) 여럿 설립되었지만, 대부분의 학교들은 자기네 학생을 '선별하려' 했고 이를 위해 경쟁시험을 이용했다. 그리하여 신속하게 전체 교육 시스템이 변화했다. 새로운 교사가 다수 필요해졌으며, 교직원의 채용과 승진에 어느 때보다도 훨씬 많은 사람이 갑자기 관여되었다. 수많은 사람에 대한 신속한 가치 평가를 돕기 위해 모든 층위에서 정량 측정이 필요해졌다. 따라서 시험과 간행이 어느 때보다도 더 중요해졌다.

그때까지만 해도 영국과 미국에서 가장 저명한 단과 대학과 종합 대학에 입학한 학생 다수는 상당히 등록금이 비싸고 여러 면에서 대학과 닮은 중등학교에 다니며 준비된 상태였다. 이제는 그처럼 유명한 학교에 다니지 않은 학생들도 똑같은 기회를 가져야 한다고 여겨졌고, 그리하여 능력의 객관적 척도를 제공하기 위해 시험이 도입되었다. 비록 그런 시험 다수에서 잘못이 있었지만, 애초의 '의도' 자체는 버젓하고도 인도적이었다. 일부 지원자는 유명한 학교 출신이었고, 입학 담당자가 잘 아는 교장으로부터 강력 추천을 받았던 반면, 다른 지원자들은 유명하지 않은 학교 출신이었다. 교사들의 평가 기준이 무엇인지를 모르는 상황에서는 학점도 신뢰할 만한 단서를 제공하지 못했다. 오로지 면접에만 의존해서 지원자를 걸러낸다면 면접관의 편견으로 선발이 잘못될 수 있었으며, 어떤 경우든 간에 만사를 짧은 대화에 의존하게 내버려두는 것은 좋은 생각이 아닌 듯해 보였다. 시험을 도입한 이유는 면접과 추천서 외에도 좀 더 객관적인 척도를 갖기 위해서였다.

서술형 문제는 두 가지 중대한 문제를 제기했다. 수천 개나 되는 답안을 읽으려면 시간이 너무 오래 걸렸고, 서로 다른 독자마다 답안에 대한 평가를 매우 다르게 내릴 수 있었다. 따라서 객관식 시험을 개발하기로 결정되었다. 인문학에서는 그런 시험이 매우 문제일 수밖에 없었다. 어느 정도의 정보는 이런 방식으로 시험을 치를 수 있었다. 하지만 문제가 좀 더 미묘해지자마자, 이런 종류의 시험은 합의에 근거해 번창하는 현학자에게 유리해지고 선견자와 소크라테스 유형에게는 불리해졌다.

그런 시험들이 치러졌던 시대에 이런 유형들이 고착화되지 않았다 해도, 사람들이 현학주의가 바람직하다는 사실을 눈치채는 데에 그런 시험들이 기여했다는 점은 여전히 중요하다. 나름의 선견을 가진 사람이나 (좀 더 단순하게) 독창성을 지닌 학생은 그런 시험에서 유리하지 않았다. 또한 합의에 대해서 질문 던지기를 좋아하는 사람, 문제에 대해서나 (그중 하나, 그것도 하나만이 옳다고 가정되는) 네 가지 답안에 대해서나 비판적인 눈길을 던지는 사람은 이런 입장이 이익이 되지 않는다는 사실을 배우게 되었다. 더 중요한 사실은 (좋은 학교에 가기를 원하는 학생들이 많은) 가장 좋은 중등학교 교사의 다수가 이런 시험에 대비해서 학생들을 준비시키기 시작했다는 점이다. 이런 시험에 익숙하지 않은 학생들은 크게 불리해지는 셈이었다. 이런 시험에 준비하기 위해 고안된 교육을 받은 학생들은 소크라테스적이거나 독창적이 되도록 훈련받지 않았다.

같은 시기에 대학원은 이전에는 없었던 방식으로 중요해졌다. 새로운 교사가 다수 필요해지자 대학원 입학자는 두 배, 세 배로 늘었고, 이전까지만 해도 대학원 프로그램이 전혀 없었던 학과와 대학 전체가 갑자기 프로그램을 개발했다. 대학 행정부와 정부의 여러 층위에서는 이런 목적으로 자금을 이용할 수 있었다. 이런 자금 가운데 자기 '몫'을 얻으려면 대학원 프로그램을 반드시 개발해야 했다. 대학원 프로그램이 없다는 것이야말로 진취성의 결여와 남다름의 결여를 보여주는 상징이 되었고, 대학원생을 끌어들이고 그들에게 예시를 설정하기 위해서는 교사부터 연구를 수행하고 학술지에 논문을 간행해야 했다. 대학은 교사를 찾는 과정에서 그런 일을 할 수 있는 사람을 찾았다. 간행하지 않는 사람은 수습 기간이 만료되어도 재계약하지 않았다. 이와 동시에 학부의 교과 과정은 점점 더 대학원 공부를 위한 필수적인 준비로 인식되었다.

마지막으로 (1957년 10월에 발사된 러시아 최초의 우주선) 스푸트니크는 미국 교육의 변모에서 중대한 요인이었음이 입증되었다. 자연과학의 위신은 오랫동안 매우 대단했다. 교육받은 사람들은 과학 분야에서 한 세기 넘도록 이루어진 어마어마한 진보를 오랫동안 의식해왔다. 이 진보는 사실 가속화하고 있었다. 19세기에는 실증주의가 두드러졌으며, 20세기 전반기에도 확산되었다. 그 핵심 믿음을 요약하자면 (인문학을 포함한) 모든 학술 분야의 진보는 자연과학의 모방에 의존한다는 것이었다. 그렇다 하더라도 영어권 국가들의 학부 교육은 여전히 놀라울 정도로 찻잔의 시대에 남아 있었다. 예를 들어 철학에서 실증주의는 때때로 일상 언어철학 또는 (영국 케임브리지 대학에서 시작된 것이기는 하지만) 옥스퍼드 철학이라고 불리는 것의 형태를 갖추었는데, 철학에서의 혁명에 관한 그 모든 호언장담이라든지 누군가가 어느 날 오후 안락의자에 앉아 생각해낼 수도 있음직한 내용과 '아마추어'에 대한 폄하에도 불구하고, 이것이야말로 노골적인 찻잔 철학이었다. 즉 특정한 것에 대한 전문화된 지식은 없지만, 자기가 말할 수 있는 것이며 '매우 기묘하게' 들리는 것에 대해서 자부심을 가지는 아마추어들을 위한 유쾌한 게임이었던 것이다. 어떤 면에서 이것은 무엇이 U(상류층이자 존경할 만한 것)이고, 어떤 것이 U가 아닌지를 아는 것의 문제였다.[2] 이는 학생들 사이에서는 물론이고 교사들 사이에서도 뚜렷한 구별을 낳았고, 이는 누군가가 얼마나 똑똑한지, 이 게임을 얼마나 잘하는지에 달려 있었다. 숫자가 늘어나면서 그런 구별을 할 수 있다는 것의 중요함도 커졌다. 하지만 몇몇 격찬받은 논문의 요점이 무엇인지 묻는 사람은, 결국에는 '그게 명백하다는 점을 내가 미리 생각했어야 했는데' 운운하는 발언과 함께 꽁무니를 빼거나, (좀 더 적절하게는) 체스나 브리지 게임의 요점이, 또는 찻잔을 멋지게 드는 것이나 좋은 태도를 지니는 것의 요점이 무엇인지를 물어본 사람처럼 취급되었다.

스푸트니크가 단번에 찻잔을 박살 낸 것은 아니었다. 하지만 미국 정부는 러시아 공산주의자들이 미국과 '자유세계'를 갑자기 앞서게 되었다는 사실에 경악하고 말았다. 미국이 선두가 되기를 보장하려면 벼락치기 프로그램이 필요했다. 여기에는 우주 프로그램뿐만이 아니라 고등 교육을 향상시키기 위한 막대한 비용도 관여했다. 중심 의도는 과학과 공학을 지원하는 것이었지만, 과학자들에게 전적으로 다른 비율로 봉급을 지급함으로써 단과 대학과 종합 대학에 노골적인 카스트

---

2 U와 non-U는 1950년대 영국과 미국 일부 지역에서 나타난 (20세기 말에 와서는 거의 소멸했다고 간주되는) 계급별 언어 사용 습관의 차이를 가리킨다. U는 '상류층(upper class)'을 non-U는 '중산층(middle class)'을 뜻한다.

제도를 도입하는 것은 가능한 일이 아니었다. 모든 분야의 교수들이 혜택을 입었지만, 그들도 진정으로 존중받는 것은 바로 과학임을 알고 있었다. 이는 과학에 대한 모방과 비과학적인 것에 대한 경멸을 가속화하는 데 더욱 일조했다.

미국에서는 국립과학재단(National Science Foundation)의 설립과 아울러 교수들에게 연구 보조금을 지급한다는 국방부의 결정이 이런 경향에 추진력을 더해주었다. 보조금을 받은 과학자들은 더 많은 수입과 위신을 얻었으며, 심지어 인문학 교수들도(특히 철학에서) 인문학적이기보다는 오히려 과학적으로 보이는 프로젝트를 제안할 경우에는 국립과학재단이나 국방부의 보조금을 얻을 수 있다는 사실을 금세 발견하게 되었다. 그 결과 젊은 학자들 가운데 명석하고 진취적인 이들이 인문학에서 사라지게 되었다.

대학원 프로그램이 없는 단과 대학에서 학부생을 가르치는 데에 만족할 사람과 위신이나 보조금이나 휴가를 신경 쓰지 않는 사람은 소크라테스 유형이 되는 것도 괜찮은 편이다. '인문학' 연구를 하는 사람은 개인 비서라든지 연봉의 9분의 2에 해당하는 정기적인 여름 수당을 바랄 수 없기 때문이다.

전공이 너무 방대한 사람은 중대한 기여를 하지 않기로 하여 분명히 체념해버린다. 18세기 프랑스 문학과 르네상스 미술은 너무 방대하기 때문에 존경받는 전공이 될 수 없다. 니체는 이런 사실을 무려 1880년대에 일찌감치 인식했으며, 『차라투스트라는 이렇게 말했다』의 최종부에서 자신의 전공은 거머리의 두뇌라고, 따라서 거머리 한 마리는 자기에게 너무 방대한 분야라고 항의하는 양심적인 학자를 조롱했다.

62

전문화의 시대를 조롱하고 인문학에서 우스꽝스러운 사례를 예시하는 것은 그 시스템의 이유를 설명하고 옹호하는 것만큼이나 쉽다. 양쪽 모두를 해내는 가장 손쉬운 방법은 전체 시스템의 씨앗인 박사 학위 논문을 언급하는 것이다.

　인문학에서 박사 학위 논문의 기괴한 제목들로 한 쪽을 채우는 것은 전혀 어렵지 않다. 이는 불공정하지도 않을 터인데, 이 논고는 지식에 기여하는 것으로 가정되며 학생들은 이 논고를 집필함으로써 학술과 교직으로의 이행을 이루기 때문이다. 유사한 성격의 글을 몇 편 더 쓰는 사람은 누구나 교수 자격을 향해 승진하기에 알맞다고 일반적으로 간주된다.

　반면 어떤 학생이 칸트 이후 독일 철학에 관한 두 권짜리 연구서가 될 만한 자신의 학위 논문을 지도해달라고 부탁하러 나를 찾아왔다고 가정해보자. 이런 경우에 나는 그에게 한 권만으로도 충분하고도 남는다고 말하는 데에서 그치는 것이 아니라, 더 작은 주제를 다루라고 고집할 것이다. 왜? 여기에는 몇 가지 이유가 있다. 그 프로젝트에는 초점이 없으며, 설령 초점이 있다 하더라도 너무 길어서 훌륭한 작업이 될 수 없기 때문이다. 논문이란 (만약 가능하다면) 1년 안에 처리함으로써, 대학원생 신분을 벗어나 자기 힘으로 생계를 유지할 수 있도록 하기 위한 필수 조건이다. 이것은 그가 명료하게 생각하고 글을 쓸 수 있음을, 연구하는 방법을 배웠음을, 자료를 체계화할 수 있음을 예증하는 방법이다. 또한 그는 문헌에 대한 약간의 인지를 예증할 뿐만 아니라, 자기가 거부하는 견해들을 비판적으로 다루는 능력도 예증해야 한다. 요약하자면, 이는 특정한 기본 실력에 대한 시험을 뜻하며 그런 시험은 모두 이른 나이에 해치워야 마땅하다. 일단 그 일을 해치우고 나면 좀 더 자율적인 지위를 바랄 수 있다. 예를 들어 어떤 프로젝트를 시작하기 전에 교수의 허락을 받을 필요가 없는 교사이자 학자의 지위 말이다. 따라서 논문에 적절한 주제는 항상 상대적으로 작게 마련이다. 철학에서는 한 세기 전체이거나 한 철학자 전체인 경우가 사실상 없으며, 아마도 한 철학자의 이론들 가운데 하나인 경우가 흔하다. 바로 이 대목에서 우리는 거머리의 두뇌와 더 이상 아주 멀지 않은 셈이 된다.

그렇다고 해서 학위 논문이란 반드시 사소하다거나, 당연히 사소하다는 결론이 자연스럽게 따라 나오는 것은 아니다. 논의의 대상이 되는 이론이 반드시 순수한 골동 애호적 관심이 될 필요는 없다. 대개 무시당하거나 보통 오해되는 이론이지만, 정확하게 해석한다면 결실이 있을 뿐만 아니라 현재 유행하는 학설에 대한 흥미로운 대안이 되는 이론일 수도 있다. 또는 그 이론의 재해석을 통해서 방대한 2차 문헌의 주제가 된 철학자를 새로이 조명할 수도 있다.

물론 철학사 논문이 반드시 철학자 한 명에 집중할 필요는 없다. 한때 나는 한 학생에게 소외에 관한 학위 논문을 쓰라고 제안한 바 있었다. 즉 헤겔과 마르크스와 그 후계자들 가운데 일부가 이 용어를 사용할 때의 여러 용례를 검토함으로써, 예전에는 물론이고 지금도 여전히 그 용어에 수반되는 주된 혼동의 일부를 지적해보라는 것이었다. 그는 박사 학위를 받은 뒤에도 자신의 논문에 대해서 더 많은 연구를 수행했고, 결국에는 그 결과를 책으로 간행했으며, 양장본만이 아니라 염가본으로도 간행해서 많은 독자에게 도달하게 되었다.

인문학 논문이라고 해서 반드시 역사적이 될 필요는 없다. 자신의 이론을 완성하려는 시도가 될 수도 있고 널리 주장되는 견해에 대한 비판일 수도 있고 희곡이나 미술 작품이나 종교 개념에 대한 분석일 수도 있다. 하지만 모든 경우에서 학생은 주제에 관한 문헌에 숙달해야 하고, 지금까지 주장된 주요 견해에 대한 인지를 드러내야 하며, 주요 대안의 일부를 비판적으로 다루어야 한다. 그런 방식으로 일종의 전문가가 될 수 있다.

63

현학자적 환경에서 진지하게 간주되는 대안들의 범위는 대개 훨씬 좁다. 학생의 연구를 지도하는 교수는 학생에게 필독서 목록을 건네주거나, 읽을 만한 가치가 있는 책들과 그렇지 않은 책들을 최소한 구두로 제안하게 마련이다. 지도 교수의 접근법과 완전히 불일치하는 다른 접근법들은 십중팔구 무시된다. 학생은 그런 종류의 문헌에 시간을 허비해서는 안 된다는 사실을 이해하도록 유도된다. 즉 맹목적이 되도록[눈이 멀도록] 배우는 것이다.

그러고 나면 나중에 시력을 회복할 수 없다. 하지만 전문화가 '반드시' 유해하다는 결론이 자연스럽게 뒤따르는 것은 아니다. 학생은 자기가 가던 길에서 벗어나 급진적 대안들을 살펴보고 자신의 접근법과 견해에 대해 있을 법한 반대를 고려하라는 가르침을 받을 수도 있다. 주제에 관한 문헌을 살펴보는 것이야말로 이 목적에 맞는 수단이라는 말을 들을 수도 있다. 그렇다면 그는 자기 주제에 대해서는 물론이고, 그 주제에 관한 문헌에 대해서도 상당히 철저하게 아는 전문가가 될 것이고, 그의 논문은 선견을 촉진하는 습관의 일부를 획득하는 실험장이 될 것이다.

학위 논문은 중요하지만 기억에 남을 만한 것은 실제로 극소수다. 박사 학위 논문을 읽는 것은 보통 시간 낭비이지만, 설령 이 말이 사실이라 하더라도 논문을 쓰는 일은 본질적으로 시간 낭비가 아니다. 학위 논문을 중요하게 만드는 요소는 그것이 향후 여러 해를 위한 패턴을 설정한다는 점이다. 바로 이 지점에서 종종 최종적 손상이 이루어진다. 하지만 논문은 거꾸로 대가(大家, master)의 습작이 될 수도 있다.

바로 여기서 길이 나뉜다. 어떤 사람은 '전문화란 곧 필요불가결한 준비 연구'라는 사실을 깨닫는다. 다른 사람들은 더 전문화하는 데로 나아가서, 매우 작고 종종 사소한(한배를 탄 소수 공론가를 제외하면 아무도 듣고 싶어 하지 않을 만한) 뭔가에 대한 대단한 전문가가 된다. 이것이야말로 1950년대 이후로 인문학이 줄곧 나아가던 방향이며 그때도 그런 흐름이 처음 시작된 건 아니었다.

작은 전공 분야를 지닌 교수들은 현재 진행 중인 자기 연구를 학생들에게 가르치기를 더더욱 고집하게 되었을 뿐만 아니라 관심사를 공유하는 동료들을 채용하려고 했으며, 그 결과로 학생들은 고도로 전문화된 식단에 의존해 성장한 셈이 되었다. 주도적인 대학마다 모든 학과가 이른바 거머리의 두뇌에 관한 전문가를 모아놓은 자기네 컬렉션에 누구도 감히 버금갈 수는 없다는 허풍에 근거하여 탁월함을 주장했다.

똑같은 영역을 공부하고자 하거나 똑같은 접근법을 추구하고자 하는 학생들을 위한 풍부한 장학금이 있는 한, 그 장학금이 (무슨 이유에서건) 그런 관심을 가진 사람들에게 가도록 교수들이 배려할 수 있는 한, 그런 초(超)전문가들을 위한 보수 두둑한 일자리가 있는 한, 선견이며 자율성이며 목적에 대한 논증은 아무런 무게를 지니지 못할 것이다. 학계에서도 돈이면 다 되는 것이다.

경제 위기가 목표에 대한 반성을 가져온다면 그것은 (다른 여느 위기와 마찬가지로) 축복이 될 수도 있다. 장학 기금과 일자리의 갑작스러운 증발이 꼭 순전한 재난만은 아니다. 인적 자원의 희생도 크겠지만, 그 대가도 없지는 않다. 극단적인 상황에만 눈이 열리고 목표를 생각하게 되기 때문이다.

64

맨 먼저 우리는 목표에 관해서 생각해야 한다. 인간은 이에 대해 깊은 거부감을 갖고 있다. 이런 현상에 관해서는 졸저 『죄의식과 정의 없이: 결단 공포부터 자율성까지(*Without Guilt and Justice: From Decidophobia to Autonomy*)』에서 자세히 논의한 바 있다. 결단 공포란 운명적 결정에 대한 두려움을 가리켜 쓴 말이다. 삶의 목표에 대한 모든 진지한 반성은 대안에 대한 고려와 관련되어 있으며 운명적 결정이 필요하다.

1950년부터 1970년까지 대략 20년 동안 상당히 많은 학생이 대학원에 입학했고, 이후 각자의 목표에 대해서는 한 번도 진지하게 반성하지 않은 상태에서 철학이나 역사나 종교, 문학이나 예술을 가르치는 길로 나아갔다. 대학원 연구로 나아간다는 것이 운명적인 돌입으로 경험된 경우는 드물었다. 오히려 정반대로 그저 몇 년 더 학교에 머문다는 뜻이었다. 즉 현 상태의 연장인 것이다. 심지어 어디로 갈 것인지를 굳이 선택하지도 않았다. 최소한 여섯 군데쯤의 학교에 지원하면서도 그중 어느 곳에 대해서도 잘 모르는 상태였고, 어디에 지원해야 할지에 관해서 몇몇 교수들의 조언을 받고 그 와중에 여섯 군데 또는 그 이상의 학교에 가기 위해 상당히 많은 서식을 작성하면서도 두려운 결정이 전혀 관여되지 않는다고 느낄 뿐이었다. 한 군데 이상의 학교에서 합격 통지서를 받으면 많은 학생들은 가장 많은 장학금을 제안한 학교에 갔다.

인문학이 의학이나 기타 전문적이거나 직업적인 학과와 똑같이 즉각적인 방식으로 유용하지 않다는 명백한 사실에 대해서 조금이라도 생각하는 사람은 극소수다. 전문화의 만조기 동안 이것은 널리 간과되었다. 유용성이라는 개념 자체가 천박하다고 느끼도록 주입되었기 때문이고, 처음에는 장학금을 얻고 나중에는 일자리를 얻는 것이 상대적으로 쉬웠기 때문이다. 인문학 전공자는 가장 많은 돈이나 위신을 제공받는 곳이라면 어디라도 갔고 유용성을 깔보았다.

1960년대 초에는 박사 학위를 마치지 못한 철학 전공 대학원생도 강사 자리를 제안받을 기회가 많았고, 이때 제안받은 봉급은 학과장이 은퇴할 무렵인 1950년대 중반에(스푸트니크 직전에) 받았던 봉급에 거의 버금갔다. 박사 학위를 취득한 사람은 그보다 더 많이 받았다.

이때로 말하자면 목표에 대해서 굳이 생각할 때가 아니었다. 목표는 차마 생각을 감당하지 못하기 때문이었다. 자신들의 선택이 안정과 돈을 향한 관심을(즉 각자의 관심을 추구함으로써 놀라우리만치 보상을 받는 편안하고도 유쾌한 삶에) 따랐고, 이것이야말로 어쩌면 (한마디로) 이기적일 수도 있다고 어렴풋이나마 느낀 사람들은 1960년대에 기존 질서에, 중산층의 가치에, 그리고 각자 죄의식을 느끼는 나머지 모든 것에 대해서 반대하는 수사에 관여함으로써 양심이 편안해졌다. 모두 매우 이해할 만하지만, 사려 깊다고 할 수는 없는 일이다.

분명히 이보다 약간 이른 시기에 교육은 뭔가가 잘못되어 버렸다. 인문학에서(특히 철학에서) 훈련받은 그토록 많은 사람들이 각자의 삶과 목표에 대해서 그토록 적게 검토했으니, 그들의 훈련은 소크라테스의 유산과는 거리가 먼 이야기였을 것이 분명하다.

아울러 다른 뭔가가 잘못되었다. 충분한 상상력을 가진 사람이라면 누구나 추구하고 싶은 프로젝트를 자기에게 허락된 시간보다 더 오래 계속해서 생각할 것이다. 그는 스스로 이렇게 물어보아야 한다. 왜 나는 다른 프로젝트 대신 이 한 가지를 선택해야 하는 걸까? 그의 중심 목표가 학계에서의 승진이라면, 그는 이를 시인할 만큼 사려 깊고 정직해야 한다. 하지만 사람들을 이렇게 할 수 없도록 만드는 요소는 반성과 솔직함의 결여만이 아니다. 상상력의 결여이기도 하다. 대부분의 젊은 학자들은 아이디어가 가득하지 않다. 그들은 이미 오래전에 맹목적으로 되었다.

교수의 직업적 삶은 '실제로' 비교적 유쾌하며, 시험지를 읽어야 하는 것이라든지 몇몇 낙담스러운 위원회 회의에 참석해야 하는 것을 제외하면, 그들의 일상 가운데 논문을 써야 하고 논제가 필요하다고 설명하는 학생들보다 더 우울한 점은 거의 없다. 어쩌면 교수는 학생들이 찾아와서 여러 논제 중에 교수님이 보시기에 가장 가망 있어 보이는 것이 무엇인지 물어보기를 기대할 수도 있지만, 대다수는 논제를 하나도 생각할 수 없다. 이런 곤경에 처한 사람들이 대안적인 목표에 대해서 생각하리라고 기대할 수는 없다.

1960년대 말부터 1970년대 초중반까지 학생들이 계속해서 인문학 대학원 프로그램으로 쏟아져 들어왔지만, 눈 달린 사람이라면 거기에 일자리가 없음을 알 수 있었다는 사실이야말로 현학자의 맹목성을 가장 잘 보여주는 사례일 것이다. 이런 학생들은 정말로 초(超)이상주의자라서 여러 가지 프로젝트에 대한 열성으로 불타오르는 반면에 안정과 돈에 대해서는 아랑곳하지 않았다. 한편 대학원은 3~4년 동안 안정과 함께 약간의 돈을 제공하지만, 일단 학위를 취득한 학생들의 미래는 생각하기를 거부했다. 맹목을 매우 성공적으로 가르쳤던 셈이다.

물론 대학원에 들어온 학생들은 어쨌거나 자기들은 일자리를 구할 수 없었다고, 최소한 학교를 3~4년 더 다니는 것보다 유쾌한 일자리는 없었다고 호소할 수 있었다. 모든 것을 고려해보면 미래에 대해서 눈을 감아버리는 편이 더 편리했다.

65

철학과 종교, 문학과 음악, 미술과 역사 연구에서 다수의 대학생들을 훈련시키기 위해서는 약간의 정당화가 필요하다. 여기서 내가 「서론」에서 제안했던 인문학의 네 가지 주요 목표를 다시 한 번 고려해보자.

첫째는 인간 정신의 가장 위대한 작품들의 보전과 배양이다. 나는 인문학이 널리 읽히고 가르쳐지는 방식들이 이런 목표를 잘 달성하지 못한다는 사실을 보여주려고 했다. 예술가들과 작가들, 철학자들과 종교인들이 제시하는 도전은 (대개는 아니더라도) 종종 무시되고 만다. 창의적인 인간은 십중팔구 전적으로 무시되며, 한 작품 또는 다른 작품이 제기한 기술적인 문제가 더 주목받는다.

더 나아가 '엘리트주의'는 선호되지 않으며, 덜 유명한 인물 연구와 대중문화 연구가 유행이다. 이런 추세를 옹호하여 무슨 말을 하든지 간에, 이는 인문학의 첫 번째 목표를 위반하는 동시에 비인간화하는 효과가 있다. 여성과 흑인의 교육에 관해서는, 이른바 역할 모델의 중요성에 관해서 많은 이야기가 있었고 이런 요점은 잘 받아들여졌다. 하지만 인간성의 모델도 필요하다.

두 번째 목표는(사려 깊은 사람이라면 대안적인 선견들에 주목함으로써 목표를 반성해야 한다는 것은) 이 책의 핵심 주제이기도 했다. 아울러 목표를 고려하기 거부할 경우에 나타나는 직접적이고 현실적인 결과들 역시 이 책에서 살펴보았다. 즉 교사들은 학생들을 향한 자신의 의무와 교육의 목표에 대해서 묻기를 중지하고 말았다. 교사들은 왜 군이 문학이나 미술, 종교나 철학, 음악이나 역사에 관한 강의를 제공해야 하느냐는 질문에 더 이상 관심이 없다. 교사들은 왜 어떤 영역에는 너무나 많은 강의가 있고, 다른 영역에는 아예 강의가 없는지 하는 문제를 비켜 갈 만한 충분한 이유가 있다. 일단 그런 질문들을 물어보면 답변은 피할 수 없기 때문이다. 교수들은 각자의 관심만을 추구하며, 학생들의 복지는 물론이고 인문학의 목표도 시야에서 벗어난다.

네 가지 목표 가운데 (최소한 미국에서는) 아마도 가장 잘 진척된 것 하나는 비판적 정신의 배양이었을 것이다. 그러나 이 역시 자축하기는 힘들다. 비판적 사고가 가장 강조되었던 최고의 학교들 가운데 일부에서도 비판적 사고는 편협한 합의의 범위에서만 번성했는데, 중요한 대안들에 대한 고려가 불충분했기 때문이었다.

이제 논의될 목표는 한 가지 남았다. 이것이야말로 네 가지 가운데 가장 문제적이다. 즉 선견을 가르치는 것이다.

66

선견을 정말로 가르칠 수 있는가? 이에 대한 답변은 여기서 말하는 선견이 무슨 뜻인지에 따라 분명히 달라진다. 첫 번째 답변으로, 선견이란 맹목의 반대말이라고 할 수 있을 것이다. 이제껏 맹목을 실제로 가르쳐왔으니, 학생들의 눈을 덜 멀게 하고 그들로 하여금 각자의 상태를 바라보고 대안까지 바라보도록 할 수 있다면 선견도 가르칠 수 있다는 것이다.

더 나아가 과거와 현재와 미래의 선견을 구분하는 것이

유용해 보이기도 한다. 인문학 교사라면 과거를 향해 학생들의 눈을 열어주어야 마땅하다. 인문학 연구 가운데 상당 부분은 (골동 애호적인 것은 확실히 아니더라도) 항상 역사적이기 때문이다. 오로지 과거를 보았을 때에만 비로소 현재에 관한 전망을 얻을 수 있다. 우리의 상태, 우리의 사회, 그 사회의 문제와 현재의 경향을 더 잘 이해할 수 있는 것이다.

또한 우리는 비교의 기준을 획득함으로써 전망을 얻는다. 한때 대단해 보였던 작품이 가까이 있었을 때만 그렇게 보이는 경우가 종종 있음을 깨닫는다. 이제 과거의 가장 뛰어난 작품들 가운데 일부와 나란히 놓았을 때 그것이 어느 정도인지를 볼 수 있다. 많은 사람들은 분명한 이유로 이처럼 파괴적인 함의에 저항했는데, 앞서 우리는 독서에 관한 논의에서 그들이 거만함을 유지하기 위해 사용하는 책략의 일부를 살펴본 바 있다. 그들은 자기가 무릎을 꿇어야만 더 적절하게 읽을 수 있는 작가들에게 선심을 쓰는 척한다. 그러니 그들이 눈멀지 않았다면 과연 자기가 그 분야에 혁명을 일으킨다고, 지식의 최전선에서 연구한다고, 매우 중요한 일을 한다고 스스로와 대학 행정부와 보조금 수여자를 설득할 수 있겠는가? 어느 정도 역사적 전망을 갖고 있고 위대함이 무엇인지를 알고 있는 사람에게는 매우 가까이 있는 것 다수가 딱하리만치 작아 보인다.

미래에 관한 선견은 가르칠 수 없다. 심지어 히브리 예언자들조차도 가르칠 수 없었기에 다음과 같이 말할 수밖에 없었다. '당신들이 계속 이렇게 행동한다면, 이런저런 무시무시한 결과를 피할 수 없음을 모른단 말이오? 그러니 지금 하는

행동을 중단하고 다른 길로 가시오.'

대부분의 미래학자는 과학적이라고 자처하지만, 실제로는 자신의 무지를 시인하기 싫어하는 까닭에 비(非)소크라테스적이다. 1925년부터 1975년에 이르는 기간에 관해서 가장 충격적인 사실 가운데 하나는 뭔가 예언해야 한다고 생각했던 사람들이 거듭해서 스스로를 바보로 만들었다는 점이다. 예를 들어 1965년의 독일과 일본의 상태를 1935년이나 1945년에 예견한 사람이 과연 있었을까? 사람들은 워낙 잘 속는 까닭에 실패를 모조리 금세 잊어버리고, 마치 눈먼 닭이 진주를 찾아내는 것 같은 희귀한 사례에 설득되기를 좋아한다. 모든 잘못은 용서되며 눈먼 닭은 '예언적'이라고 일컬어진다.

인문학의 미래를 '예견'하려는 것은 나태한 일이겠지만, 그래도 현재의 경향이 지닌 함의에 관해서 질문하고, 성취하고 싶은 목적들에 관해서 질문함으로써 인문학의 미래를 진지하게 생각하는 것은 매우 이치에 닿는 일이다. 그렇게 하고 나면 (다음 장에서 하겠지만) 과연 이런 목표들을 실현하는 데에 도움이 될 변화가 무엇일지 물어보아야 한다. 대안적 목적이라는 견지에서 미래에 관해서 물어보는 것이야말로 책임의 정수다. 미래를 과학적으로 예견한다고 주장하면서도 정작 목표를 고려하지 않는 것은 사기일 수밖에 없다. 인문학에 관한 약간의 지식은 그 차이를 파악하는 데에 도움이 될 수 있다.

67

선견에는 또 한 가지 의미가 있다. 선견자를 특징짓는 선견도 가르칠 수 있을까? 역사, 철학, 종교, 미술, 음악, 문학에서의 훈련이 선견자의 발달을 촉진할 가능성이 있을까? 또는 우리가 바랄 수 있는 최상은 더 많은 소크라테스적 인간일 뿐일까? 더 비판적으로 생각하도록 사람들을 가르칠 수 있다는 것은 명백하다. 실제로 그렇게 하지 않는 자유교양 대학이 있다면 실패작일 것이다. 한편으로 실제로 그렇게 하는 학교는 무엇이든지 간에 인류에 약간의 봉사를 한 셈이다. 그렇다면 독창성도 가르칠 수 있을까?

'네 가지 종류의 정신'에 관한 장에서 말한 것처럼, 선견자도 각자의 선견을 상술하기 위해서는 기술의 숙달이 필요하다. 그들도 각자의 예감을 시험하기 위해, 그리하여 그중에서 추구할 만한 가치가 있는 것을 찾아내기 위해 규율이 필요하다. 아이디어가 거의 없는 사람은 직관에 신성불가침한 것이 있고 비판적인 경향과 창의적인 경향은 양립할 수 없다고 생각한다. 실제로는 진정으로 창조적인 사람일수록 직관과 예감과 아이디어가 풍부하며, 그들은 그중에서 반드시 버려야 할 것을 (종종 매우 신속하게) 찾아내는 방법을 배웠을 뿐이다.

'진보적' 교육은 독창성과 창의성의 가치를 납득했음에도 실패하고 말았는데, 아이들이 종종 억압당하는 방식들에 과민 반응을 보였기 때문이다. '진보적' 교육자들은 규율의 가치와 예감을 엄격하게 식별할 필요성을 과소평가했다. 급기야 아이들은 모든 예감이 똑같이 좋은 것이라고 믿도록 유도되었다. 전문화 시대는 이런 어리석음에 대한 또 다른 과민 반응을 상징한다.

선견자의 성장을 촉진하는 방법은 학생들에게 각자의 길

에서 벗어나 대안과 반대를 찾아보라고 독려하는 것이다. 어린이도 초등학생 때부터 대안을(그 대안에 대한 반대를) 찾아보라고 독려받을 수 있다. 선견은 자기비판과 불가분의 관계이며, 때로는 자기비판도 건설적일 수 있다. 그 반대를 아예 생각하지도 않은 상태에서, 그리고 그 대안과 아예 비교도 하지 않은 상태에서 선견을 상술한다는 것은 더 쉬운 일이지만, 경쟁 관계인 다른 선견들보다 여러 가지 면에서 더 탁월해 보이는 선견 하나를 완성하려는 시도에 비하자면 덜 인상적이고 결실이 덜하며 덜 중요하다.

어찌 보면 이건 결국 과학이 아닌가 싶을 수도 있다. 이 시점에서 정말로 인문학이 필요한가? 물론 필요하다. 학생의 과학 연구는 보통 현미경적이며, 이때 학생이 노출되는 유일한 선견이란 반복된 검증을 거치고 살아남은 것뿐이기 때문이다. 대안적 선견은 거의 고려되지 않는다.(예외가 있다면 과학사뿐인데, 이 또한 인문학의 하나다.)

요약하자면, 인류(humanity)에게는 그 단어가 가진 두 가지 의미(즉 '인간다운 태도'와 '인류'라는 의미) 모두에서 인문학(humanities)을 잘 가르치는 일이 결정적으로 중요하다. 인문학을 잘 가르친다고 해도 인류가 살아남으리라는 보장은 없다. 하지만 인문학을 잘 가르치지 않는다면 인류가 살아남을 가능성은 거의 전무할 것이다.

6장
학제 간 시대

지금까지 내가 받은 교습 중에서 최상이었던 것은 2차 대전 당시 미국 군사정보학교에서 받은 8주간의 강의였다. 독일 육군의 전투 서열, 항공 사진의 해석 방법, 포로 심문 등을 다루었던 강의의 목적에 대해서는 의심의 여지가 없었다. 모든 것이 목표 지향적이었고, 장난칠 시간 따위는 전혀 없었다. 한 대위는 병참 부대에서 근무하면서 그 계급까지 승진한 육류 검사 전문가라고 했는데, 한번은 시험에서 부정행위를 한 듯했다. 뚜렷한 증거가 없다 보니, 교관은 다음번 시험에서 일부러 시험지를 두 종류로 만들어서 모든 수강생이 옆 사람과 서로 다른 시험지를 갖게 했다. 그 대위는 예상대로 옆 사람의 답안을 베꼈고, 결국 학교에서 쫓겨나 전출되고 말았다. 그런 사람이 군사 정보 분야의 대위로 활동했다면 어마어마한 해악을 끼쳤을 것이다.

　우리가 심문을 연습한 상대는 그 과정에서 낙제한 병사들이었다. 당연히 이들은 가진 정보를 우리에게 내놓지 않으려 했고, 솜씨 좋은 질문에만 굴복해서 내놓았다. 조금만 방심해도 이들은 우물쭈물하는 심문관에게 역습을 가해서 질문을 퍼붓곤 했다. 힘든 일이었지만 이보다 더 쉬웠다면 말이 안 되었을 것이다.

가장 힘든 부분은 일명 '이틀 시험'이었다. 나는 하필 무지막지하게 추웠던 1월에 그 시험을 치렀다. 우리는 한밤중에 트럭을 타고 어딘가로 이동했고, 갑자기 지도 한 장과 나침반 한 개만 들고 혼자 남았다. 어둠 속에서 1번 천막을 찾아가야 했다. 목표에서 반경 45미터를 벗어나면 그대로 끝이었다. 목표를 찾아내면 추위에서 간신히 벗어나자마자 곧바로 시험을 하나 치르고 다시 2번 천막을 찾아서 떠나야 했으며, 거기 도착하면 또다시 시험을 하나 치렀다. 이런 식으로 이틀 동안 계속하는 것이었다. 우리가 적절한 조건하의 안락한 방 안에서만 제대로 일할 수 있다면, 정작 우리의 지식을 발휘해야 하는 위기 상황에서는 무용지물이 될 수도 있으니, 미리 극한 상황을 가정하고 단련하라는 것이 그 시험의 취지였다.

우리가 만난 최고의 강사는 항상 시험 도중에 강의실 한가운데 복도를 따라 앞뒤로 계속 오가며 농담을 늘어놓았다. 이야기 솜씨가 워낙 좋아서 우리는 정신이 산만해질 수밖에 없었다. 그는 정신이 산만해지는 요인이 많을 때 과연 배운 것을 사용할 수 있는지를 알아보기 위해 시험하는 것이었다. 우리 교육의 목표에 대해서는 아무런 질문도 없었지만, 그 중위는 농담을 즐기는 것이 분명했다.

인문학 교육은 8주짜리 벼락치기 강의와 같지 않고 목적도 같지 않으므로, 그런 방법은 적절하지 않을 것이다. 하지만 훌륭한 교육은 목표를 명료하게 파악하는 것과 적절한 방법을 선택하는 것에 달려 있다. 학술적 필요조건, 교과 과정, 시험과 학점에 대한 찬반을 다루는 논의에서 목표를 충분히 언급하지 못하는 경우는 너무 흔하다.

나는 목표에 관해서, 목표를 달성하는 데 필요한 수단의 일부에 관해서 길게 다루었다. 하지만 가르침에 대해서, 그리고 전문화와 학제 간 훈련의 적절한 혼합에 대해서는 더 이야기를 해야겠다.

69

전형적인 인문학 강의는 설명, 읽기, 토론으로 이루어진다. 이는 매우 타당하다. 그중에서 가장 중요한 부분은 읽기이며, 이에 대해서 나는 아예 한 장 전체를 할애한 바 있다. 강의와 토론은 보조적이지만, 이 두 가지가 없어도 무방하다면 굳이 인문학을 가르치기 위해 단과 대학과 종합 대학을 둘 필요가 없을 것이다. 도서관만 있어도 충분할 것이다. 하지만 학생은 반드시 스스로 읽는 법을 '배워야' 하며, 강의와 토론은 그들에게 이를 가르치도록, 그들이 혼자 있을 때보다 더 많은 것을 읽기에서 얻을 수 있도록 설계되어야 한다.

어떤 사람들은 옥스퍼드의 개별 지도가 일반 강의보다 훨씬 우월하다고 생각한다. 물론 학생이 운 좋게 탁월한 개인 교사를 구했다고 가정하면 그렇다는 것이다. 반대로 개인 교사가 평범하거나 어설픈 경우에는 해결책이 없다. 학생은 매주 한 시간씩, 또는 격주로 두 시간씩 개인 교사와 시간을 보내야 하지만, 강의를 선택할 때처럼 미리 알아보고 개인 교사를 선택할 수는 없다. 나아가 개인 교사는 20대에 뽑히고 나면, 이후 약 40년 동안 계속 남아 있는 경우가 일반적이다. 순환은 극히 드물다. 학부생은 2년 동안 세 명의 개인 교사를 두게 되며, 더 많고 다양한 교사들에게 노출될 기회는 없다. 이 제도는 혜택받은 극소수를 위해 고안된 것이며, 두 학생이 함께 듣는 경우도 강의료가 매우 비싸다. 이 제도는 개인 교사에게도 극히 가혹한데, 세 학기(한 학기는 8주씩이다.) 동안 일주일에 최대 18시간씩 가르치면서, 대개는 매우 평범한 학생들에게 붙들려 있어야 하기 때문이다. 이런 상황에서 교사가 다양한 관점에 생명을 부여하는 데, 믿음이나 도덕을 탐사하는 데 필요한 정서적 투자를 할 수 있으리라고는 기대할 수 없다. 그런 끝없는 시간을 견딜 만하게 만들기 위해 학생과 함께 할 수 있는 게임을 제공하는 교사가 모두에게 큰 존경을 받은 것은 놀라운 일이 아니다. 이는 1950년대에 미국에서도 확산했던 '옥스퍼드 철학'의 기원을 설명하는 데에 도움을 준다.

비트겐슈타인은 옥스퍼드에서 공부하거나 개별 지도를 받지는 않았고, 케임브리지에서 소규모로 강의를 하고 가르침에 깊이 관여했을 뿐이다. 옥스퍼드는 그의 접근법을 (그것도 그가 전적으로 혐오할 만한 방식으로) 응용하여 급기야 개별 지도 교사들을 위한 게임으로 만들었다. 그것이 바로 찻잔 철학이다. 그의 철학은 중대한 측면에서 애초부터 비(非)소크라테스적이었다.(따라서 이 응용에 매우 손쉽게 맞아떨어졌다.) 비트겐슈타인은 믿음과 도덕에 관한 탐구로부터 몸을 사렸으며, 사회적 비판으로부터도 몸을 사렸다. 본인의 말마따나, 그의 철학은 모든 것을 있는 그대로 내버려둔다. 가톨릭 신자는 가톨릭 신자로 남을 수 있고, 칼뱅주의자는 칼뱅주의자로 남을 수 있다. 이런 종류의 철학은 개별 지도 교사들의 필요에 손쉽게 순응되었다. 이처럼 개별 지도 제도는 그 나름의 단점이 있다.

이에 비해 강의는 크게 문제의 소지가 있으며, 대부분은 확실히 시간 낭비일 뿐이다. 강사가 그 내용을 글로 쓰지 않을 경우, 그 내용은 과제로 내줄 수 있는 인쇄물로 이용할 수 있는 것보다 매우 열등할 가능성이 크다. 만약 강사가 실제로 그 내용을 글로 쓴다면 그걸 굳이 읽어줄 필요가 없어 보이는데, 그 시간의 절반만 투자해도 학생들이 혼자 읽을 수 있도록 만들 수 있기 때문이다. 교수가 자료를 청중에게 읽어주는 데 예외적으로 뛰어나다면, 강의를 비디오테이프에 녹화해서 다른 곳에 있는 학생들도 이용하게 만들 수 있다. 교수가 그런 일에 서툴다면(사실은 이런 경우가 더 흔하다.) 이 교습 방법의 부족함은 뚜렷해진다.

우리는 이런 질문을 해보아야 한다. 평범한 현장 강의보다는 차라리 매우 훌륭한 텔레비전 강의가 학생들에게 더 많이 도움이 되지 않을까? 강의에 서툰 사람들이 수십 년 동안이나 계속해서 그 일을 함으로써 학생들을 소외시키는 것이 과연 맞는 일일까? 최소한 어설픈 강사들의 비율을 줄이기 위해서 조치를 해야 한다는 것만큼은 명백해 보인다. 실제로 미국에만 해도 수천 개의 단과 대학과 종합 대학이 있고 그중 상당수는 재직하는 교수의 숫자만 수백 명에 달하지만, 그들 누구도 생계를 유지하는 기술에 관해서 조언을 받아본 적이 없고 교습을 받아본 적은 더욱 없다. 내 생각에 그들 대다수는 강의의 핵심과 목표에 대해서도 그다지 생각을 해본 적이 없을 것이다. 이런 식이라면, 또 다른 과제를 덧붙이기만 해서는 훨씬 잘 이루어질 수 없는 뭔가를 과연 (달성할 수 있다고 가정할 경우) 달성할 수 있을까?

한 가지 분명한 답변은 보통 50분 동안 설명이 방해받지 않은 채로 계속되어서는 안 되고, 대신에 설명과 토론이 조합되어야 한다는 것이다. 하지만 많은 학생은 질문을 던지는 동료 학생들을 인내심 없게 대한다. 그들은 차라리 교수의 말을 듣고 싶어 한다. 이 문제는 대개 더 젊은 동료 교수나 대학원생이 인도하는 소집단 토론 시간을 따로 떼어놓음으로써 해결할 수 있다. 또는 질문을 강의 시간에만 국한함으로써 해결할 수도 있다. 만약 수강생이 많으면 질문을 글로 적어놓았다가 강의 직전이나 직후에 교수에게 제출하도록 함으로써 해결할 수도 있다.

그래도 질문에 대답하지 않을 때 강사는 과연 무엇을 하려고 해야 하느냐는 질문은 여전히 남아 있다. 그 '무엇'이란 강사가 학생들에게 대신 읽어보라고 요청할 수 있는 책이나 논문에서도 더 잘해내지 못한 '뭔가'임이 명백하다. 강사는 학생들이 노출되는 관점에 생명을 불어넣고자 자신의 혈액과 영혼과 생기를 제공함으로써 저자들이 말하도록 만들기 위해 노력해야 마땅하다. 학생들은 가급적 저자들을 혼자 힘으로 읽어야 한다. 하지만 불편한 사실, 의견, 논증은 간과되기 쉽다. 모든 독자는 자기가 좋아하는 것을 바라보는 반면, 자기를 불편하게 만드는 것을 바라보지 않는 경향이 있다. 특히 우리는 저자를 자신과 비슷한 인간으로 생각하지 않게 마련이다. 강사는 이 모두를 치료하려 해야 한다. 즉 작가들도 학생들과 완전히 다르지 않으므로 결국 학생들처럼 생각할 수 있음을 보여주는 것이다. 또한 강사는 텍스트의 도전에 자신의 목소리를 빌려주어야 한다.

그런 도움이 필요 없는 저자와 텍스트는 굳이 강의의 주제로 사용될 필요가 없으며, 때때로 과제로 부여될 수만 있다. 접근이 쉬운 것에 대해 강의하는 데에는 변명의 여지가 없다. 인문학에서는 유행은 아니지만 도전적인 것을 강의하는 것이 더 이치에 맞기 때문이다. 전체적으로 이는 과거의 가장 위대한 저자들에게 유리하게 작용할 것이다. 그들이 그토록 대단하고 그들의 입지가 널리 인정된다고 치면, 그들이 유행하지 않을 리가 없다는 반박도 나올 수 있을 것이다. 하지만 그들은 통상적으로 읽히고, 학생들을 혼자 내버려두면 대부분은 그들을 읽게 마련이다 보니, 그들의 작품에서 거슬릴 만한 것들은 간과되고 그들의 도전은 무시되고 만다. 훌륭한 교사는 학생들을 중요한 문화 충격에 노출시킬 필요가 있다.

70

훌륭한 교사는 반드시 생기가 있어야 한다. 상당수의 학부생은 학술과 열성의 융합이 훨씬 더 낫다는 사실을 인식하지만, 열성을 학술보다 훨씬 더 높게 쳐준다. 열성을 지닌 젊은 교사가 종신 재직권을 얻는 데 실패하고 교수진에서 떠나야 할 경우, 학생 신문에서는 그가 실제로는 학교 전체에서 가장 뛰어난 교사 가운데 한 명인데도 불구하고 '해고당했다'고 주장하는 경우가 종종 있었다. 심지어 전문화의 시대에도 이런 일은 몇 년에 한 번씩 거의 모든 캠퍼스에서 일어났다. 나의 경험에서 회고할 수 있는 그런 사례 중에 첫 번째는 1940년에 일어났는데, 그때는 나도 끔찍한 실수가 벌어졌다고 느낀 학생들 가운데 하나였다. 무려 30년 이상이 흐른 뒤에 돌이켜보면, 나는 그런 사례들에서 학생들의 타율이 거의 0에 가까웠음을 깨닫게 된다. 우리 학교를 그만두거나 또는 다른 학교에서 제안을 받고 옮겨 간 후에 다른 곳에서 대단한 명성을 얻게 된 교사들을 회고하기는 어렵지 않지만, 그들이 떠날 때에 학생들이 들썩인 적은 거의 없었다.

과연 누가 종신 재직권을 가져야 마땅한지는 논의의 여지가 있다. 애초에 그런 권리는 교수들에게 어느 정도의 안정성을 제공하기 위한 것으로, 예를 들어 실업계에서는 찾아볼 수 없는 것이었다. 이 제도의 존재 이유는 학술적 자유를 보장하는 것이었다. 교수라면 해고될 두려움이 없는 상태에서 교실에서나 인쇄 매체에서나 이단적인 견해를 발전시킬 자유를 얻어야 하기 때문이었다. 즉 사회의 믿음과 도덕과 이데올로기에 대해서뿐만 아니라 자기 전공의 합의에 대해서도 자유롭게 탐사할 수 있어야 한다. 나는 교수가 이런 일을 해야 마땅하다고 주장하는 까닭에, 매카시즘이나 동료들의 불관용에 대항해서 그들을 보호하기 위해서라도 종신 재직권이 필요하다고 믿는다. 교수들 가운데 워낙 극소수만이 각자의 혜택받은 지위를 이용할 수 있다는 사실은 낙담스러운 일이다. 하지만 나라면 재직권을 빼앗음으로써 그 직업을 더 현학적으로 만들기보다는, 차라리 소명에 부응하도록 그들에게 영향력을 발휘하려 할 것이다.

이제 6년간의 단기 채용 이후에 결국 재직권을 얻지 못한 사람들은 미국의 일반적 관례처럼 다른 곳에서 자리를 찾아보도록 강제하는 대신에 재직권 없이 머물도록 하면 안 되겠느냐는 주장이 나올 수도 있다. 훌륭한 교사라면 한 학교에서 재직권을 거부당하더라도 다른 학교에서 얻을 수 있을 터이므로, 이런 주장에는 장점이 그리 많지 않다. 넓게 보자면 한 학교의 손실이 또 다른 학교의 이득이기 때문이다. 교사를 채용하는 과정에서 중요한 저술 간행을 요구하지 않는 학교들은 실제로 이런 방법을 통해서 여차하면 가장 유명한 대학들에 남아 있었을 뻔한 교사들을 데려온다. 1970년대 중반에 교사들이 가르치는 자리를 얻기가 절망적으로 어려워지자, 인도적인 근거를 들어서 그들을 계속 고용해야 한다고 주장하고 싶은 유혹이 생겨났다. 하지만 재직권을 주건 안 주건 간에 그들을 계속 고용한다는 것은, 더 젊은 교사들을 위한 자리가 전혀 남지 않으리라는 뜻일 것이다. 교수진의 자리 개수와 자금이 한정된 상황에서, 문제는 과연 그 자리를 모두 채워놓고 학생들을 향해서는 '너희가 아무리 똑똑하더라도 교수가 될 가망은 없을 것'이라고 말해야 하는가, 또는 반전과 경쟁이 있는 편이 나은가 하는 것이다.

다음으로 전염적 열성만으로 충분한가 하는 문제가 있다. 학생이 교사를 사랑하고 교사로부터 영감을 얻는다고 생각할 경우, 그가 연구를 간행하지 않았다는 이유만으로 떠나보내는 것은 잘못으로 보일 수도 있다. 하지만 17세에는 악마의 할머니조차 예뻐 보이게 마련이라는 속담도 있지 않은가. 마찬가지로 27세에는 세상에서 가장 지루한 교사의 일부도 좋아 보이게 마련이다. 교사가 학생들과 관계를 맺기는 상대적으로 쉬우며, 젊을 때는 열성이 가득하게 마련이다. 하지만 아무런 연구도 하지 않는 사람은 정체되고, 종종 교직에서 마지막 20년 동안에는 웃음거리로 전락하게 마련이다. 훌륭한 학교라면 훌륭한 가르침과 훌륭한 학술성을 조합한 교수를 찾으려 해야 한다. 열성적인 교사이되 그리 대단한 학자는 아닌 누군가를 내보낼 경우, 학교도 대체자를 찾는 과정에서 최소한 그만큼은 좋은 사람을 고를 수 있으리라 기대할 수 있다. 물론 때로는 더 못하기도 하지만 말이다.

가장 유명한 학교는 종종 학부생의 이익에 관심이 너무 없을 수 있다. 이것이야말로 이 책의 주제 가운데 하나였다. 하지만 학술성과 글쓰기에 대한 강조를 포기하는 것은 학생의 이익에 포함되지 '않을' 것이다. 교수들이 강의에서나 강의 중 토론에서 대강 때울 수 있는 내용을 보면 정말 겁이 날 정도다. 교실에서 매우 인기를 끈 것이라고 해서 반드시 건전한 것은 아니다. 교수는 자기 생각의 일부를 글로 작성해서 이튿날 아침에 다시 읽고 몇 주 뒤에 비판적으로 읽는 것이 필수적이다. 소크라테스적인 기풍을 가진 사람이라면 때때로 자신의 글을 보고 소스라치게 된다.

불행하게도 상당수의 사람은 자기비판에 전혀 충분하지 못하며, 교수들도 예외가 아니라고 말하는 것도 과언이 아닐 것이다. 따라서 그들은 반드시 자기가 쓴 것을 다른 학자들에게 보여주고 비판적 평가를 받아야 한다. 이처럼 아주 건전한 필요는 종종 상당히 비합리적으로 팽창된 끝에 '학자라면 반드시 연구를 간행해야 한다.'는 요구가 된다. 그 결과로 모든 학자는 무수히 생산되는 헛소리에 빠져 죽을 위험에 처한다.

학술지에는 재직권, 승진, 봉급 인상을 얻기 위해 반드시 연구를 간행해야 하는 사람들이 쓴 논문이 가득하다. 일부 학장은 실제로 그 숫자를 세어보기도 하는데, 나는 어느 학장이 교수진 가운데 한 명을 위해 쓴 추천장의 내용을 잊지 못할 것이다. "작년 한 해 동안 그는 무려 세 번이나 간행했습니다."

물론 자기가 쓴 것을 자기와 견해가 같고 좋은 친구인 몇몇 동료들에게 보여주는 것만으로는 충분하지 않다. 따라서 저자가 기울어 있는 합의에 의문을 제기하고 아예 접근법부터 다른 몇몇 사람들에게 접촉해서 반응을 얻는 것이 필수다. 하지만 현재의 시스템은 이런 기능에 그다지 잘 부응하지 않는다. 기껏해야 50부 미만으로 회람되면 그만일 법한 것들이 너무 많이 간행되는 셈이다.

우리는 글 한 편에 대해서 그 목적이 무엇인지를 질문할 필요가 있다. 만약 그 글이 다른 사람들을 자극하여 뭔가를 새로운 조명하에 바라보게 만들거나 새로운 계열의 사고와 연구를 추구하게 만들 희망이 약간이라도 있다면, 그 글은 간행되어야 마땅하다. 만약 그게 핵심이 아니라면 목표가 달성될 수 없을지, 또는 다른 방법으로 더 잘 달성될 것인를 물어보아야 한다.

많은 경우에 논문의 요약문을 먼저 간행한 다음, 그걸 보고 논문 전체를 요구하는 사람에게 복사본을 보내주는 것이 적절하다. 이 방법은 추가적인 이득도 있는데, 대략 500단어쯤으로 자기 논문을 요약해야 하는 저자 중에 상당수는 자기 논문이 굳이 간행할 가치가 없다는 사실을 발견하게 될 것이기 때문이다.

71

이 책에서 옹호한 목표를 실현하기 위해서는 몇 가지 다른 종류의 강의와 프로그램이 필요하다. 나는 이미 종교에 관한 장에서 두 가지 종류의 강의를 묘사한 바 있는데, 비교 종교에 관한 두 번의 넓게 고안된 강의 한두 가지, 그리고 「창세기」에 대한 집중 연구도 거기 포함되었다. 거기서 말한 내용을 철학과 문학, 미술사와 음악으로 옮겨놓는 것은 어렵지 않다. 하지만 개론 강의는 문제의 소지가 매우 크다. 그런 강의는 2차 대전 직후에 유행했지만 조롱의 대상이 되기가 쉽다 보니, 전문화의 시대에는 대부분 폐기되었다. 한 주는 단테, 다음 주는 셰익스피어, 이어서 스피노자, 밀턴, 루소, 칸트, 괴테 등 매번 위대한 책 한 권에 한 주를 소비하다 보면, 대책 없이 피상적일 수밖에 없다. 학생들이 실제로는 알지도 못하는 여러 가지에 대해서 권위를 지닌 척 말하게끔 조장하는 강의가 되어서는 절대 안 된다. 하지만 이 위대한 인물 각각에 대해서 한 학기 동안 강의만 제공하고 그보다 더 포괄적인 것을 전혀 제공하지 않는다면 그 역시 나쁠 것이다. 그런 경우에 대부분의 학생은 인문학의 기본 문해력조차도 얻지 못한 채 졸업할 가능성이 있기 때문이다. 포괄적 강의의 기능은 명확해야 한다. 학생은 각 분야에서 가장 위대한 업적 일부를 알아야 하며, 다양한 관점과 도전에 노출되어야 한다. 그들이 어떤 전공을 선택하든지 간에, 그 전공에 대해서 어느 정도의 시야를 가져야 하며, 그 전공과 다른 분야에서 이루어진 최고의 작품 일부를 연결할 수 있어야 한다. 한 학기 전체에 걸쳐서 한 인물을 다루는 강의가 학부생에게 적합한 경우는 드물며, 한 학기 전체에 걸쳐서 책 한 권을 다루는 강의가 적합한 경우는 더욱 드물다. 물론 「창세기」는 예외이며, 나는 그런 강의야말로 종교가 인간의 다른 관심사와 연결되어 있음을 학생들에게 보여줄 학제 간 탐구를 위한 초점이 될 수 있음을 입증하려 했다.

겉핥기식의 개론에 관해서 상상하기보다는, 차라리 매우 제한적인 주제를 다루는 강의를 상상하기가 더 쉽게 마련이다. 서너 명의 위대한 화가들에 대한 연구에 전념하는 강의라면 뚜렷한 결실이 있을 것이다. 시간과 공간 모두에서 가까이 살았지만, 뚜렷이 달랐던 화가들에게 집중할 수 있을 터이다. 이를 통해 학생들은 그림의 가능성에 대해서 개념을 얻게 될 것이고, 충격적이고도 도전적인 대안에 노출될 것이다. 학생들은 세계를 바라보는 매우 다른 방법들을 탐사하게 될 것이다.

보스는 피터르 브뤼헐 1세에게 영향을 주었지만, 두 사람은 역대 가장 독창적인 화가들에 속한다. 루벤스는 브뤼헐의 회화를 열두 점이나 갖고 있었지만, 그는 또 다른 감성을 상징한다. 루벤스는 렘브란트보다 나이 어린 동시대인으로 우리에게 또 다른 세계를 보여준다. 이 네 명의 화가들에 대한 강의는 정말 잊지 못할 내용이 될 수 있을 것이다.

이런 공식은 분명히 다양해질 수 있다. 예를 들어 그뤼네발트, 뒤러, 미켈란젤로, 티치아노로 또 다른 강의를 만들 수 있을 것이다.

두 학기 연속 강의라 하더라도 미술사 전체를 다루려면 피상적이지 않을 수 없다. 그럼에도 세계 미술에 대해서 학생의 눈을 열어주고, 이후 (추가 강의, 미술 서적, 미술관 방문, 해외여행 같은) 학생 각자의 탐사에 알맞은 틀과 시야를 제공하려면, 이런 연속 강의는 무척 필요하다. 조각과 회화에 집중한다면, 첫 번째 학기 강의는 이집트와 메소포타미아와 이란과 그리스와 인도와 중국과 일본에 각각 2주씩을 할애해야 할 것이다. 두 번째 학기에서는 1400년 이전의 유럽 미술, 이탈리아 르네상스 미술, 베네룩스와 독일과 프랑스와 스페인 미술, 마네부터 피카소까지의 현대 미술, 그리고 콜럼버스 이전 및 '원시' 미술에 각각 2주씩을 할애해야 할 것이다. 이는 조잡하게 들릴 수도 있지만, 학부생 대부분이 시각 예술의 세계에 대한 일말의 지식도 없이 졸업하는 상황보다는 훨씬 도움이 될 것이다.

문학에서도 네 명의 주요 인물을 다루는 훌륭한 강의를 쉽게 생각해낼 수 있다. 호메로스, 아이스킬로스, 소포클레스, 에우리피데스는 같은 문화와 전통에 속하므로, 10주 동안 어느 정도 깊이 있게 공부할 수 있을 것이다. 문맥에 대한 약간의 이해를 얻기 위해 매번 처음부터 다시 시작할 필요는 없을 것이다. 일단 호메로스와 아이스킬로스를 읽고 나면, 소포클레스와 에우리피데스의 배경에 대해서는 어느 정도 지식을 갖게 되기 때문이다. 이런 강의의 단점은 (이런 결과를 방지하려고 주의하지 않는 한) 지나치게 유사한 대안들로 마무리할 가능성이 있다는 것이다. 하지만 방금 이야기한 네 명의 시인은 앞서 이야기한 네 명의 화가와 마찬가지로 저마다 독특한 힘을 가지고 서로 다른 전망을 체화한다는 점에서 탁월하다.

이런 확산은 서로 다른 문화 출신의 작가들을 포함함으로써 더 늘릴 수 있다. 피상성을 피하기 위해서 두 가지 언어에서 두 명씩 고를 수 있다. 괴테, 톨스토이, 도스토옙스키, 카프카라면 매력적인 강의의 주제가 될 수 있다. 여기에는『파우스트』,『부활』,『죄와 벌』과『카라마조프가의 형제들』,『소송』과『성』, 그리고 각 저자의 더 짧은 작품들 가운데 일부가 추가로 포함되어야 할 것이다. 이들은 단일한 유럽 전통에서 작업했고 유사한 주제를 다루었으므로, 교사도 개론 강의가 나쁜 평판을 얻게 된 이유인 얄팍함을 회피할 수 있게 된다. 하지만 이 네 사람은 매우 다른 태도를 상징한다.

이보다 훨씬 더 어려운 것은 얄팍해지지 않은 상태에서 학생들이 상당히 많은 자료를 접하게 만드는 폭넓은 강의를 생각하는 것이다. 일단 네 가지 사례를 들자면, 최소한 프랑스, 영국, 독일, 러시아 문학사에 관한 한 학기짜리 강의가 있어야 한다.

이런 사례의 목적은 어디까지나 앞선 장들의 함의를 구체화하는 것이다. 강의 과목이 개설된다고 해도 공감대가 아주 넓지 않은 학과의 관심사를 반영하는 경우가 자주 있다. 대학 요람은 거의 개설되지도 않는 수많은 강의를 열거함으로써 종종 오도하게 마련이다. 학부생이 받는 교육에 대해서 좀 더 많은 생각을 해야 한다.

72

철학은 미술과 문학보다 약간 더 많은 공간이 필요하겠지만, 내가 이미 한 장을 통째로 할애한 종교만큼 많이 필요한 것은 아니다. 옥스퍼드에서는 오래전부터 철학이 인문학 교육의 중심을 차지했으며, 소크라테스적 기풍의 중요성을 믿는 사람은 반드시 철학에 특별한 자리를 할당해야 할 것이다. 한편 2차 대전 이후로 옥스퍼드와 미국 여러 단과 대학과 종합 대학에서 가르치는 철학은 인문학 교육에서 아무런 중심적 자리를 차지할 만한 자격이 없다. 내가 보기에, 종교와 미술과 문학 강의는 반드시 달성해야 하는 목표의 상당 부분을 성취할 수 있다. 학생들에게 필수적인 문화 충격은 이런 공부를 통해서 경험할 수 있음이 분명하다. 하지만 이런 도전에 직면해서 생각을 정리하려 할 때 철학으로 접어들게 된다.

여기서 최소한 세 가지 종류의 강의가 필요하다. 다시 한번 중요한 인물들을 중심으로 몇 가지 강의를 조직하는 것은 그리 어려운 일이 아니다. 플라톤은 '독보적'이다. 그야말로 한 학기 전체를 바쳐서 연구해야 하는 유일한 철학자다. 실제로 그에 관한 강의에서 『향연』, 『변론』, 『크리톤』, 『국가』, 그리고 소크라테스의 죽음을 묘사한 『파이돈』의 마지막 부분을 학생들이 직접 읽는 것보다 더 나은 철학 개론은 없을 것이다. 소크라테스의 이미지는 많은 학생의 남은 생애 내내 머릿속에 맴돌 것이고, 그들은 각자의 삶을 검토하고 목표를 반성하라는 도전을 받게 될 것이다. 『국가』에 나오는 플라톤의 지속적이고 매우 논쟁적인 목적에 관한 토론은 심오한 문화 충격을 줄 수 있는 방식으로 쉽게 가르칠 수 있다.

이런 독서는 한때 상당히 인기가 있었지만, 보통 『향연』은 포함되지 않았다. 『국가』를 가르치면서 많은 교수들은 F. M. 콘퍼드(F. M. Conford)의 선례를 따랐는데, 주석이 달린 그의 영역본은 여러 면에서 존경할 만하지만 이 책이 야기할 수 있는 불쾌함을 모조리 제거하려 했다. 콘퍼드는 민주주의를 향한 플라톤의 압도적인 공격은 오로지 아테네 민주주의에만 적용할 수 있다는 상당히 설득력 없는 주장을 내놓기까지 했다. 우리 시대에 민주주의가 얼마나 훌륭하게 작동하는지를 플라톤이 알기만 했어도!

1950년대에 나는 한동안 그런 강의를 했으며, 내 선임자와 마찬가지로 콘퍼드를 사용했다. 내 선임자는 콘퍼드의 선례를 따랐지만 나는 그러지 않았는데, 강의는 두 가지 방식 모두가 매우 인기를 끌었다. 내가 그 강의를 지금 다시 한다면, 나는 독서 목록을 확장해서 (투키디데스가 기록한) 아테네 민주주의에 관한 페리클레스의 장례식 연설을, 그리고 (『변론』과 『크리톤』에 나온 시민 불복종에 관한 논의의 확장으로서) 소포클레스의 『안티고네』를 포함할 것이다. 플라톤은 물론이고 그의 원래 독자들도 양쪽 모두를 알았을 것이 분명하므로, 학생들이 모두를 안다면 그를 더 잘 이해할 수 있을 것이다. 또한 학생들은 몇 가지 기억할 만한 대안들을 직면하게 될 것이다.

학생들을 강력한 도전에 노출시키는 또 다른 방법은 그들에게 니체를 읽히는 것이다. 그의 충격은 플라톤의 필터로도 완화되지 않으며, 한 학기 내내 니체라는 약을 복용하는 것은 여러 학생에게 너무나도 강렬할 터이다. 따라서 그런 강의 하나를 나눠서 니체와 두 명의 (또는 최대 세 명의) 다른 작가를 함께 다루는 것이 더 나을 것처럼 보인다. 여러 해 동안 내가 가르친 고학년 강의 제목은 '헤겔, 니체, 실존주의'였다. 최근 몇 년간 그 강의에서 읽은 내용의 절반이 니체였고, 나머지 절반은 헤겔과 키르케고르와 사르트르로 나뉘었다. 그 목표는 항상 급진적으로 다른 관점들의 십자 포화 속에 학생들을 가둬버리는 것이었다. 헤겔을 포함한 것이 너무 과도하다는, 즉 나머지 세 명으로도 충분했으리라는 주장도 나올 법하다. 내가 그 강의를 만들던 시기에는 프린스턴의 그 누구도 헤겔을 가르치는 데에 관심이 없었지만, 나는 그가 예외적으로 흥미롭다고 생각했다. 하지만 그 취지는 학생들이 강의 막판에 헤겔을 알았다고 느끼게 하려는 것이 아니었으며, 그들을 매우 충격적인 대안과 (키르케고르와 사르트르를 포함한) 나중의 여러 작가를 이해하는 데에 도움이 되는 대안에 노출시키는 것뿐이었다.

두 가지 폭넓은 철학 강의는 이미 1장 「네 가지 종류의 정신」에서 언급한 바 있다. 철학 전공자는 물론이고 다른 학과의 학생들 가운데 약간의 철학을 수강하고 싶은 사람들도 두 학기짜리 연속 강의인 철학사를 들어야 한다. 이것은 전문화 시대 이전까지만 해도 미국 대학에서 일반적인 관습이었다.(이것이야말로 약간의 수정을 거쳐 복원되어야 마땅한 관습이다.) 미국의 일반적인 철학사 개념은 오히려 학술적이다. 그것은 사실 인식론의 역사일 뿐이며, 윤리학과 정치철학은 물론이고 미술철학이나 종교철학마저도 배제해버린다. 또한 보통 학생들에게 뭔가 강력한 대안을 선보이지도 않았다. 교사는 학생들에게 아무런 부담 없이(ganz unverbindlich) 일종의 잡동사니를 제공할 뿐이거나, (더 드물기는 하지만) 헤겔의 인도를 따라서 어떤 의미에서는 진보를 상징하는 역사적 발전을 추적할 뿐이었다.

이 연쇄를 두 학기 이상 펼쳐놓으면 오히려 역효과를 낳는

데, 그런 경우 전체를 수강하는 학생이 극소수에 불과해지기 때문이다. 두 학기의 장점은 많은 학생이 수강한다는 점이다. 철학 전공생은 이 강의를 수강할 수 있고, 또 마땅히 필수적으로 수강해야 한다. 하지만 이는 선별이라는 어려운 문제를 제기한다. 한 학기를 그리스 철학자들에게 할애하고, 다음 학기를 데카르트부터 칸트까지의 시기에 할애하는 과거의 습관을 고수하는 것이 최상인 것처럼 보인다.

고대 철학은 소크라테스 이전 철학자들로부터 시작할 것이고, 두세 주 동안을 이들에게 할애하여 그중에서도 헤라클레이토스와 파르메니데스와 제논과 데모크리토스를 강조할 것이며, 특히 데모크리토스는 원자론뿐만 아니라 윤리학도 다룰 것이다. 이어서 나는 플라톤을 최소한 세 주는 공부할 것이고, 다른 학과의 플라톤 강의와 크게 중복되는 내용은 모두 피할 것이다. 이때 『메논』, 『파이드로스』, 『티마이오스』를 읽고, 『프로타고라스』나 『고르기아스』 가운데 한 편을 읽고, 『법률』 가운데 일부분을 읽는 데에 집중할 것이다. 아리스토텔레스는 저서인 『자연학』, 『형이상학』, 『니코마코스 윤리학』 가운데 일부분을 읽고, 그보다 더 짧은 선문(選文)을 통해서 대표될 수 있을 것이다. 세 주 동안 아리스토텔레스를 다룬 뒤 스토아주의, 에피쿠로스주의, 고대 회의주의에 대해서 약간의 이해를 얻을 수 있다. 역사적 발전의 추적을 아예 회피하기는 사실상 불가능하다. 하지만 나는 충격적인 대안 여러 개를 학생들에게 들이대기를 고집할 것이다.

근대 철학 강의는 다음 여덟 명의 철학자 가운데 하나라도 뺀다면 치욕일 터이다. 데카르트, 홉스, 스피노자, 로크, 라이프니츠, 버클리, 흄, 칸트다. 12주짜리 강의는 그중 절반을 (데카르트, 스피노자, 흄, 칸트를) 각각 2주씩 연구할 수 있을 것이다. 한 학기가 10주라면 여덟 명 가운데 딱 두 명만 한 주 이상씩 공부할 수 있을 터인데, 특히 칸트는 최소한 두 주가 확실히 필요하다.

영국 경험론 전통은 영어권 국가의 학생들에게 문화 충격을 많이 줄 가능성이 없을 것이다. 그럼에도 불구하고 그 내용은 매우 중요하다. 여기서 내놓은 다른 제안들의 취지를 따라서 이를 다루는 한 가지 방식은 칸트에다가 흄이나 존 스튜어트 밀 가운데 한 명을 함께 다루는 한 학기짜리 강의를 만드는 것이다. 이때 칸트는 최소한 6주 동안 다룰 수 있고, 흄이나 밀 가운데 한 명은 최소한 4주 동안 다룰 수 있다. 각각의 경우 그 철학자의 인식론만이 아니라 전체 철학과 전망에 관해서도 학생들에게 약간의 이해를 제공하는 것이 매우 바람직할 것이다. 예를 들어 흄의 짧은 자서전과 두 권의 위대한 『논고』, 그리고 그의 『자연 종교에 관한 대화』를 읽을 수도 있다. 칸트의 경우 분명한 과제는 『순수이성비판』의 일부분과 『도덕 형이상학을 위한 기초 놓기』 전체가 될 것이다. 여기에 『이성의 한계 안에서의 종교』 전체를 덧붙이고, 짧은 논고이지만 명석한(아울러 칸트가 훗날 헤겔과 마르크스에게 심오한 영향을 준 역사철학을 발전시킨 이후에 국제연맹을 제안했던 내용이 담긴) 『세계시민적 의도를 지닌 보편사를 위한 이념(Idee zu einer allgemeinen Geschichte in weltbürgerlicher Absicht)』을 덧붙이는 것이 가치 있을 것이다. 학생들은 강의에서 공부하지 않은 작품들에 관해 약간의 이해를 얻을 수도 있다. 이는 밀도 마찬가지인데, 그의

『공리주의』와 『자유론』은 명백한 선택이 될 것이며, 그의 다른 주요 저서 한두 개를 더할 수 있을 것이다.

어떤 책을 이미 잘 알고 있는 학생들에게는 항상 대안적인 과제를 읽도록 독려해야겠지만, 위대한 책을 '한 번' 읽었다고 해서 그 학생이 그 책을 잘 안다는 뜻은 아님을 염두에 두어야 한다. 이 모든 강의의 중심 목표는 학생들이 그 주제에 관해서 알아야 할 것을 알았다고 느끼게 만드는 것이 되어서는 안 된다. 그 목표는 항상 학생들로 하여금 각자의 믿음과 도덕과 전제를, 아울러 각자를 에워싼 합의를 검토하도록 이끄는 것이 되어야 한다. 그렇다고 해서 지식을 경시해도 좋다고 말하려는 것은 아니다. 학생들에게 그들은 지식이 필요하다는 것과, 그의 독서가 주목할 만한 가치가 있는 몇 가지 문제와 관련되어 있음을 보여주어야 한다.

물론 철학은 단지 철학사에 불과한 것이 아니다. 일반적인 내용에는 여러 가지 체계적인 강의가 포함된다. 내가 1장 9절에서 언급했던 사회철학에 관한 모범적 제안은 윤리학과 종교철학, 인식론과 미학에도 똑같이 적용할 수 있다. 학생은 대안적인 입장에 관해서 어느 정도의 실력과 힘을 가지고 주장한 저술가들에게 노출되어야 한다.

몇 달이 아니라 몇 년 안에 학생 대부분이 세부 사항 대부분을 잊어버리게 될 것이 분명하다. 교수는 이들에게 여생 동안 남아 있었으면 하는 내용이(만약 그런 게 있다면) 무엇인지를 스스로 질문해야 한다. 만약 한 친구가 몇 분 안에 물구나무서는 법을 가르쳐준 덕분에 우리가 그때 이후로 물구나무설 때마다 그 친구를 생각할 수 있다면, 한 학기 동안 최소한 몇

몇 학생들에게는 그들이 기꺼이 잊지 않을 법한 뭔가를 가르치는 것도 가능할 것이다.

연구하는 교수는 보통 자기 주제에 관한 최신의 논문을 따라잡기 위해서 열심히 노력하고, 최근 들어서는 여러 논문선집이 주제별 염가본으로 간행된다. 주간지만큼 빨리 시대에 뒤처지는 것은 아니지만, 여하간 그런 문헌 대부분은 금세 시대에 뒤처지게 마련이다. 따라서 학부생에게 이런 종류의 과제를 내주면 대개는 도움이 안 된다. 처음 나왔을 때 그 전공의 모두가 흥분했던 책도 불과 몇 년 뒤에는 상당히 어설퍼 보이는 경우가 종종 있다. 또한 학생들에게 현대적인 것을 읽지 못하게 할 이유는 전혀 없지만, 인문학은 한 세기 이상 족히 낡은 자료를 가볍게 무시해서는 안 된다. 물론 나는 어떤 생각이 오래되었다는 이유만으로 학생들이 이를 '받아들이도록' 촉구해야 한다고 주장하는 것은 아니다.

73

학제 간 연구는 종종 대학의 첫 2년 동안 이루어지는데, 학생이 성장하면서 반드시 전공을 가져야[전문화되어야] 한다고 여겨지기 때문이다. 그런 연구를 수행하는 사람이 최소한 두 가지 분야에 숙달하지 않은 상태에서는 그 연구가 진지할 수 없음이 명백하다. 따라서 이 시스템은 학제 간 연구가 진지하지 않다는 잘못된 가정에 대한 손쉬운 확증을 제공한다.

그럼에도 불구하고 19세 학생들에게 강의하는 교사라면, 자기가 서로 다른 과목들의 연구를 통해 얻은 시야를 이용해 예외적으로 가치가 높고 흥미로운 강의를 제공할 수도 있을 것이다. 만약 그가 서로 다른 과목들의 자료 사이로 학생들을 인도할 수 있을 만큼 유능하다면, 이전까지는 보이지 않았던 연계와 의미를 알아보게끔 그들의 눈을 열어줄 수도 있다. 2장 「읽기의 기술」과 4장 「고등 교육에서 종교의 위치」가 다양한 사례를 제공한다.

한 텍스트의 의미와 중요성을 이해하려면, 독자가 약간의 학제 간 연구를 수행하는 것이 종종 필수적이다. 이런 단계를 밟기를 꺼리는 경우, 이는 충분한 능력이 없을지도 모른다는 걱정 때문만이 아니라 문화 충격에 대한 두려움 때문이기도 한 경우가 종종 있다. 전문화가 제공하는 곁눈 가리개는 종종 이런 불편한 경험으로부터 구해주게 마련이다.

모든 텍스트는 맥락이 있다. 위대한 희곡이나 소설의 맥락은 순수하게 문학적이지 않다. 철학 고전의 맥락은 전적으로 철학적이지 않다. 종교 경전의 맥락은 단지 종교적인 것만이 아니다. 시스티나 예배당 천장화의 맥락은 단지 다른 그림들로만 이루어지지 않는다. 인문학이 상호 침투한다고 말하는 것은 자칫 오도하는 셈이 될 것이다. 차라리 이를 학과로 나누려는 모든 시도가 인위적 경계선을 낳을 가능성이 있음을 깨닫는 것이 오히려 핵심에 더 가까울 것이다. 학과별 접근법은 항상 추상적이게 마련이다. 이런 접근법은 극도로 복잡한 맥락에서 구상적인 전체를 바라보기를 거부하고, 한 작품의 한 면에 집중하거나 몇 가지 국면에 집중한다. 이런 접근법이 항상 나쁜 것은 아니다. 뭔가를 현미경으로 바라보는 것이야말로 종종 어마어마하게 흥미로우며, 바로 이런 방식으로 우리는 육안을 벗어난 아름다움을 발견하게 된다. 하지만 우리는 지금 현미경으로 바라보고 있음을 잊어서는 안 된다. 코끼리가 의식하지도 못한 사이에 꼬리에서 떨어져 나온 작은 조직 한 조각을 코끼리 전체로 착각해서는 안 된다.

심지어 여러 사소한 세부 사항도 종종 잘못 해석되는데, 독자나 관람자가 직접적인 맥락을(예를 들어 한 페이지에 들어 있거나 한 장(章)에 들어 있는 한 문장을) 간과하기 때문이다. 현학주의는 항상 맥락을 무시하는 쪽으로 향하는 경향이 있으며, 그런 점에서 인본주의와 반대되는 것은 물론이고 인문학의 기풍과도 반대된다. 독일어에서 '인문학'에 가장 가까운 단어는 Geisteswissenschaften으로, 자연과학과 반대되는 정신과학을 뜻한다.(거꾸로 영어에서 이 단어에 가장 가까운 단어는 '정신과학(mental sciences)'으로, 지금으로부터 100년이 좀 못 되던 시절까지만 해도 여전히 사용되던 단어였다.) 심지어 1770년대 초에 집필된 괴테의 『초고 파우스트(*Urfaust*)』에서도 메피스토펠레스는 현학자의 정신을 조롱하면서, 분석은 항상 정신(spirit)을(즉 Geist를) 몰아냄으로써 시작하고 결국에는 한데 엮어주는 정신이 빠진 부분들만 손에 쥐게 된다고 말한다. 더 나아가 이런 종류의 정신은 학제 간 연구를 필요로 하는 더 커다란 문맥을 무시한다.

현학자는 진보가 추상에 의존한다고 답변할 수도 있는데, 이는 사실이다. 우리는 반드시 세부 사항에, 특정한 본래 줄기에, 또는 특별한 문제와 관련된 국면들에 초점을 맞출 수 있어야 하며, 그런 한편으로 지금은 중요하지 않은 100가지의 무관한 것들을 배제할 수 있어야 한다. 하지만 진보는 이전까지만 해도 함께 보인 적이 없었던 사물들 사이의 연계의 발견에 의존하는 것 또한 사실이다. 어쩌면 그 연계는 이전에만 해도 서로 다른 분야에 속한다고 생각되던 세부 사항들 사이의 중대한 연계일 수도 있다. 어쩌면 그 연계는 우리가 현미경으로 들여다보지 않으면 전혀 보일 수 없었던, 더 커다란 단위들 사이의 흥미로운 관계일 수도 있다. 종종 뒤로 물러나야만 또는 상당히 먼 거리에서 바라보아야만 뭔가를 깨닫게 되는데, 그 뭔가는 일단 한번 보고 나면 워낙 명백한 듯해서 이제껏 그 누구도 그걸 우연히라도 보지 못했다는 사실을 차마 믿을 수 없을 정도다.

이런 고려들은 여러 가지 분야에서 외부인들이 종종 중요한 역할을 담당하는 이유를 설명해준다. 하지만 그 교훈은 순수한 바보가 전문가보다 훨씬 더 우월하다는 것도 아니고, 학생들은 순수한 바보가 되도록 교육받아야 한다는 것도 아니다. 어쨌거나 어느 정도 중요한 발견을 해낸 바보의 비율은 (그 바보가 순수하건 아니건 간에) 미미하기 때문이다. 또한 한 가지 과학뿐만이 아니라 과학 전체에 대해서 외부자인 사람들의 비율도 미미하기는 마찬가지다. 여기서 교훈은 우리가 더 많은 학제 간 작업을 필요로 한다는 것이다. 연구가 무엇인지, 육감을 검증하는 방법이 무엇인지 아는 훈련된 정신을 지닌 사람들은 이 모두를 한 가지나 두 가지 분야에서 배운 까닭에, 또 다른 분야에 새롭고도 흥미로운 시야를 가져올 가능성이 높으며, 또한 그 분야의 전문가들이 간과하는 문제나 유사성이나 연계나 기묘함을 인식할 가능성이 높다. 그런 일이 일어날 때마다, 현학적 전문가들은 갑자기 마치 어둠 속에서 자기네 구조물을 건축해놓고서 벌레를 하나 발견하면 행복을 느끼는 여러 마리의 눈먼 두더지처럼 보이게 마련이다.

우리는 두더지를 독수리로 바꿔놓을 수는 없다. 하지만 사람들의 눈을 열어주는 것이야말로 교육의 목적이다. 어느 정도까지는 선견도 가르칠 수 있으며, 그렇게 하는 가장 중요한 방법 가운데 하나는 학제 간 연구의 필요성을 학생들에게 보여주는 것이다.

모든 층위에서 이를 보여줄 수 있다. 한편 우리는 또한 모든 층위에서 진지한 학제 간 연구는 최소한 두 가지 분야나 학과에서의 훈련과 능력이 필요하다고 주장해야 한다. 이를 위해서 학생들은 역할 모델이 필요하며, 그런 훈련을 통해 생겨난 학술적 기여의 사례가 필요하다. 사례를 찾기는 어렵지 않다. 과거의 주요 철학자들의 학제 간 무용(武勇)이 문득 생각나지만, 현학적 교수들은 그런 불편한 사실을 대개 무시해버릴 것이다. 수학에 관심이 있는 사람이라면 데카르트와 라이프니츠의 수학적 천재성을 강조했을 것이다. 하지만 한 사상가의 가장 특징적인 발상이 다른 분야에서 그의 연구와 관련이 있을 수도 있지 않느냐고 최소한 물어볼 생각이라도 해본 사람은 극소수다.

종교, 문학, 미술 연구에서 가장 흥미로운 기여는 항상 여러 가지 분야에 근거를 두고 있던 사람들이 한 것인 반면, 초전문가들은 예를 들어 「창세기」의 절들을 J_1과 E_2와 P_3로 구분하거나, 장시에서 수사(修辭)를 추적하는 등의 게임을 하는 것으로 위축되었다. 문학, 종교, 그리고 역사 전반에 관해서 많이 알지 못하는 미술가가 있다는 것은 말도 안 된다. 물론 최

소한 다른 인문학 가운데 일부의 전문가에 대해서도 마찬가
지다.

74

여기서는 또다시 동심원의 이미지가 도움이 될 것이다. 가장
안쪽의 원은 학과를 상징하고, 다음 원은 인문학 전체를 상징
한다. 인간은 하나이며, 어떤 면에서 인문학은 하나이고, 인문
학자는 반드시 학과의 경계를 항상 넘어야 한다.

　세 번째 원은 예술과 학문 모두를 포함하는데, 여기에는
사회과학과 자연과학이 포함된다. 누군가가 이 모두에서 편안
함을 느낄 수만 있다면 훌륭하겠지만, 19세기 초부터 지식의
팽창으로 인해 그런 일은 더 이상 불가능하다. 또한 이 길을
따라 최대한 멀리까지 가려고 시도하는 것도 성과가 있지는
않을 것인데, 그 경우에는 평생 대학원생 신세를 벗어나지 못
할 것이기 때문이다. 가치 있는 일을 하려면 구체적인 프로젝
트와 문제에 관해 연구한 다음, 그걸 진척시키려면 어떤 종류
의 능력이 필요한지를 살펴봐야 한다. 그건 어쩌면 심리학이
거나 경제학, 또는 양쪽 모두일 수도 있고, 어쩌면 생물학이나
물리학이나 수학일 수도 있다. 종종 다른 분야에 있는 친구들
에게 도움을 청해야 하며, 최소한 자기 발견을 확인하기 위해
서라도 그렇게 해야 한다. 철학자들에게는 이것이야말로 새로
운 소식이 아닐 것이다. 심지어 전문화 시대에도 과학에 대한
존경 때문에 그들 중 상당수는 때때로 이런저런 과학을(사회
과학이더라도) 살펴보게 되었다. 그들은 실제로 다른 인문학을

살펴보는 경우보다 이런 일을 하는 경우가 오히려 더 많다.

이 세 가지 원조차도 충분하지 않다. 인류가 직면한 가장 진지한 문제들 가운데 일부에 관한 연구는 우리에게 더 멀리까지 뻗어나가도록 강요하기 때문이다. 이런 사실을 학생들에게 숨겨서는 안 될 것이다. 인문학 교육에는 전문 대학원도 관여되어야 마땅하며, 특히 법학과 의학 전문 대학원이 포함되어야 한다. 이 두 가지 사례는 이조차 충분하지 않다는 것을 보여줄 것이다. 그런가 하면 예술과 과학과 전문 대학원뿐만 아니라 인간 삶의 나머지도 포함한 다섯 번째 원도 있다.

75

형벌은 철학 강의와 종교 강의에서, 고전 학과의 그리스 비극 강의에서, 러시아 소설 강의에서, 정치 이론과 심리학과 사회학과 인류학 강의는 물론이고 법학 전문 대학원에서도 종종 논의되어왔다. 따라서 형벌이라는 문제를 놓고 한 학기의 연구를 구축해야 마땅하다.

학생들은 방금 언급한 분야 모두에서 관련 문헌을 읽을 것이고, 여러 분야의 교수들에게 귀를 기울일 것이다. 여기서 핵심은 형벌에 관련해서 지금까지 이야기되었던 모든 바보 같은 이야기를 발견하려는 것이 아니라, 그런 어리석음 가운데 일부의 사례를 알아보고 모든 학과별 접근법의 한계에 대해 약간의 이해를 얻는 것이다. 그 접근법들이 서로를 보완하는 방식에 대해서, (그런 일이 가능하다면) 그 접근법들이 살아 있는 인간에게 거대한 중요성을 지닌 문제들을 조명하는 방식에 대해서 알아보는 것이다. 이를 위해서 학생들은 몇몇 재판을 방청할 것이고, 실용적인 일을 하는 것이 필수가 될 것이다. 예를 들어 교도소에서 수감자를 가르치는 일이 바람직할 것인데, 그런 상황에서는 학생들도 수감자들에게 귀를 기울이게 되고 가르칠 뿐만 아니라 배우게 되기 때문이다.

자국의 박식한 시민을 자랑하며, 투표와 배심 제도에 근거해 구축된 여러 국가에서, 학생이 재판을 방청해보거나 교도소를 방문한 적도 없는 상태에서 온갖 종류의 학위를 얻을 수 있고, 교육받은 사람으로서만이 아니라 교사로서의 자격을 얻을 수 있다는 것은 부끄러운 일이 아닐 수 없다. 심지어 하룻밤을 교도소에서 보내는 경험조차 하지 않은 채 법관이 되어서 징역형을 선고할 수도 있다.

인문학은 이런 제안에서 도움을 받을 수 있을 것이다. 인문학으로 향하는 인문학자와 학생이 이런 방식으로 많은 것을 배울 수 있기 때문만이 아니다. 한편으로는 이런 방식 덕분에 변호사와 판사와 사회사업가는 물론이고 사회과학 분야 동료들의 교육에도 가치 있는 뭔가를 인문학자가 기여할 수 있을 것이기 때문이다. 여기서 핵심은 아홉 개 내지 열 개의 학과에서 기존 강의에 더 많은 학생들을 얻는 것이 아니다. 한 학기에 그렇게 많은 강의를 수강할 시간 자체가 없을 것이며, 재판을 방청하고 교도소에서 가르칠 시간은 더더욱 없을 것이다. 차라리 특별 통합 프로그램을 이 목적으로 고안하고, 위에서 언급한 모든 분야의 독서와 강의와 토론을 포함하고 적절한 미술 작품의 전시라든지, 관련 영화의 상영이라든지, 적절한 희곡의 공연으로 보충해야 할 것이다. 한 학기 동안 학생들은 형벌의 문제와 함께 살아가는 셈이 될 것이다.

학계의 삶에서 이보다 더 일석이조인 일은 없을 것이다. 미래의 판사들과 변호사들은 물론이고, 사회과학과 인문학 분야의 학생들도 그런 학기를 각자의 가장 가치 있는 교육 경험 가운데 하나로 여기게 될 것이다. 현실 문제와의 관련성에 대한 타당한 열망을 만족시킬 만큼, 현실의 삶으로부터의 격리에 직면한 상태에서 가장 뛰어나고 섬세한 학생들 상당수가 느끼게 될 조급함을 만족시킬 만큼 멀리까지 나아갈 것이다. 또한 다음의 핵심도 간과해서는 안 된다. 현실의 삶의 문제로 시작함으로써 우리는 전통적인 학과화와 현학주의의 한계를 금세 발견하게 된다. 학제 간 연구와 소크라테스적 질문하기의 필요성을 깨닫게 된다. 마지막으로 전통적인 태도와 절차에 관한 재검토는 형벌을 받는 사람들을(기결수만이 아니라 어린이도) 향한 우리의 태도와 행동에 영향을 주지 않을 수가 없을 것이다.

76

죽어감이야말로 철학자들이 (대개는 오히려 신통찮게) 글을 써왔던 한 가지 주제이며, 종교와 문학 강의에서는 물론이고 심리학, 사회학, 인류학에서도, 심지어 의학 전문 대학원에서도 논의되는 주제다. 나이 듦과 죽어감의 문제를 중심으로 또 하나의 한 학기짜리 연구를 구축할 수 있을 것이다.

이 사례는 형벌의 사례와 밀접히 평행 관계를 이룬다. 미래의 간호사와 의사는 예술과 과학에서 관련 있는 자료에 노출됨으로써 도움을 받을 수 있으며, 예술과 과학 전공 학생은 전통적인 학과적 접근법의 한계를 깨닫게 될 것이다. 또 여기서도 미술 전시회를 활용할 수 있고, 학생들은 관련 있는 영화와 연극을 보러 갈 것이다. 학생들은 노화 연구자들과 의사들의 말에 귀를 기울일 것이며, 요양원과 병원에서 실용적인 일을 하는 것이 필수로 지정될 것이다.

클롭슈토크와 괴테에서부터 릴케와 고트프리트 벤에 이르는 독일의 주요 시인 대부분은 죽음에 관해 매력적인 시를 쓴 적이 있다. 하이데거가 『존재와 시간』(1927)에서 "죽음을 향한 존재"에 관해서 내놓은 과장되고 독단적인 선언들보다는, 차라리 이런 시들에 관한 공부가 죽음을 향한 인간의 태도에 훨씬 더 많은 빛을 던져준다. 물론 내 말도 독단적으로 들릴 수 있겠지만, 이게 과연 사실인지 궁금한 사람은 졸저 『독일 시인 25인: 대역 선집(*Twenty-Five German Poets: A Bilingual Collection*)』(1975)에서 그런 시를 여러 편 발견할 수 있을 것이다. 아울러 나는 또 다른 졸저 『실존주의, 종교, 죽음 (*Existentialism, Religion, and Death*)』(1976)의 마지막 세 장(章)에서 이 내용을 다룬 바 있다. 강의에서 이렇게 물어볼 수 있다. 과연 이렇게 뽑은 시들이 독일 시를 대표하는가? 과연 희곡이나 소설로부터는 어떤 추가적인 조명을 얻을 수 있는가? 과연 영국, 프랑스, 그리스 문학에서 서로 다른 태도를 발견할 수 있는가? 과연 죽음에 대한 태도가 역사적 조건으로부터, 종교로부터, 젊음이나 늙음으로부터, 결핵이나 암이나 전쟁으로부터 영향을 받는가? 노발리스와 실러와 키츠처럼 폐병으로 사망한 시인들을 비교해볼 수도 있다. 벤의 「암병동으로 들어온 남녀(Mann und Frau gehen durch die Krebsbaracke)」와 릴케의 마지막(백혈병으로 사망하기 며칠 전에 쓴) 시를 나란히 놓아볼 수도 있다. 만약 대부분의 학생들이 시를 현실의 삶으로부터 상당히 동떨어진 것으로, 따라서 어떤 면에서는 현실과 관련이 없는 것으로 생각한다면, 이것은 상당 부분 시를 가르치는 방식 때문이다. 정치적으로 헌신하는 시 대부분의 질은 도움이 되지 않는다. 철학자와 사회과학자와 변호사와 의사가 다루어보려고 했던 문제들을 저명한 시인과 화가가 어떻게 다루어왔는지 학생들에게 보여줄 필요가 있다.

많은 사람들은 시각 예술이 기껏해야 설명적일 뿐이라고 생각한다. 역사상 가장 뛰어난 여성 미술가라고 단언할 수 있는 케테 콜비츠(1867~1945)는 아마 그런 생각이 얼마나 잘못인지를 가르쳐줄 것이다. 그녀는 20대에 처음으로 「죽음」이란 동판화를 제작했다. 다섯 가지 연작 가운데 첫 번째인 「직조공 반란」은 30세가 되던 해에 완성했고, 여기에는 또 하나의 「죽음」이 들어 있다. 이 주제를 그만큼 철저하게 탐구한 미술가는 (설령 있다 치더라도) 극소수에 불과했다. 1914년 이전에 제작한 초창기의 선화와 동판화에는 죽은 아이를 데리고 있는 어머니, 스스로 물로 걸어 들어가 빠져 죽는 여성, 「교통사고」, 여성에게서 아이를 빼앗아가는 죽음 등이 나온다. 1914년 이후로 종종 이런 주제로 돌아갔고 여러 미망인을 묘사했는데, 그중에는 겁에 질린 아이들에게 에워싸인 미망인의 모습도 있다. 「한 여성에게 도달한 죽음」에서는 한 여성이 갓난아이를 끌어안고 마치 다음과 같은 생각에 사로잡힌 듯한 모습이다. '이 아이는 어떻게 될까?' 바로 그 시기(1923/24)에 콜비츠는 한 여성을 위로하는 또 다른 여성의 모습으로 죽음을 묘사하기도 했다.

몇 가지 조소를 제외하면 콜비츠는 평면 예술에 집중했으며, 평생 전쟁과 극심한 가난에서 비롯된 고통을 다루었다. 그녀는 색깔을 마치 잘못이라도 되는 듯 외면했으며, 슬픔과 절망에 관한 그녀의 묘사는 여전히 독보적으로 남아 있다. 1924년에 그녀는 「죽음의 손과 함께 앉아 있는 여성」에서 자기 모습을 그렸는데, 이로써 자기 죽음에 아무런 공포도 느끼지 않았음을 분명히 알 수 있다. 그로부터 10년 뒤에 완성된 또 다른 목탄화는 「죽음을 환영하는 여성」이라는 제목을 달고 있다.

여덟 점의 석판화로 구성된 마지막 연작(1934)의 제목은 '죽음'이며, 여기에 「친구로서 인식된 죽음」과 「죽음의 부름」이 포함된다. 특히 후자는 아름다운 자화상으로, 또다시 죽음의 손이 묘사된다. 약간 구부정하고 늙은 옆모습을 묘사한 마지막 자화상과 마찬가지로, 이 작품은 죽고자 하는 기꺼움을 매우 감동적으로 묘사했다.

고등 교육을 받고 인문학 학위까지 받은 사람이 죽어감의 문제를 직면하지 못했다는 사실은 정말 충격적이다. 이 주제에 관한 철학적이고 문학적인 취급을 논의하면서 대강 넘어가고 그 사실을 직시하기를 거부할 수 있다. 우리 가운데 그 누구도 죽음이 우리와, 또 우리와 가장 가까운 사람들과 관련이 없다고 말할 수 없는데도 말이다. 만약 인문학이 할 수 있는 가장 큰 기여를 기피한다면, 과연 인문학에 미래가 있는지 의심스러울 수밖에 없다. 다른 분야들과 협력하여 인문학은 형벌과 죽어감처럼 진지한 문제들에 대해서 더 나은 이해를 얻도록, 그리하여 우리가 더 인간적이 되도록 도울 수 있고 도와야 마땅하다.

문제의 목록은 손쉽게 늘어날 수 있다. 생명윤리학이라는 성장하는 분야가 딱 어울리는 사례다. 이는 최근에야 주목을 받게 되었지만, 이에 대해 생각하는 사람은 사실상 모두 학제 간 협동의 필요성에 동의한 것처럼 보인다. 이런 정신을 살려 새로 나온 『생명윤리학 백과사전(Encyclopedia of Bioethics)』의 편집자들은 서로 다른 여러 분야의 학자들에게 각각의 항목을 기고해달라고 부탁했다. 이보다 더 나은 방법은 없을 것이다. 낙태, 안락사, 고통, 복제, 동물 및 인체 실험 같은 문제는 똑똑하고 정통한 논의가 필요하기 때문이다. 하지만 학계는 여전히 편협한 전문화를 선호하는 쪽에 크게 무게를 두고 있다.

이렇다 보니, 현대의 도시 병원에서 유일한 만능인은 환자뿐이라는 이야기가 나올 정도다.[1] 현대 대학에서 유일한 만능인은 학부생뿐이다. 이는 반드시 변해야 하며, 인문학은 이런 변화에서 중심적인 역할을 담당해야 한다.

77

냉소주의자라면 현학주의가 '기존 질서'의 목을 조르고 있다고 말할 것이다. 기금으로 유지되고, 전문 간행물을 펴내고, 봉급 인상과 승진으로 보상을 받는 것은 여전히 고도로 전문

---

[1] 영어 단어 generalist가 '만능인'이라는 문자적인 뜻과 아울러 전문의와 반대되는 개념인 '일반의'를 뜻한다는 점에 착안한 말장난이다.

화된 연구이며, 이는 어쩔 도리가 없다고 말할 것이다. 나는 의구심이 든다. 이 세상 어떤 것도 그 시기가 도래한 발상을 저지할 수는 없다고들 하지 않는가. 이는 과도하게 낙관적이거나 공허한 동어 반복이거나(이쪽일 가능성이 더 큰데), 둘 중 하나일 것이다. 그 발상이 저지된다면, 결국 시기가 아직 도래하지 않았다는 결론이 나온다. 어쩌면 그 시기는 오지 않을 수도 있다. 하지만 인문학자가 미래의 물결에 의존한다면 무가치할 것이다.

어떤 문제에 관해 숙고한 뒤 현재의 상태가 나쁘기 때문에 조치를 해야 마땅하다는 결론에 도달했다면, 그때 성공을 확신할 수 없다는 이유로 잠자코 있는 것은 경멸받을 만한 일이다. 발상의 힘을 믿지 않는 사람이라면 저술가이자 교사가 되어서는 안 된다.

분석과 처방을 시도했으니, 이제 어떻게 해야 사람들이 처방을 받아들이도록 유인을 제공할 수 있을지 물어야 할 차례다. 어떻게 해야 교육을 새로운 방향으로 움직일 수 있을까?

여기서 개괄한 프로그램에 학생들이 몰려들 것이라는 사실은 의심할 필요가 없다. 학생들을 잃어버린 현학자들이 '인기 있는 것은 대개 엄격하지 못하게 마련이며 존중받을 수도 없다.'고 에둘러 말할 것임은 의심할 필요가 없다. 나 역시 인기 있는 것 모두에 대한 의구심이 있지만, 이 의구심은 현학자들 사이에서 인기 있는 것에도 이어진다. 여러 학교를 돌아다니는 그들이야말로 대개 유행을 따르는 동물로서, 하나같이 바람 부는 방향에 너무 많은 관심을 쏟는다. 인기에 대한 그들의 경멸도 애초에 자기들이 좋아하지 않는 강의와 책과 사람

너머로 연장되지 않는다. 그들 다수는 카뮈와 기타 유행하는 저자들을 과제로 내주며 낙태 같은 논제를 강의에 도입하는데, 그건 어디까지나 '그런 내용들'이 유행하고 난 다음에 학생들을 끌어들이기를 바라서 하는 일일 뿐이다. 그들 다수는 학생들이 설정한 유행에 순응하여 머리 모양이며 옷차림이며 의견까지도 바꾸었다. 젊게 남아 있으려고 그렇게 한다는 지적이 있다. 무슨 차이가 있는가? 그들은 '최신식이 되기'를 원했던 것이다. 그들은 젊음과 인기의 유행하는 가치를 받아들였다. 바람이 또다시 그 방향을 바꾸고 인기가 뭔가를 요구한다면, 그들은 기꺼이 참여할 것이며 만사를 최대한 현학적으로 만들기 위해 노력할 것이다.

커다란 보상이 현학적 전문가들에게 주어지는 한, 대부분의 대학원생은(아울러 더 젊은 학자들과 더 나이 많은 학자들도 마찬가지로) 계속해서 돈이 되는 일을 할 것이고, 학생들 사이의 인기보다는 힘을 가진 사람들 사이의 인기를 선택할 것이다. 힘을 가진 사람들이 전체 풍경을 바꿔놓기 위해 무엇을 해야 하는지 말하기는 어렵지 않다. 간단히 말하자면, 그들은 간절히 해야 하는 일을 하도록 만드는 유인을 제공해야 한다. 오래전에 플라톤이 지적한 것처럼, 꼭 필요한 일은 바로 왕이 철학자가 되어야 마땅하다는 것, 또는 철학자가 왕이 되어야 마땅하다는 것이다. 하지만 소금이 그 맛을 잃어버리고 철학자가 현학자로 변한다면, 상황은 희망이 없어 보일 수도 있다. 대학의 행정부, 재단, 기금 위원회는 항상 전문가의 조언에 의존해야 하는데, 모든 분야에서 수위를 차지하는 전문가들은 보통 현학자이게 마련이다.

하지만 여러 가지 이유에서, 희망은 여전히 있다. 나는 그중 딱 세 개만 골라서 중요성이 낮은 것에서 높은 것의 순서로 언급할 것이다. 그중 첫째만 놓고 보면 거의 영향력이 없을 것이다.

인문학은 뚜렷한 말썽을 겪고 있으며, 자기 의심은 그 직업에 만연해 있다. 우리는 그게 정확히 뭔지는 확신하지 못하지만 뭔가가 잘못되어 있음을 감지하는 까닭에, 진단과 처방에 대해서 완전히 무감각하지는 않다.

둘째로 학제 간 연구의 중요성은 점점 더 폭넓게 인식되기에 이르렀다. 서로 다른 분야의 학자들이 관여하는 학술 대회가 '이루어지고' 있으며, 이런 유형의 논집도 간행되고 있다. 새로운 학제 간 정기 간행물도 몇 가지 있고, 새로운 학제 간 센터의 설립도 진행 중이다. 이 모두는 비과학적이라고 무시될 수 없다. 학제 간 접근법의 필요성은 과학자들 사이에서도 널리 인식되고 있으며, 인문학의 현미경주의자들도 머지않아 자기네가 시대에 뒤떨어졌음에 깜짝 놀라며 그 필요성을 깨닫게 될 것이다. 한때 전체론(holism)이라고 하면 얀 스뮈츠(Jan Smuts) 장군과 그의 철학을 머릿속에 떠올리곤 했다.[2] 이는 '허술하다'고 간주되었다. 오히려 체계라고 하면 헤겔주의 철학자들과 결부되곤 했다. 그런데 이제 전체론적 '체계' 접근법이 '이루어지고' 있다. 학제 간 시대가 시작된 것이다.

---

2 얀 스뮈츠(1870~1950)는 남아프리카공화국의 정치가이자 철학자로, 국제연맹과 국제연합(UN)의 창설에 크게 기여했다. 그는 『전체론과 진화(*Holism and Evolution*)』(1926)에서 "우주에서 전체의 창조를 향해 작용하는 기본 요소"라고 정의한 "전체론"을 주장한 바 있다.

마지막으로 1970년대 초 세계 여러 지역에서 고등 교육에 닥친 재난은 과감한 변화를 요구한다. 더 이상 젊은 박사들을 위한 일자리가 없다. 1960년대 말부터 박사 학위를 받은 수천 명은 교사 지위를 얻지 못했고, 그때 이후로 대학원에 들어간 사람들의 전망도 음울하다. 이 시기에 대부분의 대학원이 이전과 마찬가지로 많은 학생을 받아들여서 박사를 배출했다는 것이야말로 현학적 맹목의 비범한 사례다. 인문학 분야에서 대부분의 대학원 프로그램은 가까운 미래에 반드시 과감하게 감축되어야 할 것이다. 그 시점에 이르러 교수들은 학부생들에게 더 많은 관심을 쏟아야 할 것이고, 교수들도 학부생 교육의 주된 취지가 대학원에서 하는 교육을 더 낮은 층위에서 반복하는 것이 되어서는 안 된다는 사실을 이해하게 될 것이다. 이는 조만간 미래의 물결이 이 책에서 제안한 개혁을 휩쓸 것이라는 뜻은 아니다. 다만 지금 당장 인문학의 미래에 대해서 진지한 생각을 쏟지 않는 것은 무책임의 극치라는 뜻이다.

구체적으로 말하자면, 학제 간 센터를 진지하게 계획할 시기가 찾아왔는데 그런 센터는 계획과 실행의 문제 때문에라도 반드시 대학과 연계되어야 한다. 그 센터는 높은 수준의 학제 간 연구를 원하는 교수들에게 유인을 제공해야 한다. 새로운 강의를 계획하는 사람들의 강의 의무를 줄이고, 아울러 학제 간 연구에 참여하는 사람들이 다른 사람들과 편하게 이야기하고 의견을 교환할 수 있는 환경을 제공해야 한다. 다른 대학과 다른 전공도 연구원으로 초청할 것이며, 법학과 의학만이 아니라 비즈니스와 정치학도 포함될 것이다. 외부인도 센터에 관심을 가지도록 대중 강연을 요청받을 것이다. 그들 역시 학제 간 세미나에 참여할 것이며, 거기에서 그들의 전문성이 도움이 될 것이다. 센터는 교수들과 (그들이 배울 수 있는 대상인) 외부 세계 사람들 사이의 장벽을 무너트리도록 도와줄 것이다. 센터는 대학에 채용되지 못한 사람들이 때때로 대학 환경으로 돌아가서 이득을 얻도록 도와줄 것이다. 센터는 '소규모' 학술 대회를 주최할 것이며 서로 다른 배경을 가진 사람들이 관심 있는 문제들을 며칠 동안 열심히 토론할 것이다. 예를 들어 형벌과 죽어감에 관심이 있는 사람들이 참여하는 프로그램이라면, 센터가 후원할 수 있다.

마지막으로 우리는 몇 가지 새로운 정기 간행물이 필요하다. 지금 정기 간행물이 너무 많고 그 누구도 더는 논문의 홍수를 따라갈 수 없는 상황이다 보니, 이렇게 말하면 진저리를 칠 것이다. 하지만 이미 살펴본 것처럼, 담론의 완전한 차원은 상실되고 말았다. 비(非)교수와 교수가 중요한 관심 주제에 관해서 서로 이야기를 할 수 있는 지면이 도대체 어디 있단 말인가? 예를 들어 「네 가지 종류의 정신」이나 「읽기의 기술」 같은 장이 간행될 수 있는(아울러 애초에 의도했던 청중에게 도달할 수 있는) 자리가 도대체 어디 있단 말인가? 이런 종류의 논의를 위한 포럼은 전혀 없다. 우리가 갖고 있는 학제 간 정기 간행물은 내가 여기서 이야기한 실제의 필요를 채워주지 못한다.

강한 정신을 지닌 개인들은 어쨌거나 스스로의 빛을 따를 것이지만 우리 교육은 순응을 길러냈기에, 우리에게 필요한 종류의 글쓰기와 가르침이 보상을 얻는 방법을 찾아보아야 한다. 학제 간 센터는 그런 일을 도와줄 수 있을 것이다.

이 책은 새로운 학교를 위한 청사진이 아니다. 진지한 반성을 위한 촉구일 뿐이다. 여기서 질문은 무슨 일이 일어나겠는가가 아니라, 오히려 다음과 같은 것이다. 우리는 무슨 일이 일어나기를 바라는가? 우리는 어떤 종류의 미래를 만들고 싶어 하는가?

감사의 말

록펠러 재단의 크나큰 호의 덕분에 나는 빌라 세르벨로니에 초청받아 그곳에서 이 책을 쓸 수 있었다. 그곳에 관해서는 이전의 졸저 『죄의식과 정의 없이』에서 감사의 뜻을 표한 바 있다. 록펠러 재단과 상주 운영진 윌리엄과 베치 올슨은 이상적인 작업 환경을 제공해주었다. 그중에는 숲속에 마련된 연구실도 있었는데, 마침 높은 절벽 가장자리에 자리하고 있어서 문득 어느 학자의 거처를 찾아가는 사람을 묘사한 훌륭한 중국 회화를 떠올리지 않을 수 없었다. 그 덕분에 나는 이처럼 커다란 주제를 논의하는 데에 필요한 거리를 얻기가 더 수월했다.

그곳에 머물기 전에 두 달 동안 나는 예루살렘 소재 히브리 대학에서 방문 (연구) 교수로 있었는데, 그동안 미슈케노트 샤아나님의 손님으로 지냈고 천국 같은 예루살렘에 살고 있다는 느낌을 차고 넘치게 받았다. 나를 초청해준 국제선정위원회와 예루살렘 시장 테디 콜레크에게 깊이 감사드린다. 그것이야말로 내 평생 일어난 최고의 일들 가운데 하나였다. 바로 거기에서 이 책의 1장 초고를 집필했으며, 밴 리어 예루살렘

315

재단과 텔아비브 대학 두 곳에서 발표했다. 강연 직후의 토론이 도움이 되었다. 특히 상세한 논평을 해준 예후다 엘카나에게 감사드린다.

예루살렘에 있을 때 나는 한 이스라엘인으로부터 질문을 받았다. 종교적 믿음도 전무하고 종교에 관한 지식도 전무한 젊은이들에게 성서를 가장 잘 가르치는 방법이 무엇이겠느냐는 질문이었다. 나는 그에게 답변을 해주려 했고, 그는 그 문제에 관해서 글을 써보라고 촉구했다. 예루살렘에서 받은 요청이다 보니 이후로도 내 머릿속을 떠나지 않았다. 그때의 일은 4장의 윤곽을 잡는 데 도움이 되었다.

예루살렘에 가기 전인 1974년 가을에 나는 오스트레일리아 국립대학의 사회과학 연구전문대학원 산하 사상사 연구반에서 방문 연구원으로 있었다. 내 주된 프로젝트는 사상사였지만, 그해 11월에 나는 연구전문대학원에서 철학자들을 상대로 몇 가지 아이디어를 발표했고 그 내용은 결국 2장에 포함되었다. 이듬해 3월에 히브리 대학에서 그 내용을 다시 시험해보았는데(이때까지는 여전히 개요를 이용했다.), 거기서 나온 게르숌 숄렘의 반론을 감안해 빌라 세르벨로니에 도착하자마자 내 발상을 약간 다른 형식으로 그리고 (당연히) 훨씬 더 자세하게 글로 쓰게 되었다. 그런 다음에는 책 전체를 마무리하고 1장의 초고를 개고할 때까지 전혀 멈추지 않았다. 바로 그 시점에서 역시 빌라의 방문 학자였던 더글러스 버니가 초고 전체를 읽고 내용을 함께 논의하는 크나큰 친절을 베풀어주었고, 그동안 나는 개고 작업을 병행했다.

프린스턴 대학이 내게 휴가를 허락해 오스트레일리아, 예루살렘, 벨라조에 다녀올 수 있었다. 이 휴가는 아내 헤이즐과 함께여서 두 배로 아름다웠다.

지난 여러 달 동안 내게 쏟아져 내린 모든 너그러움을 고려해보면, 나는 이 책이 더 부드럽지 못한 점에 대해서 약간 해명해야 할 것 같은 기분이 든다. 그토록 많은 아름다움 속에서 코모 호수의 멋진 광경이 있는 서재에서 집필했는데도 이 책은 왜 감사로 가득하지 않단 말인가? 이런 배경을 즐기지 않을 순 없었지만, 그렇다고 해서 인문학의 상태가 더 장밋빛이 되지는 않았기 때문이다.

내가 아는 그 어떤 장소에서도 이 책의 완전한 초고를 5주 만에 마무리할 수는 없을 것이며, 그 어떤 장소에서도 만사를 친절하게 바라보고 싶은 유혹이 더 크지는 못할 것이다. 학자들이 종종 대화에서 얼마나 비열할 수 있으며, 지면에서 얼마나 온화해질 수 있는지를 이미 오래전에 발견한 끝에 나는 다음과 같은 좌우명을 갖게 되었다.

좌우명

절대 잠꼬대를 쓰지도 말고,
말을 더럽게 하지도 말자.
모세처럼 온화하되
분노를 품고 글을 쓰자.

인정을 받으면
아첨꾼도 부드러워진다.

하느님과의 친교에도

모세는 그렇게 되지 않았다.

나는 이와 조금이라도 비교할 만한 친교를 갖는 영예를
누린 적도 없었으며, 당연한 이야기지만 스스로를 또 한 명의
모세로 보지도 않는다. 나는 단지 지면(紙面)에서 부드러워지
지 않기 위해 최대한 노력했을 뿐이다.

5월에 프린스턴으로 돌아가서 뒤늦게 떠오른 생각들에 의
거해 원고를 매우 방대하게 개고했으며, 다른 사람들의 반응
에서 도움을 받았다. 특히 내 친구이며 탁월한 비평가인 지크
바르트 린덴베르크가 평소처럼 내게 매우 힘든 시간을 선사
했다. 원고를 고쳐 쓰고 출판 허가를 받은 뒤에, 프린스턴의
대학원장 앨빈 커넌과 애덤 모턴이 원고를 읽고 추가로 제안
을 해주었다. 그 제안을 반영하고 나자, 모턴 교수가 다시 한
번 개고를 읽어봐주었다. 이런 종류의 수많은 우정이 번성할
수 있는 배경을 제공해준다는 것이야말로 학계의 가장 큰 축
복 가운데 하나다.

개정판 서문

솔 골드워서

월터 카우프만의 인문학 분석은 그의 생애 말에 가까워져 나온 것으로, 어떤 면에서는 인문학이란 과연 무엇인지 반성한다. 그는 인문학(studia humanitatis)의 기여자였던 동시에 예리한 관찰자였기 때문이다.

『인문학의 미래』가 처음 간행된 때로부터 20년 가까이 흘렀다. 「서론」의 첫 문장은 오늘날까지도 여전히 진실하게 들린다. "인문학이 표류하고 있다." 오늘날 변한 점이 있다면, 인문학이 그저 표류하고 있는 것만이 아니라 심지어 공격을 당하고 있다는 점이다. 이제 우리는 우리의 문화적 유산을 재정의하려는, 또한 다문화주의라는 모호한 개념을 이용함으로써 그런 변화가 달성될 수 있는 바탕인 용인 가능한 정전(正典)을 재정의하려는 시도를 마주하게 되었다.

인문학과 인간성

카우프만 교수는 박식하면서도 이해하기 쉬운 문체로 쓴 글을 통해 인문학 내부에서 오늘날까지도 지속되는 여러 핵심

쟁점을 제기한다. 몰리에르의 『서민 귀족』의 주인공은 자기가 평생 산문(散文)을 말해왔다는 사실을 어느 날 갑자기 깨닫는다. 하지만 경력을 시작할 때부터 인간에 관한 쟁점을 제기해 왔던 카우프만은 우리의 인간성을 확인하고 유지하기 위해서는 무엇을 할 필요가 있는지를 처음부터 의식적으로 알고 있었다.

만약 교육 과정이 성공을 거두려면, 교수들은 문화 충격을 유도하고, 학생들은 문화 충격을 경험하는 것이 필수적이다. 문화 충격은 여러 대안들에 대한 검토로부터 유래하며, 또한 그런 대안들로부터는 가능한 여러 가지 '세계관(Weltanschauungen)'이 대두한다. 대안적 시각의 달성이야말로 이 저술의 중심 주제다. 카우프만은 세계의 여러 지역을 훤히 알고 있었으며, 멕시코건 중동이건 인도건 태국이건 일본이건 피지건 간에 자기가 여행한 여러 국가의 토착민의 삶에 직접 몰입해보았다. 그는 친숙하고 편안한 숙박 시설이 완비된 힐튼 호텔을 벗어나서 머물러보라고 미국인 여행자들에게 충고한다. 카우프만은 시대를 훨씬 앞서서 다문화주의를(심지어 그 용어의 더 진정한 의미에서) 예찬한 인물이었다.

카우프만은 자신의 목표가 인문학의 미래를 예언하려는 것은 아니며, 단지 인문학의 미래에 영향을 주려는 것뿐이라고 명확히 밝힌다. 인문학에 영향을 주는 한 가지 방법은 그가 보기에 뭔가 잘못된 것에 대한 진단을 제공하고, 인문학을 어떻게 가르쳐야 마땅한지를 제안하는 것이었다. 그는 "오늘날 위기에 처해 있는 것은 다름 아닌 인류의 미래"라고 지적한 다음, 나아가 "인문학이야말로 인류의 미래의 열쇠를 지니고 있으리라고 널리 여겨졌다."고 지적했다. 카우프만은 이런 핵심을 굳이 논증할 필요조차 느끼지 못했다. 오히려 당연히 그렇다고 가정했을 뿐이었다. 이런 논리적 연결은 지나치게 단순하고도 그 자체로 불충분하게 보일 수도 있지만, 거꾸로 이런 논리적 연결이야말로 필연적임을 보여주는 훌륭한 논증도 만들 수 있다. 만약 인문학 연구가 (15세기 르네상스 이탈리아에서 원래 그렇다고 여겨졌던 것처럼) 우리를 변모시키는 힘을 실제로 갖고 있다고 치면, 그리고 우리의 가장 안쪽에 있는 존재 내부에서의 도덕적 변모를 심어줄 수 있다고 치면, 인문학 탐구는 필수적인 과제이기 때문이다.[1]

인문학의 정의

인문학의 정의를 둘러싸고 약간의 논란이 없지 않다. 카우프만은 인문학을 종교와 철학, 미술과 음악, 문학과 역사라는 여섯 가지 일반적인 연구 분야에 놓았다. 문학은 한 가지 언어 내부에서, 또는 여러 언어 학과들에서 가르치는 다양한 언어들 내부에서 연구될 수도 있다. 미국 인문학기금은 여기에 언어학, 법학, 고고학, 그리고 "인문학적 내용을 포함하고 인문학적 방법을 차용하는 사회과학의 일부 국면들"을 추가로 포함한다. 그런데 여기서 언급된 내용과 방법이 정확히 무엇을 가리키는지는 정의되지 않았다.[2]

이 책의 「서론」에서 카우프만은 인문학을 묘사했는데, 비록 더 최근 들어 전통적인 '스투디아 후마니타스'와 나란히 인문학에 포함되는 몇 가지 영역까지 언급하지는 않았지만, 막상 이처럼 추가된 연구 영역을 이용하기는 한다. 마지막 장에서 그는 모범적인 학제 간 강의의 예시로서, 몇 가지 선별된 문제 영역들을 중심으로 하는 한 학기 공부를 제안한다. 그런 영역 가운데 하나는 바로 형벌의 영역인데, 그가 이 주제에 대해서 친숙하지 않은 것은 아니었다.[3] 철학과 종교 외에도 형벌을 사례 가운데 하나로 사용하면서 이 영역을 연구해온 분야들이 여럿 있다고 지적한다. 즉 형벌은 "고전 학과의 그리스 비극 강의에서, 러시아 소설 강의에서, 정치 이론과 심리학과 사회학과 인류학 강의는 물론이고 법학 전문 대학원에서도 종종 논의되어왔다." 카우프만이 예시로서 제안한 강의에서 "학생들은 방금 언급한 분야 모두에서 관련 문헌을 읽을 것이고, 여러 분야의 교수들에게 귀를 기울일 것이다."

인문학의 학제 간 접근법에 관한 카우프만의 입장은 잠시 후에 더 이야기할 기회가 있을 것이다. 지금 당장은 카우프만이 인문학을 인위적이고 자의적인 경계를 지닌 자율적이고 학과화된 영역으로 축소하려는 시도를 피했다고 지적하는 것만으로도 충분할 것이다. 왜냐하면 특정 철학자나 미술가, 또는 특정 텍스트나 미술 작품을 검토할 경우 고려해야 할 더 큰 맥락이 항상 있기 때문이다.

인문학이 무엇을 함의하는지에 관한 카우프만의 견해를 고려한 상태에서, 『인문학의 미래』가 처음 간행되었을 때 나온 서평 가운데 일부를 숙독하면 약간 당혹스러울 수도 있다. 비록 이 책의 "목표는 인문학의 미래를 예언하려는 것이 아니라, 오히려 인문학의 미래에 영향력을 발휘하려는 것"이라고 애초부터 명료하게 서술했음에도 불구하고, 정작 이 책의 취지에 대해 서평가들 사이에서 오해가 있었던 것이다. 카우프만은 또한 "거드름 피우는" 프린스턴 대학 교수라는 비난을 받았다. 그 당시의 서평가는 「읽기의 기술」이라는 장을 정복하지(또는 굳이 읽으려 들지) 않은 것이 분명하거나, 또는 카우프만이 서평가에 관해서 언급했던 '번역과 편집'에 관한 장을 유심히 읽지 않은 것이 분명하다. 어쩌면 서평가는 카우프만이 제안한 형벌에 관한 강의만 검토해보아도 충분했을 것이다. 거기서 그는 학생들에게 재판을 방청하도록, 가능하다면 교도소에 가서 재소자를 가르치도록, 재소자와 구체적인 상호 작용을 경험하도록 과제를 내줄 예정이었다. 거드름과 형법 체계에 대한 파악, 이 두 가지가 양립할 수는 없을 것이다.[4]

어쩌면 비범한 작품이 될 수도 있었을 법한 저서에서[5] 로버트 프록터(Robert Proctor)는 인문학을 페트라르카와 그 동료들이 생각했음직한 범위로 제한했으며, 그리하여 그리스와 로마의 언어와 문학에 대한 연구와 아울러 고전 고대(classical antiquity) 전반에 대한 연구에 초점을 맞추었다. 심지어 그는 이렇게 말하기까지 했다. "개인과 집단의 행동의 모범으로서 그리스인과 로마인에 대한 연구라는 인문학의 원래 모습에서 분리된 '현대 인문학' 따위는 없다."[6] 르네상스 인문학자가 고대인을 돌아보게 된 까닭은 그들 각자의 존재의 중심을 부흥시키고 완성하기 위해서였다. 하지만 정작 그들이 돌아본 대상인 고대인으로 말하자면, 자아가 더 커다란 우주인 로고스와 동일시되어 스스로를 잃어버림으로써 스스로를 확증한다는 개념을 갖고 있었으니 역설적일 수밖에 없다. 그런 입장이 전제로 하는 형이상학적 가정은 현대의 철학적 음미(scrutiny)

와 전혀 대립하지 않는다. 그럼에도 불구하고 만약 우리가 인문학 전통과의 동일시를 열망할 경우, 우리는 반드시 그리스인과 로마인을 공부해야 한다고, 그리고 이는 마치 종교를 가진 개인이 반드시 각자의 종교 전통을 공부해야 하는 것과 매한가지라고 프록터는 믿었다. 더 나아가 단테나 셰익스피어나 톨스토이라면 연구하는 보람이야 있겠지만, "그런 저자들을 '인문학'이라는 표제 아래에 포함시킬 경우" 그런 노력은 "오로지 혼란만 만들어내고, 우리의 문화적 유산을 이해하거나 이용하기 어렵게 만들 수 있다."고 주장했다. 왜냐하면 "그들은 다른 전통에 속하기 때문이다."[7] 요컨대 프록터는 인문학을 지나치게 좁게 생각한 셈이다.

카우프만의 인문학 개념이 프록터의 인문학 개념보다 훨씬 더 넓다는 점은 사실 확인할 필요조차 없다. 『이단자의 믿음(*Faith of a Heretic*)』의 저자이자, 니체의 수많은 저서 번역가 겸 저자인 그가 이 정도로 종교를 강조했다는 사실은 처음에는 이상해 보인다. 카우프만이 간행한 저술을 살펴본 사람이라면 종교 관련 저술의 숫자를 보고 깜짝 놀랄 것이다. 『톨스토이에서 까뮈까지의 종교』,[8] 『종교와 철학 비판(*Critique of Religion and Philosophy*)』,[9] 『네 가지 차원의 종교』, 『실존주의, 종교, 죽음』,[10] 『유대교와 기독교: 레오 베크의 에세이집(*Judaism and Christianity: Essays by Leo Baeck*)』.[11] 『인문학의 미래』보다 한 해 전에 간행된 『네 가지 차원의 종교』에서 카우프만은 (약간의 과장을 섞어서) 다음과 같이 주장했다. "이 세상에 종교보다 더 중요한 주제는 없다. 이는 가장 중대한 질문들과 관련이 있으며 …… 나는 거대 종교를 외면하는 사람은 생각이 없다고,

따라서 결과적으로 가장 중요한 질문들 가운데 일부에 관한 대안적인 답변을 생각하기를 거부하는 셈이라고 생각하는 바다."[12] 『인문학의 미래』의 45절에도 이와 유사한 발언이 등장하는데, 바로 카우프만이 "'비교 종교'보다 더 중요한 주제는 사실상 없을 것"이라고 주장하는 대목이다.

어쩌면 이 발언을 토대로 카우프만이 종교적 시야를 긍정한다고 생각할 수도 있겠지만, 그러려면 한 가지 단서가 필요하다. 그런 주제를 호교론자가 가르쳐서는 안 된다는 것, 그 대신 오히려 대안적인 시각을 학생들에게 제공함으로써 궁극적으로는 비평적 음미를 성장시켜야 한다는 것이다. "소크라테스적 교사들과 변증법적 독자들로선 종교 경전과 비교 종교 전반보다 더 노력을 기울일 만하고 인문학 교육에 더 적절한 자료를 발견하리라는 희망을 가질 수 없다." 카우프만의 저서 『정신의 발견(*Discovering the Mind*)』의 「서문」에서 아이반 솔(Ivan Soll)은 카우프만이 니체로부터 받은 영향이 그의 문체에, 즉 자칫 의도한 목표에 도달하기를 방해할 수도 있는 사소한 부분에 구애되지 않고 발상의 신속한 발전을 보여주는 문체에 반영되어 있다고 지적했다. 따라서 "자료에 관해 과도하게 완전한 설명을 제공하지 않으려는 의도적인 결정이" 있었는데, 왜냐하면 "비록 연관되기는 하지만 직접적 관련은 없는 세부 사항의 바다 속에서는 그의 주요 논제와 통찰의 위력이 상당 부분 상실될 것이기 때문이었다."[13] 이런 접근법 배후에 카우프만이 현학자라고 일컫은 정신의 기질을 보유한 사람들을 향해 느낀 경멸이 있었음은 의심의 여지가 없다. 바로 그 정신의 일종이야말로 구제 불능으로 현미경적이었기 때문이

다. 문제는 어떤 작품들을 인문학 탐구 전체에 받아들여야 마
땅한지를 과연 어떻게 결정할 것이냐였다. 『인문학의 미래』에
서 카우프만은 어떤 작품들과 창조적 개인들을 포함시켜야 할
지를 암시하며, 심지어 목록을 제안하는 데까지 나아간다. 다
른 때에만 해도 그는 논쟁적인 발언을 내놓았다. 예를 들어 카
우프만이 현대 독일 미술가 케테 콜비츠에게 부여한 지위 같
은 것이 그러했는데, 이는 어디까지나 예외를 제시하기 위해서
였음이 확실하다. 그럼에도 불구하고 인문학 연구라는 과제에
무엇을 포함하거나 배제해야 하는지와 관련해서 카우프만의
입장에 대한 더 완전한 판정은 어디까지나 그의 저술 전체에
초점을 맞춰야만 부분적으로나마 달성될 수 있다. 이 책에서
읽는 방법을 논의한, 특히 변증법적 독서를 논의한 장(章)은 이
런 판정과도 관련이 있을 것이다. 특히 세 번째 요소는(즉 역사
적이고 철학적인 요소를 포함한 변증법적 독서는) 지금 여기서도 응
용할 만하다.

　『인문학의 미래』의 결론에서 카우프만은 자신이 제시한
내용이 "새로운 학교를 위한 청사진이 아니다. 진지한 반성을
위한 촉구일 뿐이다."라고 서술한다. 아무것도 정해지지 않
았다. 하지만 과연 무엇이 인문학의 핵심을 구성하는지에 관
한 토론은 학교 내부에서(심지어 그곳에서도 합의가 나오리라는 보
장은 없지만) 반드시 결정되어야 하리라 말해도 무방할 것이
다. 로저 섀터크(Roger Shattuck)는 무엇을 포함할지에 대한 선
택을 놓고 벌어지는 이런 토론이 단지 교사들과 교수들 사이
에서만이 아니라, 나아가 "몇몇 분과 위원회들", "연방 정부",
"학군", "출판사" 사이에서도 이루어져야 마땅하다고 주장했

다.[14] 그것이야말로 가장 위험한 일이 아닐 수 없을 것이다. 사회과학에서건 인문학에서건 간에, 정전을 결정할 때에 "외부의 이익 단체로부터의 명령이 있다면, 독단과 교리가 생겨날 잠재성은 기하급수적으로 늘어날"[15] 것이기 때문이다.

인문학에 접근하기: 정신의 종류와 읽기

학계 내부에서 발견되는 네 가지 종류의 정신에 관한, 그리고 인문학의 핵심으로서의 읽기에 관한 카우프만의 분석은 대학 캠퍼스에 있는 모든 학부생과 대학원생에게 필독 자료가 되어야 마땅하다. 어쩌면 초임 강사들도 여기에 포함하자고 말하는 사람도 있을 것이다. 카우프만은 국내외 여러 대학에서 30년 동안 가르치고 강의한 경험을 토대로 재치 있지만 예리하고, 신랄하지만 상당히 건설적이고, 무엇보다도 정직한 논쟁적 서술을 내놓은 관찰자로서의 통찰을 우리에게 제공한다.[16]

카우프만의 책을 읽을 때에는 두 가지 요점을 염두에 두어야 한다. 첫 번째는 카우프만의 글에는 (아이반 솔의 지적처럼) 학계라는 배경에서는 드물게 발견되는 격정과 개인적 선호가 항상 주입되어 있다는 점이다.[17] 카우프만의 저서를 다룬 서평가 가운데 일부는 그걸 어떻게 이해해야 할지 아예 몰랐다. 그들은 차라리 냉정하고 중립적인 문체를 선호했던 것이다. 그의 분석 배후에 비판적이고 역사적인 의식이 없었다고 치면, 아마 그들의 비판도 정당화되는 것처럼 보였을 것이다. 하지만 사실은 그렇지 않다.

두 번째 요점은 카우프만이 비록 발상과 이론이 그 자체로는 검토될 수 없다고 주장한 것은 아니었어도, 한편으로는 발상과 이론이 반드시 더 넓은 실존적 맥락에서 검토되어야 한다고 믿었다는 점이다. 다시금 이것이야말로 전통적인 학술적 글쓰기와의 단절이며, 외관상 인신공격처럼 보일 수 있다. 하지만 (솔 교수의 지적처럼) 만약 이것이 인간의 창작의 산물을 이해하는 유일한 방법이라면, 환원주의라는 혐의도 정당화될 수 있을 것이다.[18] 대신에 카우프만은 탐구 대상을 이해하고, 탐구 대상에 관한 우리의 지식을 향상할 수 있는 합리적 논증, 사례, 이론적 틀을 제공했다. 각각의 철학자, 문인, 과학자, 미술가는 문화적 맥락 안에서 검토되었다. 그 맥락이야말로 다른 여러 국면 중에서도 주목해야 할 단 하나의 국면이었다. 『인문학의 미래』에서 카우프만은 만약 어떤 해석적 판단의 적절성을 판정하고 싶다면, "저자의 geistige Persönlichkeit의(즉 그의 '마음 모습'의, 또는 한마디로 표현해서 그의 '심성'의) 그림을" 이해하는 것이 필수적이라고 주장했다. 이때 필요한 것은 바로 어떤 사람 전체를 어떤 실존적 맥락에서 검토하는 일이다.

교수들은 네 가지 범주로 나뉜다. 선견자, 현학자, 소크라테스 유형, 언론인이다. 여기에 암시되기는 했지만 노골적으로 서술되지 않은 사실은, 교수법의 양식이 그 내용에 영향을 주는 것처럼 각각의 교수 유형이 학생들에게 영향을 준다는 것이다. 현행 지배적인 현학자 유형은 대학원 교육과 학계가 거쳐온 방향에 특히 유해한 영향을 끼쳤다.

현학자 교수의 긍정적인 특성으로는 주제에 접근할 때의 엄격성, 잘 형성된 전문화, 그리고 전문가주의의 감각이 있다. 하지만 카우프만이 보기에는 부정적인 특성이 긍정적인 특성을 훨씬 압도했다. 예를 들어 합의에 대한 충성, 현미경적인 시각, 제재(題材)에 대한 과도할 정도의 오해 등이 그런 부정적인 특성이었다. 이것이야말로 인문학 교육이 이제껏 거쳐온 불운한 방향에 영향을 준 주된 요인이었다.[19]

이런 터무니없는 방향 선회에는 최소한 두 가지 이유가 있다. 첫 번째 이유는 2차 대전의 종식 이후 학생의 유입과 대학의 팽창으로 인해 교수진이 재빨리 늘어야 했다는 점이다. 카우프만은 "그 과정에서 학계는 무한히 더 전문적이고, 학술적이고, 반(反)소크라테스적이 되었다."고 서술한다. 학생의 숫자가 많다 보니 양적 시험이 불가피해졌다. 전문가주의 때문에 간행물의 양적 생산이 불가피해졌다.

현학적 선회의 두 번째 이유는 인문학 교수들이 과학 분야의 동료들을 모방한 결과였다. 그러한 굽신거림은 (위대한 과학자들을 모범으로 삼은 것이 아니라, 오히려 과학계의 현학자들을 모범으로 삼은 것으로) 결과적으로는 금전적 보상, 휴가, 승진을 낳을 수 있었다. 『도덕의 계보에 관하여』에서 니체는 과학과 현학자 모두를 고발한다. "우리의 가장 뛰어난 학자들의 능숙함, 그들의 부주의한 근면, 밤낮으로 연기가 피어오르는 그들의 머리, 그들의 장인 정신 그 자체. 이 모두의 진짜 의미는 자기 스스로에게만 뭔가를 계속 숨겨두려는 열망 속에 놓여 있는 경우가 얼마나 흔한가! 자기 최면으로서의 과학. '당신은 그러한 경험이 있는가?'"[20] 거기서 좀 더 나아가서, 니체는 "의식을 회복하는 것"이 가장 두렵다고 서술한다. 카우프만에게는 이런 경로를 추구한다는 것이야말로 재난이 아닐 수 없었다.[21]

소크라테스 유형의 정신은 현학주의에 대한 완벽한 해독

제다. 엄격한 검토는 유지되지만, 합의나 믿음이나 도덕이나 이데올로기와의 충돌이 포함된다. 소크라테스적 접근법은 모든 인문학에 적용되며, 카우프만이 각별히 지적한 것처럼, "정치학과 경제학, 사회학과 인류학"에도 적용된다. 카우프만은 만약 전문가주의가 지배적으로 되고, 교수들이 국가의 도덕적이고 정치적인 분위기에 관해서 의문을 제기하는 도덕적 정직성을 갖지 못할 때에 무슨 일이 일어날지 잘 알고 있다. 그는 이렇게 묻는다. 이런 일을 하기에 누가 더 나은 입장에 있단 말인가? 그리고 누가 학생들에게 필요한 저 필수적이고도 비판적인 태도를 가르치기에 더 나은 입장에 있단 말인가? 나치 독일에서는 교수진과 학생 모두가 재빨리 국가사회주의와 한편이 되었다. 그 어떤 철학적 입장이든 항상 더 넓은 대안들의 맥락에서 고려된다. 카우프만이 하이데거에 관해서 각별히 비판적이었던 이유는 여러 가지였지만, 그중 한 가지 이유는 그의 정치적 근시안과 나치즘 포용이었다.[22]

카우프만은 언론인 유형의 교수들을 향해서 가장 큰 경멸을 품었다. 그들은 자기가 잘 아는 것들을 가르치지만, 그런 탐구의 내용은 마치 어제의 헤드라인처럼 금세 잊히고, 심지어 그렇게 되는 게 당연하다시피 하다.[23] 이런 범주가 제공하는 강의는 세계의 위대한 작품들 가운데 일부를 검토하는 데 써야 최적일 법한 에너지를 엉뚱한 곳으로 비껴가게 만든다. 네 번째 유형의 정신은 선견자다. 우리로선 과연 그들이 대학 캠퍼스에 얼마나 자주 나타나는지 궁금하게 마련이다. 니체와 비트겐슈타인은 실제로 짧은 기간 동안 나타났지만, 선견자는 지나치게 도발적인 외톨이이게 마련이다. 그들은 용인되는 규범에 순응할 가능성이 가장 적고, 학계에서는 특히나 그렇다. 더 나쁜 점은 그들이 반드시 최고의 교사는 아니라는 점이다. 이런 현상에 관한 카우프만의 분석은 계몽적이다. 그럼에도 불구하고 인문학적 관점에서 보자면, 우리는 이들이 필요하다. 그들의 기여는 차마 계산이 불가능할 정도로 귀중하다. 선견이 비범한 재능이라는 점을 인식한 카우프만은 그런 재능을 가르칠 수 있는지 여부에 관해서 대담하게도 한 장을 할애한다.

읽기, 편집, 번역, 서평은 이음매 없는 전체의 일부로서 볼 수 있다. 카우프만은 재능 있는 번역가 겸 학자였으며, 둘 다였던 까닭에 글을 잘 읽는 것이 얼마나 중요한지를 알고 있었다. 괴테의 『파우스트』이건, 니체의 『차라투스트라는 이렇게 말했다』이건, 부버의 『나와 너』이건 간에, 번역에는 특유의 어려움이 따르기 때문에 그 일을 잘하려면 감성, 이해, 창조적 재능이 어느 정도씩은 필요했다. 카우프만은 글을 잘 읽는 것이 학생들에게 절대적으로 중요하다고 믿었다. "읽기는 인문학의 핵심이며 또한 사회과학의 핵심이기도 하지만, 대부분의 학생은 읽기를 잘 배우지 못했다."

읽기를 잘 배우지 못한 사람은 학생만이 아닐 수도 있다. 하이데거를 겨냥한 카우프만의 핵심적 비판 가운데 하나는 그가 (키르케고르며 사르트르와 마찬가지로) 주해적 독자라는 점, 따라서 니체를 잘 읽지 못했다는 점이었다. 카우프만이 가르치고자 했던 종류의 읽기는 바로 변증법적 읽기로서, 소크라테스와 헤겔과 부버에게서 차용한 내용을 독창적으로 종합한 결과물이었다. 변증법적 읽기의 필수 요소는 바로 문화 충격이다. 변증법적 독자는 스스로를 다중적인 문화 충격에 노출하는 반면, 주해적인 독자는 이를 회피한다. 삶과 믿음과 가치는 반드시 비판적 음미와 대안적 가능성에 대해서 열려 있어야 한다.

종교와 학제 간 접근법

종교, 특히 비교 종교는 학생들이 "그들 나름의 믿음과 도덕, 그리고 부모와 또래 집단과 사회의 이데올로기와 가치에 대한 검토를" 할 수 있는 초점으로 작용한다. 이 주제는 더 이전의 저술들에서도 발전되었지만, 특히 『네 가지 차원의 종교』에서 강력하게 제시되었다. 여기서 카우프만은 이렇게 말한다. "이 세상에 종교보다 더 중요한 주제는 없다. 가장 결정적인 질문들이 종교에 관여되어 있으며, 이 질문들에 대해서 여러 다른 종교는 여러 다른 답변을 내놓은 바 있다."[24] 『인문학의 미래』에서는 종교 텍스트가 소크라테스적 음미와 변증법적 독서를 위한 완벽한 제재(題材)를 제공한다고 지적한다. 이는 학생들에게 대안적인 선택을, 또한 문화 충격을 제공한다는 것이다.

카우프만 교수는 독일 철학(특히 니체) 분야에서 인정받은 학자일 뿐만 아니라, 여러 철학자와 시인과 신학자의 편집자 겸 번역자이기도 했다. 그는 자작시를 간행했고, 사진가로도 어느 정도 명성을 얻었다.[25] 카우프만의 명성은 굳이 더 높아질 필요조차 없는 것이다. 이를 언급하고 넘어가는 것이 중요한 까닭은, 이를 통해서 '이 일은 반드시 이루어져야 한다.'고 말하고만 넘어가는 사람과, 그런 말을 하고 또 실제로 행동하는 사람의 차이가 얼마나 큰지를 알 수 있기 때문이다. 『네 가지 차원의 종교』에서 카우프만은 이렇게 말했다. "이제껏 나의 주된 관심사는 실존적이었다. 단지 믿음과 사변, 신학과 형이상학과 함께했을 뿐만 아니라, 또한 인간성과도 함께했다는 뜻이다. 이런 차원이 없다면, 제아무리 훌륭한 역사적이고 비교적인 연구조차도 깊이가 결여된다고 나는 절실히 느낀다."[26]

카우프만이 보기에는 사진이야말로 대안적인 바라보기의 방법이었으며, 이는 철학과 학술이 바라보기의 방법인 것과 마찬가지였다. 다른 창작 예술과 마찬가지로 사진은 시각[선견](vision)의 은유가 되었다. 철학과 학술이 현미경 관찰의 훈련장이자 맹목성을 위한 준비가 되는 상황에서는 시각[선견]의 이용이 필요하다. 『네 가지 차원의 종교』는 그 자체로 학제 간 접근법의 사례다. 다음과 같이 말했을 때에 카우프만은 자신의 긴 경력에서도 마지막 지점에 도달한다. "학자나 시인이 가르치려 시도하기를 바랄 수 있는 가장 중요한 것은 바로 시각[선견]임을, 또는 (이 핵심을 좀 더 수수하게 말하자면) 더 잘 바라보는 것임을 나는 믿게 되었다."[27]

학제 간 접근법은 엄격함을 배제하지 않는다. 현학자적 정신의 그런 특성이야말로 사회적 합의와 가치에 대한 선견적 발전과 비판적 음미의 본질적 기반이다. 학제 간 학자가 되기 위해서는 한 가지 분야에 대한 확고한 파악, 다른 분야로 건너가려는 용기, 그리고 부수적인 혁신의 가능성이 필요하다.[28]

『인문학의 미래』의 마지막 장에서 카우프만은 이렇게 말한다. "학과별 접근법은 항상 추상적이게 마련이다." 주제 영역은 인위적으로 제한될 수 있으며, 세부적인 특성은 탐구의 대상이 될 수 있다. 카우프만은 형벌이라든지 죽음 및 죽어감 같은 논제에 관한 학제 간 연구에 제안을 제공한다. 카우프만은 이전에도 이런 영역에서 연구를 수행한 바 있었다.『실존주의, 종교, 죽음』과『인간의 운명: 3부작(Man's Lot: A Trilogy)』[29]이라는 두 가지 저술이 이에 해당한다.『인간의 운명』은『네 가지 차원의 종교』처럼 사진, 학술 텍스트, 시가 혼재되어 있다. 이 책은 로마의 베네토 거리 소재 카푸친 수도회 교회 내부의 묘지에서, 줄줄이 늘어선 두개골과 수도사의 법복을 입은 해골 인간이 독자를 마주 보는 모습을 보여주는 충격적인 사진(1977)으로 마무리된다.

마무리하며

지금으로부터 몇 년 전에 나는 '종교와 철학의 방법'이라는 제목의 고급 특강을 하는 영예를 누렸다. 그때 다룬 텍스트 중에는 카우프만의『이단자의 믿음』도 있었다. 하루는 어떤 학생이 쪽지를 건네었는데, 거기에는 자기가 그 책의 거의 끝부분에 있는「죽음」이라는 장에 나오는 특정 대목을 읽고 크게 감동했다는 이야기가 쓰여 있었다. 나는 아직도 그 쪽지를 가지고 있다. 그의 모든 저술 중에서도 그 대목이야말로 나 역시 가장 좋아하는 부분이기도 하다. 또한 나는 1980년 12월에 프린스턴 대학 캠퍼스에서 개최된 카우프만의 추모식에서도 그 대목을 읽었다. 내 생각에는 그 대목이『인문학의 미래』에도 적절한 서문이 되리라 생각한다.

그리스인은 판도라의 상자에 들어 있는 최후의 악을 희망이라고 간주했다. 또한 그들은 완벽한 고귀함의 이미지를 우리에게 제공했다. 즉 한 인간이 온갖 위협에도 불구하고 또 다른 인간에 대한 자신의 의무를 아름답게 수행하고, 그 어떤 희망도 제지하지 못한 자부심과 용기를 지닌 채로 죽음을 향해 나아가는 안티고네의 이미지를 말이다.

희망 없음은 곧 절망이다. 하지만 희망 없는 삶도 살 만한 가치는 있다. 사르트르의 오레스테스가 말한 것처럼 "삶은 절망의 이면에서 시작되는 것"이니까. 하지만 희망도 이면에서 재개되는 걸까? 반드시 그렇지는 않을 것이다. 정직하게 말하자면, 무엇을 희망할 수 있을 것인가? 작은 희망은 남아있 겠지만, 큰 의미는 없을 것이다. 나는 일몰이 선명할 것이라고, 밤이 시원하고 조용할 것이라고, 내 저술은 잘 나올 것이라고 희망할 수는 있지만, 희망 가운데 열에 아홉은, 심지어 1년 뒤에 기억조차 되지 않으리라는 점을 알고 있다. 그렇다면 앞으로 한 세기 뒤까지 회고되는 희망은 얼마나 될까? 앞으로 10억 년 뒤에는?

구름이 덮인 탑, 멋진 궁전,
엄숙한 사원, 거대한 지구 자체도,
그렇다, 그것을 물려받은 모든 것도 와해되리라.
마치 이 부질없는 구경거리가 사라지듯,
조각구름 하나도 남기지 않을 것이다.
우리는 꿈의 재료와 같은 존재이며,
우리의 짧은 삶은 잠으로 에워싸였을 뿐이다.

『폭풍우』4막 1장

이것은 틀렸을 가능성도 있다. 제아무리 가능성이 없어 보이더라도, 제아무리 암시하는 증거가 적더라도, 우리를 위해 마련된 놀라움이 있을 수 있다. 하지만 나는 그런 것을 희망하지는 않는다. 이 삶에서 자기 자신을 가지고 무엇을 해야 할지 모르는 나머지 잡지를 읽고 텔레비전을 보면서 시간을 낭비하는 사람이 있다면, 영원한 삶을 바라도록 내버려두라. 만약 우리가 격렬하게 살면, 잠이 마치 축복처럼 여겨지는 때가 찾아올 것이다. 만약 우리가 격렬하게 사랑하면, 죽음이 마치 축복처럼 여겨지는 때가 찾아올 것이다.

온 마음과 정신과 힘을 다해 사랑한 사람들은 항상 죽음을 생각하며, 타인을 향한 괴로운 걱정의 끝없는 밤을 아는 사람들은 죽음을 갈망한다.

내가 원하는 삶은 내가 영원히 견딜 수는 없는 삶이다. 그것은 삶을 가치 있게 만들고 죽음을 반갑게 만드는 사랑과 격렬함, 고통과 창조의 삶이다. 내가 이보다 더 선호하는 다른 삶은 없다. 나는 죽기를 싫어하지 않아야 마땅하다.

내가 역사상 어떤 인물로 태어났었더라면 좋았을지를 스스로에게 묻고 보니, 내가 가장 존경하는 사람들 모두는 대부분 기준으로는 깊이 불행한 사람들이었음을 깨닫게 된다. 그들은 절망을 알았다. 하지만 그들의 삶은 가치가 있었으며(나는 다만 이런 점에서 내 삶이 그들의 삶에 버금가기를 바랄 뿐이다.) 나로선 그들 역시 죽기를 기뻐했으리라는 데에 의심의 여지가 없다.

하룻밤의 좋은 잠을 선사받아 마땅한 사람이라면 죽는 것도 받아 마땅하다. 왜 내가 다시 잠에서 깨어나기를 바라야 할까? 내가 가졌던 시간 동안에 미처 하지 못했던 일을 하기 위해서? 돌이켜보면 삶에서 우리가 자랑스러워할 만한 방식으로 소비되는 시간은 과연 얼마나 많은 것일까?

　우리 대부분에게 죽음은 충분히 일찍 오지 않는다. 죽음이 멀고도 무관하다는 생각으로 인해서 삶은 오히려 망쳐지고 썩어버린다. 예를 들어 40세에 죽기를 기대할 때에 우리는 더 잘 살아갈 수 있다. 이 경우에 우리는 20세가 되기 훨씬 전에 이렇게 말할 것이다. '내가 성취할 수 있는 일이 무엇이건 간에, 그때쯤이면 이룰 수 있어야 마땅할 거야. 내가 그때까지도 이루지 못한 일이라면, 평생 이룰 가능성은 없을 거야.' 이 경우에 우리는 40세까지 (또는 30세까지) 살 거라고 확신할 수는 없겠지만, 만약 죽음과 만난다면 더 나은 삶을 살 수 있을 것이다.

　임박한 죽음에 대한 기대는 사랑을 깊어지게, 더 격렬해지게, 열렬하게 만드는 데에서 그치지 않는다. 그로 인해 삶의 모든 것이 풍부해진다. 왜 굳이 마지막 순간까지 나 스스로를 기만하고, 너무 늦어버렸을 때가 되어서야 풍경과 소리와 냄새를 게걸스레 집어삼키는가? 타자를 대할 때도 그들 역시 죽게 되리라는 사실을 기억하는 편이 좋다. 그렇게 되면 더 큰 인간성이 만들어진다.[30]

주

1 그레고리 블라스토스(Gregory Vlastos)도 다음에서 이와 유사한 점을 주장하는 데에 가까이 갔다. "Graduate Education in the Humanities: Reflections and Proposals," *The Philosophy and Future of Graudate Education*, William Frankena ed.(Ann Arbor: The University of Michigan Press, 1980), 66쪽.

2 인문학의 분류 사례는 다음을 참고하라. William G. Bowen and Julie Ann Sosa, *Prospects for Faculty in the Arts and Sciences*(Princeton: Princeton University Press, 1989), 189~190쪽.

3 Walter Kaufmann, *Without Guilt and Justice*(New York: Peter H. Wyden, Inc., 1973). 1971년에 나는 트렌턴 주립교도소의 재소자를 상대로 윤리학을 강의했으며, 이때 니체의 『차라투스트라는 이렇게 말했다』를 공부했던 관계로 카우프만을 초청해 그 학생들과 만나게 해주었다. 재소자 학생들과 거의 세 시간에 달하는 열띤 모임을 하고 나자, 방문 시간이 다 끝난 바람에 나는 종료를 선언할 수밖에 없었다. 내 생각에 그때 카우프만은 몇 시간이라도 더 기꺼이 모임을 지속할 수 있을 것 같았다.

4 Walter Kaufmann, *Faith of a Heretic*(New York: Meridian, 1978), 3~8쪽.

카우프만은 겨우 열한 살이었던 소년 시절에 나치 독일에서 루터교에서 유대교로 개종함으로써 당연히 부모님을 소스라치게 했던 자신의 중대한 결정을 설명한다. 몇 년 뒤에 다음 자료의 「서문」에서 카우프만은 "나치 독일에서 유대교는 단지 과거에 관한 읽기의 문제가 아니었다. 그것은 나의 전체 존재와 관련된 실존적 경험이었다."고 서술했다. *Religions in Four Dimensions: Exsistential and Aesthetic, Historical and Comparative*(New York: Readers Digest Press, 1976).

5 Robert Proctor, *Education's Great Amnesia: Reconsidering the Humanities from Petrarch to Freud*(Bloomington: Indiana University Press, 1988).

6 같은 책, 110쪽.

7 같은 책, 193쪽.

8 Walter Kaufmann ed., *Religion from Tolstoy to Camus*(New Brunswick, NJ: Transaction Publishers, 1994).

9 Walter Kaufmann, *Critique of Religion and Philosophy*(Princeton: Princeton University Press, 1958).

10 Walter Kaufmann, *Existentialism, Religion and Death: Thirteen Essays*(New York: Meridian, 1976).

11 *Judaism and Christianity: Essays by Leo Baeck*, Walter Kaufmann

trans.(Philadelphia: Jewish Publication Society of America, 1958).

12 Walter Kaufmann, *Religions in Four Dimensions*, 14~15쪽.

13 Walter Kaufmann, *Goethe, Kant and Hegel: Discovering the Mind*, vol. 1(New Brunswick, NJ: Transaction Publishers, 1991), xix쪽.

14 Roger Shattuck, "Perplexing Dreams: Is There a Core Tradition in the Humanities?"(Washington, DC: American Council of Learned Socities, 24 April 1987: ACLS Occasional Paper, No. 2, 8쪽).

15 Irving Louis Horowitz, "The New Nihilism," *Society* 29, no. 1(November/ December 1991): 30.

16 Walter Kaufmann, *Faith of a Heretic*, chapter 2, "The Quest for Honesty."

17 Walter Kaufmann, *Goethe, Kant and Hegel*, xvi쪽.

18 같은 책, xvii쪽.

19 거의 10년쯤 뒤에 앨런 블룸(Allan Bloom)도 이와 유사하게 전문화의 효과를 인식했다. "교수 대부분은 전문가이며, 오로지 자신의 방식대로만 그 분야에서의 발전에 관심을 갖거나, 또는 오로지 직업상의 명성에 온갖 보상이 따라오는 세계에서만 개인적 발전에 대해서 관심을 갖는다. Allan Bloom, *The Closing of the American Mind*(New York: Simon and Schuster, 1987), 339쪽.

20 Friedrich Nietzsche, *On the Genealogy of Morals and Ecco Homo*, Walter Kaufmann trans.(New York: Vintage Books, 1967), 147쪽.

21 스티븐 그로버드(Stephen Graubard)는 좀 어울리지 않게도 「21세기를 위한 인문학과 고등 교육의 의제(The Agenda for the Humanities and Higher Education for the 21st Century)」라는 제목의 기조연설에서 버니바 부시(Vannevar Bush)의 『과학: 끝없는 변경(Science: The Endless Frontier)』(1945)을 가리켜 "아마도 1989년에 나옴직한 인문학 보고서의 모델을 실제로 제공한 것이 아닐까" 싶다고 주장했다. 그의 발언 가운데 상당 부분은 바로 그 모델에 대한 논의에 할애되었다. 하지만 "최근 몇 년 동안의 가장 큰 손실은 공동체 감각의 부식"이었다는 그의 주장만큼은 통찰력이 있었다.(American Council of Learned Societies, ACLS Occasional Paper No. 8, 1989. 4. 11쪽) 최근인 1993년 10월에는 뉴저지 인문학위원회(The New Jersey Committee for the Humanities)에서 '공동체 문화: 미국인의 삶에서 공동체의 중요성(The Culture of Community: The Importance of Community in American Life)'이라는 제목의 학술 대회가 열렸다. 카우프만이 『인문학의 미래』 마지막 장에서 설명한 기준에 따르면, 이 공동체

문화에 관한 강의 역시 학제 간 강의로 손쉽게 간주될 수 있을 것이다.

22 Walter Kaufmann, *Nietzsche, Heidegger, and Buber: Discovering the Mind*, vol. 2(New Brunswick, NJ: Transaction Publishers, 1992). 카우프만은 철학에서 하이데거의 지위를 어디에 놓을 것이냐를 두고 프린스턴 대학의 동료 교수인 리처드 로티(Richard Rorty)와 대립했다. 로티는 다음과 같이 말했다. "설령 한 철학자의 정치학을, 또는 정치학과의 무관함을 발견한다고 해서, 진리나 객관성이나 단일한 시각의 가능성 같은 논제들에 관한 그의 견해가 지닌 가치에 대해 많은 것을 단정할 수는 없을 것 같다." Richard Rorty, "Trotsky and the Wild Orchids," *Wild Orchids and Trotsky: Messages from American Universities*, Mark Edmundson ed.(New York: Penguin Books, 1993), 47쪽.

23 유행 따라가기가 여전히 대학 캠퍼스에 남아 있다는 사실은 손쉽게 확인된다. 미첼 스티븐스(Mitchell Stephens)는 「자크 데리다(Jacques Derrida)」라는 제목의 기사에서 이렇게 주장했다. "1980년대에만 해도 아마 해체주의 전문가를 채용하려 했을 법한 학과들이 이제는 아마 '젠더 연구'나 '게이 연구'에서 훌륭한 자격을 지닌 전문가를 놓고 경쟁을 벌일 것이다."(*The New York Times Magazine*, 23 January 1994, 25쪽)

24 Walter Kaufmann, *Religions in Four Dimensions*, 14쪽.

25 저명한 사진가 앙드레 케르테스(André Kertész)는 카우프만의 사진에 관해서 이렇게 말했다. "카우프만 교수의 작품은 훌륭하고, 섬세하고, 지적이고, 정직하고, 전적으로 인간적이다. 내가 보기에 그것이야말로 사진에서 가장 중요한 것이다."

26 Walter Kaufmann, 앞의 책, 18쪽.

27 같은 책, 21쪽.

28 학제 간 연구라는 주제에 관한 한 가지 시각은 학제 간 사고가 "이미 달성되고, 조직되고, 체계화된 사고의 입장의 적절성에 관한 높은 수준의 논평의 일종"이라고 주장한다. Allie Frazer, "The Interdisciplinary Heart of Liberal Studies," *The Traditions in Modern Times: Graduate Liberal Studies Today*, Charles B. Hands ed.(Lanham, MD: University Press of America, 1988), 61쪽. 카우프만은 이보다 더 급진적으로 보일 수 있다. 모든 사고의 입장이 조직과 체계화에 앞서 학제 간 연구를 전제해야 한다는 것이기 때문이다. 블라스토스도 대학원 교육에서 이른바 '학과

간 연구(Lernfreiheit)'에 관해서
이야기했을 때에는 이런 입장에
동의하는 것처럼 보인다. Gregory
Vlastos, 앞의 글, 76쪽.

29 Walter Kaufmann, *Man's Lot: A Trilogy*(New York: Reader's Digest Press, 1978).

30 Walter Kaufmann, *Faith of a Heretic*, 371~373쪽.

해제
소크라테스적 질문을 되살리기 위한 브레이크는 어디에?

조형근(사회학자)

> 한 알의 모래 속에서 세계를 보고
> 한 송이 들꽃 속에서 천국을 본다
> 손바닥 안에 무한을 거머쥐고
> 순간 속에서 영원을 붙잡는다
>
> — 윌리엄 블레이크, 「순수를 꿈꾸며」

1970년대를 거치며 서구의 역사 연구와 서술에서 새로운 흐름이 부상했다. 영웅들의 권력투쟁이나 혁명과 반혁명의 거대서사 따위가 아니라 보통사람의 사소한 일상을 통해 역사를 이해하려는 시도들, 즉 미시사, 일상사, 신문화사 등으로 불리게 된 새로운 역사학의 흐름이다. "한 알의 모래 속에서 세계를 보고"자 한 블레이크의 시 세계와 통하는 정신이다. 무한히 작은 것 속에서 무한히 큰 것을, 찰나 속에서 장구한 시간의 흐름을, 요컨대 작은 이야기를 통해 큰 이야기를 하려는 욕망이었다. 2000년대를 전후하여 한국의 역사학과 문학사, 사회사 등 인접 학문 분과에 적지 않은 영향을 미쳤다.

이탈리아의 역사학자 카를로 긴츠부르그의 『치즈와 구더

기』는 이 새로운 역사학의 기념비적 예시다. 16세기 이탈리아 프리울리 지역의 방앗간 주인이던 메노키오는 천사가 신의 창조물이 아니라, 치즈 덩어리에서 구더기가 생겨나듯 자연 발생했다는 식의 기묘한 창세기를 주장했다. 삼위일체를 부정한 것은 물론, 기독교 교리가 인민을 착취하기 위한 사기극이라고 규탄하기도 했다. 이단적인 신앙 탓에 그는 수차례 종교재판을 받게 되고 결국 화형을 당한다. 긴츠부르그는 재판 기록들, 그가 소장했던 몇 권의 서적과 인간관계를 실마리 삼아, 이 위험한 신앙이 메노키오 개인의 특이한 망상이 아니라 사실은 기독교 지배 아래서도 수백 년 이상 장구하게 지속된 민중의 자율적 정신세계에서 배태된 것임을 밝혀낸다.

문제는 모두가 한 알의 모래 속에서 세계를 볼 수 있지는 않다는 데 있다. 아니, 훨씬 많은 경우 눈은 모래 한 알의 세부에만 쏠렸다. 그러자 어느 순간 시력을 회복할 수 없게 됐다. 당초에 보고자 한 세계를 더 이상 볼 수 없었다. 목적과 수단의 전도 현상이다. 여기에 무슨 문제라도 있다는 말인가?『차라투스트라는 이렇게 말했다』에서 니체는 오직 거머리의 두뇌만을 연구하는 자를 등장시킨다. 스스로 '정신의 양심'을 가졌다고 자부하는 자다. 그에게는 거머리의 지혜가 하나의 세계다. 그가 외친다. "그것을 위해 나는 다른 모든 것들에 대해 무관심해졌다. 그리하여 나의 인식 바로 곁에는 나의 검은 무지가 웅크리고 있는 것이다." 오직 한 가지 일에 대해서만 알고, 나머지 모든 것에 대해서 알지 못하는 것, 이것이 그가 말하는 엄격함과 정직성이다.

카우프만에 따르면 오늘날 인문학자 대다수는 거머리의

두뇌만 연구하는 자와 다름없다. 그들은 무엇을, 왜 공부하는지 잊어버렸다. 목표와 비판정신을 상실한 채 전문화 속으로 침잠한 지 오래다. 달리 표현하면 믿음과 도덕은, 한마디로 '가치'는 비판적 음미의 대상이 아니라고 믿는 '두 세계 학설' 속으로 용해되었다. 인문학의 위기는 여기서 비롯됐다. 역사학은 물론 철학, 문학, 종교, 예술 등 인문학 전반이 함께 처한 위기다.

카우프만이 꼽는 위기의 원인은 두 가지다. 첫째, 2차 대전 이후 대학이 팽창하면서 선별을 위한 경쟁시험이 일반화됐고, 다수의 새로운 교사가 필요해졌다. 그 때문에 '정량 측정'의 시대가 도래했다. 학생 선발을 위해 객관식 시험이 중요해졌고, 교원의 채용과 승진 과정에서는 학계의 합의 범위 안에서 부지런히 논문을 간행하는 현학자 유형이 유리해졌다. 자기 시대를 비판하는 소크라테스적 비평가 유형은 소멸하게 됐다. 둘째, 1957년의 스푸트니크 충격이 실증주의의 확산을 가져오면서 인문학을 포함한 모든 학술적 진보가 자연과학 모델에 의존해야 한다는 확신이 커졌다. 과학과 공학에 대한 지원이 커지자 인문학도 과학처럼 보이는 연구를 통해 보조금을 얻으려는 경향이 자라났다.

이쯤 읽다 보면 2차 대전 이후 미국 인문학의 위기가 근년 한국에서 심화해온 인문학의 위기와 근본적으로 동형이라는 걸 깨닫게 된다. 여기에 안타까운 진단 하나를 덧붙여야 한다. 위기의 심도는 한국이 훨씬 깊다. 인문학 관련 학과들의 정원 축소, 통폐합 같은 이야기는 너무 흔해서 이제는 뉴스조차 되지 못한다. 유력한 대선 후보가 "지금 세상에서 인문학은 공학이나 자연과학 공부하면서 병행해도 된다."라고 공개적으로 말한다. 인문학자들 스스로도 별반 다르지 않다. 빌 게이츠가 철학과에 몇 달 다녔다는 에피소드 따위를 선전하고, 돈 되는 콘텐츠 상품의 밑바탕에는 인문학이 있다며 인문학의 가치를 입증하려 한다. 딱한 노릇이다.

카우프만은 인문학을 배우고 가르쳐야 할 이유로 네 가지를 꼽는다. 첫째, 인류의 가장 위대한 업적의 보전과 육성을 위해, 둘째, 목표를 숙고하고 대안에 관심을 기울이기 위해, 셋째, 선견(vision)을 가르치기 위해, 넷째, 비판적인 정신을 육성하기 위해. 어느 것 하나 중요하지 않은 것이 없다. 그가 실제 제시하는 인문학 강의 모델에 좀 더 귀를 기울여봐도 좋겠다. 예를 들어 그는 형벌을 주제로 한 학기 강의안을 제시한다. 형벌은 철학과 종교, 그리스 비극과 러시아 소설은 물론 정치이론과 심리학, 사회학과 인류학이 만날 수 있는 학제 간 접근의 대표적인 사례다. 미술작품, 영화 감상, 공연 등과 결합할 수도 있고, 재판 방청과 교도소 탐방도 병행할 수 있다. 학생들은 이를 통해 형벌에 대한 좁은 학과별 접근의 한계를 깨닫게 된다. 재판 한 번 방청해보지 않고, 교도소에서 하룻밤을 보내지도 않은 이들이 온갖 종류의 학위를 얻고 교사가 되고 법관이 되어 징역형을 선고하는 현실이다. 이런 종류의 인문학 프로그램에서 학생들은 한 학기 동안 형벌에 대해 종합적으로 사고하며, 소크라테스적 질문하기의 중요성을 깨닫게 된다. 즉 우리의 무지, 우리 지식의 한계에 대해 질문하게 되고, 형벌을 받는 사람들에 대한 우리들의 태도에 대해 숙고하게 된다. 이런 강의의 모델은 충분히 확장될 수 있다. 그의 논의가 공허하지 않은 이유다.

여기서 우리는 카우프만이 천착하고 있는 인문학이라는 주제 바깥에 대해 말할 필요가 있다. 인문학의 위기는 사실 지식인의 위기이기도 하고, 대학의 위기이기도 하다. 인문학의 위기를 지식인과 대학을 포함한 삼중의 위기라는 더 큰 구도 아래에서 살펴볼 필요가 있다는 말이다. 그때 문제의 실상은 좀 더 입체적으로 드러날 것이다.

일본의 미디어학자 요시미 순야는 『대학이란 무엇인가』에서 "대학은 세 번 태어났다."라고 말한다. 12~13세기에 태어난 대학은 수도원에 유폐되어 있던 옛 지식을 부활시키고 중세의 정신에 활기를 불어넣었지만, 근대로의 격변을 선도하지는 못했다. 인문학-대학-지식인이라는 '삼위일체'가 구축된 것은 19세기 초 독일에서 시작된 대학 개혁의 결과였다. 이른바 '진리 탐구의 전당'으로서 대학이라는 모델이 확립되어 세계로 확산됐다. 외부적 목적을 갖는 실용적 전문 지식은 단과 대학들에 배치된다. 이렇게 분산된 전문 지식은 외부적 목적을 갖지 않는 지식, 진리 탐구 자체만을 목적으로 하는 지식, 즉 철학을 필두로 한 일련의 인문학, '교양'이라는 이름의 지식을 통해 통합된다. 칸트의 지식 체계론이 이론적 근거를 제공한다. 대학은 지식 생산과 교육의 거점이 됐고, 인문학자들은 보편적 진리의 탐구자를 자처하게 됐다.

20세기 중후반까지 이어진 '장기 19세기'의 문화적 상징이기도 했던 진리의 상아탑으로서의 대학 모델은 목하 사라져가는 중이다. 대신 기업형 대학이 부상하고 있다. 그 밑바탕에는 대학원의 부상과 산학협력 모델의 성장이 있다. 19세기 말에서 20세기 전반에 걸쳐 전문 지식에 특화된 대학원이 성장했다. 1940년대 이후 미국에서 확산된 대학원 중심 대학의 산학협력 모델이 2차대전 이후 미국 헤게모니와 함께 세계화되었다. 권력과 자본에 대해 상대적 자율성을 주장하던 대학은 점차 기업-자본권력에 종속됐다. 대학은 고도 자본주의가 요구하는 지식을 생산하여 자본 축적에 직접 봉사하도록 요구받고 있다. 아니, 스스로 이익을 낳는 지식기업으로 변신하고 있는 중이다. 이런 흐름 속에서 실용적 전문 지식에 대해 한 걸음 떨어진 채 그 목표를 비판적으로 타진하던 인문학의 가치, 권력과 자본에 대해 독립적인 소크라테스형 지식인의 자리는 사라져가고 있다.

이런 거시적 변동의 흐름에서 한국의 현실 또한 다르지 않다. 대학의 기업화 추세 속에서 대학의 공공성이 부정되고, 대학, 지식인, 인문학의 존재 의미가 쇠퇴하고 있다. 여기에 더해 학령인구의 감소라는 인구학적 충격까지 겹치고 있는 것이 한국의 현실이다. 1970년대 미국 인문학의 위기에 대한 카우프만의 진단이, 지금 한국에서 한층 심각하고 복합적인 각도에서 재검토되어야 할 이유다.

결국 인문학의 미래만 문제인 것이 아니다. 대학과 지식인의 미래도 문제다. 이들이 어찌 된들 무슨 문제냐고? 아무 문제도 아닐 수 있다. 참된 문제는 그것이 지탱해온 소크라테스적 자기 비판이라는 역할이 이 사회에서 거세당하고 있다는 것이다. 이 난폭한 질주에 브레이크를 걸 방법을 찾는 것이 참된 과제다.

옮긴이의 말
21세기에 다시 묻는
인문학의 미래

1

월터 카우프만(Walter Arnold Kaufmann)은 1921년 독일 프라이부르크에서 태어났다. 유대계인 까닭에 나치의 박해를 피해 1939년에 미국으로 이주했으며, 1941년에 윌리엄스 대학교에서 학사 학위, 1942년에 하버드 대학교에서 석사 학위를 취득했다. 2차 대전 중에는 미국 육군 항공대에서 복무했고, 1947년에 하버드 대학교에서 니체 연구로 박사 학위를 취득하고, 같은 해부터 갑작스레 사망한 1980년까지 30년 넘게 프린스턴 대학에서 강의했다.

첫 저서인 『니체: 철학자, 심리학자, 반그리스도(*Nietzsche: Philosopher, Psychologist, Antichrist*)』(1950)를 통해 그때까지 영어권에서 비교적 미진했던 니체에 대한 이해를 진일보시켰다는 평가를 받았다. 이후 실존주의, 종교, 미학, 정신분석, 그리스 비극, 사진 등 광범위한 주제에 걸쳐 저서를 내놓았고, 니체의 저서를 비롯해 괴테의 『파우스트』(1963)와 부버의 『나와 너』(1970) 등을 영어로 옮겨 번역가로도 명성을 얻었다.

주요 저서로는 『도스토옙스키부터 사르트르까지의 실

존주의(*Existentialism from Dostoevsky to Sartre*)』(1956), 『종교와 철학 비판』(1958), 『이단자의 믿음』(1960), 『톨스토이에서 까뮈까지의 종교』(1961), 『헤겔: 그의 시대와 사상』(1965), 『비극과 철학』(1968), 『네 가지 차원의 종교』(1976), 『죄의식과 정의 없이』(1979), 『정신의 발견』 3부작(1980~1981) 등이 있다.

2

『인문학의 미래』(1977)는 월터 카우프만이 이른바 인문학 위기론에 대한 나름의 견해를 피력한 저서다. 이 책의 내용을 이해하려면 우선 그 당시 미국 학계의 상황을 이해할 필요가 있다. 2차 대전 이전까지만 해도 미국의 고등 교육은 소수의 전유물에 불과했지만, 전후에 문호가 널리 개방되며 대학 입학생이 크게 늘어났다. 학생이 늘면서 자연히 교원도 늘었으며, 결국 대학 및 대학원을 졸업한 고급 인력이 전반적으로 크게 늘어나게 되었다.

하지만 전후의 호황이 지속되지 못하고 1970년대에는 고급 인력의 취업이 어려워지면서 고등 교육의 가치에 대한 의문이 제기되었으며, 이 과정에서 과학기술 분야와는 달리 취업과는 직결되지 않은 인문학의 가치에 대한 의문이 강하게 제기되었다. 사실 인문학의 위기에 대한 진단은 대학으로 상징되는 고등 교육 전체에 대한 의문 제기라고 할 수 있으며, 그것도 20세기 후반뿐이 아니라 오히려 20세기 전반부터 줄곧 제기되어온 문제다.[1]

---

[1] 가령 『최후의 교수들: 영리형 대학 시대에 인문학하기』(프랭크 도너휴 지음, 차익종 옮김, 일월서각, 2014)의 1장 「인문학 논쟁의 역사」를 보라.

이러한 그 당시의 미국 대학 상황에서 카우프만은 『인문학의 미래』를 통해 인문학의 가치와 방향에 대해서 고찰한다. 우선 서론에서는 인문학을 가르치는 이유로 인류의 가장 위대한 업적의 보전과 육성, 목표의 숙고와 대안의 물색, 선견 가르치기, 비판적 정신의 육성을 든다. 곧이어 저자는 1장에서 선견자, 현학자, 소크라테스 유형, 언론인이라는 네 가지 유형의 지식인을 분류하는데, 이것이 이 책에서 가장 주목할 만한 부분이라 할 수 있다.

첫 번째 유형인 선견자란 말 그대로 선견을 보유한 인물로 예언자이자 천재이다. 이들은 인류의 역사에서 중요한 역할을 담당하지만, 시대를 앞서 나가기 때문에 종종 대중에게 이해받지 못한다. 선견자는 기존의 언어나 합의가 불충분하다고 생각하여 자신의 의견을 상술하기 위해 노력하며, 그 내용은 훗날 현학자의 연구 대상이 된다. 하지만 선견자라고 해서 항상 긍정적인 것만은 아니며, 교사로서는 오히려 유능하지 못할 수도 있다.

두 번째 유형인 현학자란 중세의 스콜라 철학자와 유사한 학자를 말한다. 이들의 특징인 현미경주의는 본래 엄밀성을 강조하려는 의도에서 비롯되었지만 결과적으로는 사소함에 몰두하게 되는 단점이 있다. 물론 현학자가 제대로 연구에 몰두하면 훌륭하고 유용한 결과물도 내놓을 수 있지만, 오늘날에는 학계의 주류가 되다 보니 오히려 부작용이 두드러진다. 저자는 현학자 일변도의 현실을 비판하며 학문 연구에서 배제된 활력과 생기를 되찾자고 역설한다.

세 번째 유형은 소크라테스를 모범으로 삼는다는 점에서

'비평가'로 일컬을 수도 있지만, 저자는 이 용어가 현대에 와서 직업 비평가를 가리키게 되었다는 이유를 들어서 기피한다. 대신 그는 '소크라테스 유형'이라는 살짝 어색한 용어로 이 유형을 지칭한다. 그 유일무이한 사례이자 모범인 소크라테스를 통해 알 수 있듯이 기존의 합의와 믿음에 대해 의문을 제기하는 것이 바로 이 유형의 특징이며, 가장 필요한 존재인 동시에 가장 희귀한 존재다.

네 번째 유형인 언론인이란 언론업 종사자를 가리킨다. 특히 저자는 언론인임에도 불구하고 인문학자나 사상가로 혼동되는 경우를 비판하며, 우리에게도 잘 알려진 문학평론가 에드먼드 윌슨과 정치학자 한나 아렌트를 그 사례로 제시한다. 물론 현대 사회에서 언론의 필수적 기능과 막중한 책임을 깡그리 무시하자는 취지는 아니며, 빨리 나오고 빨리 잊히는 언론업의 속성을 초월한 인문학의 가치를 강조하려는 의미로 보면 적절할 것이다.

2장에서는 읽기의 기술에 관해서 이야기한다. 인문학의 필수 기술로서 저자는 주해적 읽기(자기기만, 안전 추구, 자의적 경향), 독단적 읽기, 불가지론적 읽기(골동 애호적, 미학적, 현미경적 경향), 변증법적 읽기(소크라테스적 요소, 대화적 요소, 역사적/철학적 요소)의 특징을 소개한다. 가장 좋은 방법은 비판적/변증법적 읽기이며, 한 작품만이 아니라 그 작가의 전체 작품, 나아가 그 작가가 속한 역사적 배경을 아는 것이 필수라고 강조한다.

3장에서는 서평, 번역, 판본에 관해 이야기한다. 현대의 독자는 이 세 가지에 크게 의존하기 때문에, 그 모두에서 엄밀성과 정확성과 객관성을 확보하는 것이 필수라는 것이다. 하지만 현실에서는 여러 가지 이유로 그런 기본이 지켜지지 않는 상황인데, 이 모두가 목표에 대한 인식이 부재하기 때문이라는 것이 저자의 비판 요지다. 이럴 경우, 아무리 방대한 전집이나 다양한 번역을 내놓아도 그 결과물은 사소함과 의미 상실로 귀결된다는 것이다.

4장에서는 종교 연구의 필요성에 대해 이야기한다. 사실 저자는 유대인으로서 유대교의 배경을 갖고 있지만 평생 종교에 대해 비판적인 태도를 견지했기 때문에, 이런 그의 주장은 일면 의외로 보일 수도 있다. 하지만 기존의 믿음과 도덕과 가치에 대한 비판적 검토를 시도하려면 비교 종교라는 주제가 의외로 유용하다는 것이 그의 주장이다. 특히 저자는 구약성서 「창세기」를 예로 들어서 종교 텍스트 강의 계획을 실제로 제안해본다.

5장에서는 선견을 가르치는 방법에 관해 이야기한다. 선견/선견자라면 절대적이고 무제한적인 자유를 누려야 마땅하다 생각하기 쉽지만, 실제로는 그렇지 않다는 것이 저자의 주장이다. 즉 뭔가를 배우려면 규율이 필수적이며, 교육은 항상 목표를 염두에 두어야 하고, 전문화도 필요하지만 맹목이 되어서는 안 된다는 것이다. 교사는 학생들에게 대안을 물색하는 비판적 정신을 함양함으로써 선견을 육성하기 위해서 노력해야 한다는 것이다.

6장에서는 학제 간 연구에 관해 이야기한다. 저자는 전문화의 단점과 한계를 상쇄하기 위해서 교양 교육과 학제 간 연구의 필요성을 강조하며, 문학과 미술과 철학 등에서 실제 사례를 제시한다. 앞에서 언급한 변증법적 읽기의 방법과 마찬가지로, 여기서도 개별 학과, 인문학 전반, 학문 일반으로 나아가는 확장이 필요하다고 주장한다. 아울러 저자는 형벌과 죽어감이라는 주제에 대해서 학제 간 강의의 계획을 실제로 제안한다.

3

간행된 지 반세기가 다 되어 가는 책을 읽다 보면, 카우프만이 말한 '미래'는 오늘날 이미 과거가 되어버렸음을 깨닫게 된다. 하지만 그의 의도대로 인문학의 미래에 어떤 방향 전환이 이루어졌느냐는 질문에 대해서는 선뜻 그렇다고 대답할 수가 없다. 인문학의 가치에 대한 의문은 여전히 제기되는 형편이고, 어느새 전공보다는 '스펙' 쌓기가 더 우선시되며, 대학과 대학원 졸업자의 취업은 여전히 어려운 상황이기 때문이다.

이쯤 되면 대학의 존재 의미에 대해서 의문이 제기되는 것은 자연스러운 일이지만, 단순히 경제적 가치만 놓고 대학이나 인문학의 무용론을 주장하는 것은 과장일 수밖에 없어 보인다. 어쩌면 대학의 가치를 취업 교육으로만 한정시키고, 인문학의 가치를 경제 가치로만 재단하려는 사고방식 자체가 잘못은 아니었을까. 인문학 위기론이나 무용론에 대한 문제 제기가 오래 지속되면서도 뚜렷한 해결에 도달할 수 없는 것도 그래서일 수 있다.

설령 인문학이 실용성을 결여했다 해도, 세상 모든 문제를 인문학 탓으로 돌리는 것은 잘못이다. 단적으로 인문학 때문에 과학기술이 퇴보할 것도 아니며, 거꾸로 인문학이 없어진다고 과학기술이 융성할 것도 아니다. 인문학을 외면하는 학생들이 찾아가는 학과는 취업에 유리한 경제경영 분야이지 기초 과학 분야가 아니다. 오히려 SNS처럼 획기적인 산업의 배후에는 기술 혁신뿐만 아니라 인간이라는 요소가 들어 있음을 간과해서는 안 된다.

세상만사에서 인간이라는 요소는 필수적이면서도 예측불허다. 그리고 인문학은 바로 그 인간을 대상으로 하는 학문이므로 계량적 평가에도 한계가 있다. 한 경제학자의 말마따나 자동차 조립에 필요한 인력과 시간은 기술의 발전으로 획기적으로 줄일 수 있었지만, 베토벤의 현악사중주를 연주하려면 현대에도 19세기와 마찬가지로 연주자 4명이 9분 동안 일해야 하기 때문이다.[2] 예술의 이런 특성은 인문학에도 고스란히 적용된다고 할 수 있다.

물론 인문학 자체에도 그 나름의 단점은 있다. 단지 객관적 측정이 불가능하다는 이유를 틈타 만연해온 온갖 비합리는 개선되어야 하며, 카우프만이 이 책에서 제시한 비판과 대안도 그런 문제를 감안한 것이라고 보아야 할 것이다. 물론 카우프만의 주장에 대해서는 너무 원론적이라는 비판도 가능할 것이다. 특히 지식인의 네 가지 유형에 대한 분류는 흥미로운 것만큼이나 자의적이고 과장된 면이 있다는 비판의 여지가 있어 보인다.

다른 부분에 대해서도 이와 유사하게 논란의 여지는 있다. 한나 아렌트에 대한 비판 같은 경우, 훗날 카우프만의 저

---

2 파리드 자카리아, 『하버드 학생들은 더 이상 인문학을 공부하지 않는다』(강주헌 옮김, 사회평론, 2014), 148쪽.

서에 대한 수전 손택의 비판적 서평처럼 애초에 저자와 저서의 의도를 오독했다고 볼 만한 여지도 없지 않다.[3] 아울러 언론업과 언론인을 과도하게 폄하하는 내용에도 불구하고 정작 『인문학의 미래』 초판은 『리더스 다이제스트』라는 정기간행물 출판사에서 단행본으로 출간되었다는 태생적 모순도 지적할 만하다.

다만 카우프만의 진단이 나온 지 40년 뒤에 나온 또 다른 진단 역시 유사한 비판과 대안을 공유한다는 사실은 주목할 만하다.[4] 즉 읽기, 쓰기, 말하기를 가르치는 것이 교양 교육(인문학)의 핵심이라는 주장이다. 아울러 교양 교육이 가야 할 길은 외부의 비판과 공격을 의식해서 기준을 낮추고 학점을 남발하는 것이 아니라, 오히려 더 엄격하고 훌륭한 기준을 유지함으로써 더 훌륭한 교양 교육을 제공하는 것이라는 주장이다.

고등 교육의 가치에 대한 의문이 제기된 지 한 세기, 다시 카우프만의 진단과 해법이 나온 지 반세기가 다 된 상황에서, 내일 당장 이 모두에 대한 속 시원한 해결책이 등장하기는 어려울 것이다. 다만 지금까지의 모든 패러다임을 무력화시키는 코로나 사태의 와중에 역시나 큰 타격을 입은 대학가의 상황

---

3 수전 손택, 「내용 없는 신앙심」, 『해석에 반대한다』(이민아 옮김, 이후, 2002). 월터 카우프만의 편저서 『톨스토이부터 카뮈까지의 종교』에 대한 서평이다. 손택은 카우프만이 오스카 와일드와 알베르 카뮈의 저술까지도 종교적 내용이라 간주했다며 비판하지만, 다음 문헌에 따르면 어쩌면 이런 주장은 손택과 카우프만의 '종교' 개념이 상이한 데에서 비롯된 오해일 가능성이 다분하다. Stanley Corngold, *Walter Kaufmann: Philosopher, Humanist, Heretic* (Princeton, NJ: Princeton University Press, 2019), pp. 200–201.
4 자카리아, 위의 책, 126–127쪽.

을 바라보면, 고등 교육의 가치에 대한 재평가가 조만간 필요하지 않을까 싶기도 하다. 이제 와서 '인문학의 미래'가 다시 한번 궁금해지는 이유다.

박중서

2022년 1월

찾아보기

ㄱ

가이스트(Geist) 165

간디, 마하트마(Gandhi, Mahatma) 93~94

"간행 아니면 파멸(publish or perish)" 254

강의 277~281

개론 수업 286~289

객관식 시험 257

거스리, W. K. C.(Guthrie, W. K. C.)

　　『그리스 철학사(*A History of Greek Philosophy*)』 191~192

고야, 프란시스코(Goya, Francisco) 56

공자(孔子)

　　『논어(論語)』 205, 210

과르디, 프란체스코(Guardi, Francesco) 232

　　괴테, 요한 볼프강 폰(Goethe, Johann Wolfgang von) 28~32, 139, 192, 286, 289, 305

　　「분석과 종합(Analyse und Sythese)」 30

　　『색채론(*Zur Farbenlehre*)』 28

　　『초고 파우스트(*Urfaust*)』 298

　　『파우스트(*Faust*)』 289

구약성서 102, 164, 200, 203, 205, 210, 232

　　「레위기」 205, 206

　　「미가」 206

　　「민수기」 206

　　「사무엘」 206, 209, 216, 227

　　「시편」 206

　　「신명기」 205, 206

　　「아모스」 206

　　아케다(Akedah) 223~233

　　「열왕기」 206, 209, 216

　　「요나」 206

　　「욥기」 139, 206

「이사야」 206

「전도서」 206

「창세기」 115, 139, 205, 206, 212~235

「출애굽기」 206, 244

토라의 저자 217

「호세아」 206

또 성서, 신약성서를 보라.

규율과 자기 규율 239~243, 246~249

그로스, 게오르게(Grosz, George) 56

그뤼네발트, 마티아스(Grünewald, Matthias) 287

기베르티, 로렌조(Ghiberti, Lorenzo) 232~233

Ⓝ

노발리스(프리드리히 폰 하르덴베르크)(Novalis(Friedrich von Hardenberg)) 305

노벨 문학상 수상자 152~154

노자(老子) 157, 168, 203, 210

《뉴욕 타임스 북리뷰(*The New York Times Book Review*)》 146

뉴턴, 아이작(Newton, Isaac) 28~31, 33

니체, 프리드리히(Nietzsche, Friedrich) 32, 34, 38, 53, 56, 124, 133, 260, 291

『권력에의 의지(*Der Wille zur Macht*)』 120

─에 관한 하이데거의 견해 95, 133

─의 소크라테스에 관한 견해 45

─의 언론에 관한 견해 45

─의 오역 사례 120~123, 126

─의 편지 179~187

『도덕의 계보에 관하여(*Zur Genealogie der Moral*)』 121, 125~126

『반시대적 고찰(*Unzeitgemässe Betrachtungen*)』 45

『비극의 탄생(*Die Geburt der Tragödie*)』 135

『선악을 넘어서(*Jenseits von Gut und Böse*)』 45

『안티크리스트(*Der Antichrist*)』 135

'우리 교육 기관의 미래에 관하여(*Über die Zukunft unserer Bildungs-Anstalten*)' 45

『우상의 황혼(*Götzen-Dämmerung*)』 124

『차라투스트라는 이렇게 말했다(*Also sprach Zarathustra*)』 260

ⓒ

다윗 216, 227~228

단테, 알리기에리(Dante, Alighieri) 94, 140, 286

달리, 살바도르(Dalí, Salvador) 27, 132

대승불교 210

덩굴 식물 27, 38~42, 171

데모크리토스(Demokritos) 293

데카르트, 르네(Descartes, René) 73, 139, 293, 294

도나텔로(도나토 디 베토 바르디)(Donatello(Donato di Betto Bardi)) 232

『도덕경(道德經)』 21, 205, 210

도미에, 오노레(Daumier, Honoré) 56

도스토옙스키, 표도르 미하일로비치(Dostoevsky, Fyodor Mikhailovich)

　　「대심문관(*Velikij Inkvizitor*)」 51, 64

　　『죄와 벌(*Prestuplenie i Nakazanie*)』 289

　　『카라마조프가의 형제들(*Brat'ya Karamazovy*)』 51, 289

뒤러, 알브레히트(Dürer, Albrecht) 221~222, 287

듀이, 존(Dewey, John) 104

ⓔ

라게를뢰프, 셀마(Lagerlöf, Selma) 153

라손, 게오르크(Lasson, Georg) 190

라위스달, 야코프 판(Ruysdael, Jacob van) 222

라이시, 찰스(Reich, Charles)

　　『미국 녹화(綠化)(*The Greening of America*)』 56, 66

라이오스 228

라이크, 테오도어(Reik, Theodor)

　　『세 번째 귀로 듣기(*Listening with the Third Ear*)』 124

라이트보르테(Leitworte) 164, 167

라이프니츠, 고트프리트 빌헬름 폰(Leibniz, Gottfried Wilhelm von) 35, 139, 294, 300

랍비 아키바(Akiba) 93

러셀, 버트런드(Russell, Bertrand)

　『서양철학사(*A History of Western Philosophy*)』 56

레싱, 고트홀트 에프라임(Lessing, Gotthold Ephraim) 56

레오나르도 다빈치(Leonardo da Vinci) 221~222, 247

렘브란트, 하르먼스 판 레인(Rembrandt, Harmensz van Rijn) 17, 129~130, 222, 233,
　287

로웬탈, 에릭 I.(Lowenthal, Eric I.)

　『창세기의 요셉 서사(*The Joseph Narrative in Genesis*)』 215

로젠츠바이크, 프란츠(Rosenzweig, Franz) 164

로크, 존(Locke, John) 36, 293

루벤스, 페테르 파울(Rubens, Peter Paul) 287

루소, 장자크(Rousseau, Jean-Jacques) 36, 286

루터, 마르틴(Luther, Martin) 93, 101, 113, 237, 245

르낭, 에르네스트(Renan, Ernest)

　『반(反)그리스도(*L'Antéchrist*)』 135

『리그베다(*Rigveda*)』 220, 또 베다를 보라.

리히텐슈타인, 로이(Lichtenstein, Roy) 132

릴케, 라이너 마리아(Rilke, Rainer Maria) 95, 139, 153

Ⓜ

마네, 에두아르(Manet, Edouard) 288

『마누 법전(*Manava Dharmasastra*)』 210

마르크스, 카를(Marx, Karl) 66, 96, 99, 108, 110, 190
　―의 초기 원고 176

마르크스주의와 마르크스주의적 접근 96
　―과 로마가톨릭의 비교 237

마리탱, 자크(Maritain, Jacques) 66

매카시즘과 매카시 시대 72, 282

맥과이어, 윌리엄(McGuire, William)

　『프로이트/융 편지(*The Freud / Jung Letters*)』 182

모세 33, 93, 217, 229

모어, 폴 엘머(More, Paul Elmer) 105

모차르트, 볼프강 아마데우스(Mozart, Wolfgang Amadeus) 129, 161

모트, 프리츠(Mote, Fritz)

『중국의 지적 기반(*Intellectual Foundations of China*)』 222

몸젠, 테오도어(Mommsen, Theodor)

『로마사(*Römische Geschichte*)』 152

『묘법연화경(妙法蓮華經)』 210

무어, G. E.(Moore, G. E.) 56

문학 수업 64~65, 67

—에서 사용되는 번역본의 허술함 131

—을 위한 교과 과정 288~289

—의 주제로서의 죽어감 304~306

또 번역과 번역본을 보라.

문해력의 가치 243~246

뮐러, 막스(Müller, Max)

미국

국립과학재단 지원금 260

매카시 시대의 — 72

— 국방부의 대학 지원금 260

—의 대학 제도 272~74, 199, 253~254, 266~268, 290~292

미국 인문학기금(National Endowment of the Humanities) 172, 321

미술 수업

—을 위한 교과 과정 287~288

—의 주제로서의 죽음 306~307

또 회화를 보라.

미스트랄, 가브리엘라(Mistral, Gabriela) 153

미켈란젤로, 부오나로티(Michelangelo, Buonarroti) 287

밀, 존 스튜어트(Mill, John Stuart)

『공리주의(*Utilitarianism*)』 295

『자유론(*On Liberty*)』 295

밀턴, 존(Milton, John) 286

『아레오파기티카(*Areopagitica*)』 64

Ⓗ

『바가바드 기타(*Bhagavad-gita*)』 93, 113, 140, 205, 210

바이런, 조지 고든(Byron, George Gordon)

「영국의 시인과 스코틀랜드의 서평가(English Bards and Scotch Reviewers)」 44

바흐, 요한 제바스티안(Bach, Johann Sebastian) 161

버클리, 조지(Berkeley, George) 294

번역과 번역본

─에서 시의 특별한 문제 159

─의 각주 167

─의 핵심 용어 164

번역자의 의무 163~169

오역과 오해석 119~121, 157

중개상으로서의 번역자 143

벌린, 이사야(Berlin, Isaiah) 190

『법구경(法句經)』 21, 139, 205, 210, 214

베로키오, 안드레아 델(Verrocchio, Andrea del) 247

베토벤, 루트비히 판(Beethoven, Ludwig van) 130

벤, 고트프리트(Benn, Gottfried)

「암병동으로 들어온 남녀(Mann und Frau gehen durch die Krebsbaracke)」 305

변증법적 읽기 110, 112

─의 대화적 요소 112

─의 두 번째 원 126~134

─의 세 번째 원 134~137

─의 역사철학적 요소 115

─의 첫 번째 원 115~126

보부아르, 시몬 드(Beauvoir, Simone de)

『레 망다랭(*Les Mandarins*)』 149

보스, 히에로니무스(Bosch, Hieronymus) 287

보조금 162, 171~174, 190, 260

뵐, 하인리히(Böll, Heinrich) 56

부버, 마르틴(Buber, Martin) 75, 112~113, 137, 164

붓다 113, 210, 213, 244

말더듬이 예수로서의 ─ 105

브루넬레스키, 필리포(Brunelleschi, Filippo) 233

브뤼헐, 피터르, 1세(Bruegel, Pieter, the Elder) 222, 287

블라스토스, 그레고리(Vlastos, Gregory) 191~192

블레이크, 윌리엄(Blake, William) 56

비교 종교 수업 202, 204, 206

비에른손, 비에른스티에르네(Bjørnson, Bjørnstjerne) 153

비트겐슈타인, 루트비히(Wittgenstein, Ludwig) 38, 41, 204, 278

비평 판본(critical editions) 171

    강의 — 187~191

    유고 자료 — 174~177

    편지 — 177~184

ⓢ

사르토, 안드레아 데(Sarto, Andrea del) 232

사르트르, 장폴(Sartre, Jean-Paul)

    「방법의 탐구(Question de méthode)」 96

    『변증법적 이성 비판(Critique de la raison dialectique)』 96

    『실존주의는 휴머니즘이다(L'existentialisme est un humanisme)』 94

    『트로이 여인들(Les Troyennes)』 159

『생명윤리학 백과사전(Encyclopedia of Bioethics)』 308

서스킨드, 데이비드(Susskind, David) 56

서평

    서평가의 유형 148~150

    언론으로서의 — 144

    학술지의 — 146~147

성서 20, 21, 93, 96, 97, 117, 200~201, 203, 205~210, 212~219, 220, 223~233, 244~245

    개정표준(판)번역(Revised Standard Version, RSV) 161, 209

    두에 번역본(Douay Version) 208

    신영역 —(The New English Bible, NEB) 20, 161, 214, 208

    앵커 —(Anchor Bible) 208

    킹 제임스 —(King James Version, KJV) 20, 208~209, 213~215

또 신약성서, 구약성서를 보라.

셰익스피어, 윌리엄(Shakespeare, William)　286

 —의 다양한 버전　161, 175

 —의『햄릿(*Hamlet*)』인용문　57

 —의 현대적 의역문　158

소도마(조반니 안토니오 바치)(Sodoma(Giovanni Antonio Bazzi))　232

소크라테스(Socrates)　43, 54~55, 70~72, 85, 111, 137

 『변론(*Apologia*)』　54, 290, 291

 —에 관한 니체의 견해　45

 플라톤의 저술에 나온 —　71

 또 플라톤을 보라.

소크라테스 이전 철학자들, 또 개별 철학자 항목을 참고하라.　98, 293

소포클레스(Sophokles)　139, 214, 219, 288

 『안티고네(*Antigone*)』　48, 118, 165~166

 『오이디푸스 왕(*Oedipus Tyrannus*)』　127

 『필록테테스(*Philoctetes*)』　48, 128, 219, 291

솔제니친, 알렉산드르(Solzhenitsyn, Alexandr)　52

쇼, 조지 버나드(Shaw, George Bernard)　56

 —의『의사의 딜레마(*The Doctor's Dilemma*)』에 나온 언론인 묘사　44~50, 122, 144

쇼펜하우어, 아르투어(Schopenhauer, Arthur)

 『소품과 부록(*Parerga und Paralipomena*)』　135

쉴리프뤼돔, 르네 프랑수아(Sully‐Prudhomme, René François)　153

슈바이처, 알베르트(Schweitzer, Albert)　93

슈타인탈, H.(Steinthal, H.)　229~230

스뮈츠, 얀(Smuts, Jan)　311

스토아주의(Stoicism)　293

스트라빈스키, 이고르(Stravinsky, Igor)　129

 「아케다트 이츠하크(Akedat Yizhak)」　233

스푸트니크호(Sputnik)　266

 —가 미국 교육에 끼친 충격　258~260

스피노자, 바뤼흐 데(Spinoza, Baruch de)　36, 38, 139, 286, 293

 『신학‐정치론(*Tractatus Theologico-Politicus*)』　100

시엔키에비치, 헨리크(Sienkiewicz, Henryk) 153

신약성서 154, 200, 205~207, 229, 232

　　또 성서, 구약성서를 보라.

실러, 요한 크리스토프 프리드리히 폰(Schiller, Johann Christoph Friedrich von) 305

（ㅇ）

아들러, 알프레트(Adler, Alfred) 183~185

아렌트, 한나(Arendt, Hannah) 49~51, 56

아리스토텔레스(Aristoteles) 56, 94, 125, 139, 293

　　『니코마코스 윤리학(Ethika Nikomacheia)』 211, 293

　　『시학(Peri Poietikes)』 100

　　『자연학(Physica)』 293

　　『형이상학(Metaphysica)』 293

아리스토파네스(Aristophanes) 168, 203

아브라함 117, 216, 224~231

아브라함, 카를(Abraham, Karl) 186

아소카(Asoka) 왕 244

아이스킬로스(Aeschylus) 166, 288

아이젠하워, 드와이트 D.(Eisenhower, Dwight D.) 180, 254

아인슈타인, 알베르트(Einstein, Albert) 32, 35, 38~39, 87, 171

　　과학자의 유형론에 관한 ―의 견해 26~28

　　「연구의 원칙들(Principles of Research)」 27

안드레아스살로메, 루(Andreas-Salomé, Lou) 186

야곱 216~217, 227

　　―과 그리스 영웅의 비교 217

야스퍼스, 카를(Jaspers, Karl) 94

　　『니체(Nietzsche)』 133

야코브, 벤노(Jaob, Benno) 215

에우리피데스(Euripides) 56, 117, 160, 288

　　『아울리스의 이피게네이아(Iphigeneia he en Aulidi)』 230

　　『트로이아 여인들(Troiades)』 159

에체가라이, 호세(Echegaray, José) 153

에피쿠로스주의(Epicureanism) 293

엘리엇, T. S.(Eliot, Thomas Stearns) 157

　　『기독교 사회의 이념(*The Idea of a Christian Society*)』 64

예이츠, 윌리엄 버틀러(Yeats, William Butler) 42, 56, 175

　　「학자(The Scholars)」 42, 171

오버베크, 프란츠(Overbeck, Franz) 186

오이디푸스 228

오이켄, 루돌프(Eucken, Rudolf) 153

옥스퍼드 대학(Oxford University) 278, 290

　　─의 개별 지도 제도 277

　　─의 철학 253

　　'위대한 고전(greats)' 프로그램 211

왓슨, 제임스 D.(Watson, James D.)

　　『이중나선(*The Double Helix*)』 28, 242

『우파니샤드(*Upanisad*)』 210

윌슨, 에드먼드(Wilson, Edmund) 47~48, 56, 172~173

　　『사해 두루마리(*The Scrolls from the Dead Sea*)』 49

　　『상처와 활(*The Wound and the Bow*)』 48

　　『MLA의 결실(*The Fruits of the MLA*)』 172

　　『핀란드 역으로(*To the Finland Station*)』 47

윌슨, 우드로(Wilson, Woodrow) 199

유용성 266

융, 카를 구스타프(Jung, Carl Gustav) 192

　　─의 편지 183~184

　　『프로이트/융 편지(*The Freud / Jung Letters*)』 182, 184, 186

이삭 117, 216, 224~231

　　─과 예수의 비교 228~229

입센, 헨리크(Ibsen, Henrik) 120, 153, 162

ⓧ

자유교양 대학(liberal arts college) 251~253

장자(莊子) 210

전문화의 시대 255

전체론(holism) 311

정신의 유형론 26, 28

    아인슈타인의 — 27

제논(Zenon) 108, 293

조이스, 제임스(Joyce, James)

    『피네건의 경야(*Finnegan's Wake*)』 157

조토(Giotto di Bondone) 129, 131

졸라, 에밀(Zola, Émile) 154

종신 재직권(tenure) 281~283

죽어감, 학제 간 수업의 주제로서의 304~308

지드, 앙드레(Gide, André) 87

ㅊ

「창세기」→구약성서

창조 신화 222

츠바이크, 아르놀트(Zweig, Arnold) 186

츠빙글리, 울리히(Zwingli, Ulrich) 101

ㅋ

카라바조(미켈란젤로 메리시)(Caravaggio(Michelangelo Merisi)) 232

카르두치, 조수에(Carducci, Giosuè) 153

카뮈, 알베르(Camus, Albert) 204, 310

카우프만, 월터(Kaufmann, Walter)

    『네 가지 차원의 종교(*Religions in Four Dimensions*)』 51, 332~333

    『독일 시인 25인: 대역 선집(*Twenty-Five German Poets: A Bilingual Collection*)』 305

    『비극과 철학(*Tragedy and Philosophy*)』 127, 159

    『실존주의, 종교, 죽음(*Existentialism, Religion, and Death*)』 305, 324

    「아이히만 재판(The Eichmann Trial)」 49

    『죄의식과 정의 없이: 결단 공포부터 자율성까지(*Without Guilt and Justice: From Decidophobia to Autonomy*)』 265

「학계라는 동물원(The Academic Zoo)」 40, 69

카프카, 프란츠(Kafka, Franz) 153

『성(Das Schloß)』 289

『소송(Der Prozeß)』 289

칸트, 이마누엘(Kant, Immanuel) 36~37, 56, 73, 108, 110, 139, 286, 293~294

『도덕 형이상학을 위한 기초 놓기(Grundlegung zur Metaphysik der Sitten)』 294

『세계시민적 의도를 지닌 보편사를 위한 이념(Idee zu einer allgemeinen Geschichte in weltbürgerlicher Absicht)』 294

『순수이성비판(Kritik der reinen Vernunft)』 175

『이성의 한계 안에서의 종교(Die Religion innerhalb der Grenzen der bloßen Vernunft)』 294

코란 205, 210

콘퍼드, F. M.(Conford, F. M.) 290~291

콜비츠, 케테(Kollwitz, Käthe) 306~307

쿤, 토머스(Kuhn, Thomas) 26~28, 32

『과학 혁명의 구조(The Structure of Scientific Revolutions)』 26, 31

크라네펠트, 볼프강(Kranefeldt, Wolfgang) 185

크라우스, 카를(Kraus, Karl) 256

크릭, 프랜시스(Crick, Francis) 28

클롭슈토크, 프리드리히 고틀리프(Klopstock, Friedrich Gottlieb) 305

키르케고르, 쇠렌(Kierkegaard, Søren) 41, 56, 94, 96~97, 103, 106

『두려움과 떨림(Frygt og Bæven)』 225

키츠, 존(Keats, John) 305

키플링, 러디어드(Kipling, Rudyard) 152

ⓔ

《타임스 문예 별면(The Times Literary Supplement)》 150, 191

탄탈로스 228

터너, 조지프 M. W.(Turner, Joseph Mallord William) 129

토마스 아퀴나스(Aquinas, /Thomas) 56, 94

토인비, 아널드(Toynbee, Arnold) 56

톨스토이, 레프 니콜라예비치(Tolstoy, Lev Nikolaevich) 56

『나의 종교(V chem moia viera?)』 64

「무도회가 끝난 뒤(Posrednik)」 50

『부활(Voskresenie)』 289

『톰 소여의 모험(The Adventures of Tom Sawyer)』 172~173

투키디데스(Thucydides) 53, 139, 291

트라클, 게오르크(Trakl, Georg) 95

티에폴로, 조반 바티스타(Tiepolo, Giovan Battista) 232

티치아노, 베첼리오(Tiziano, Vecellio) 232

틸리히, 파울(Tillich, Paul) 56

ⓟ

파르메니데스(Parmenides) 293

페리클레스(Perikles) 291

편집과 판본(editing and editions)

논문 선집에 대한 비판 169~170

—의 목적 195

또 비평 판본을 보라.

포크너, 윌리엄(Faulkner, William) 157

폴링, 라이너스(Pauling, Linus) 28

프로이트, 지크문트(Freud, Sigmund) 56, 99, 122, 124, 153

번역에 근거한 — 해석 118~119

『프로이트/융 편지(The Freud/Jung Letters)』 182, 183

—의 편지 185~186

프롬, 에리히(Fromm, Erich) 165

프리처드, 제임스(Pritchard, James)

『구약성서 관련 고대 근동 텍스트(Ancient Near Eastern Texts Relating to the Old Testament)』 220

플라톤(Platon) 14, 51, 56, 84~85, 108, 110, 191~192, 211, 220, 290~291, 310

『고르기아스(Gorgias)』 293

『국가(Politeia)』 51, 211, 220, 290

『메논(Menon)』 293

『법률(Nomoi)』 51, 293

『변론(Apologia)』 54, 290, 291

『크리톤(*Kriton*)』 290

『테아이테토스(*Theaitetos*)』 71

『티마이오스(*Timaios*)』 220, 293

『파르메니데스(*Parmenides*)』 103

『파이돈(*Phaidon*)』 290

『파이드로스(*Phaidros*)』 293

『프로타고라스(*Protagoras*)』 293

―의 저술에 나오는 소크라테스 54, 71

『향연(*Symposion*)』 290

플랑크, 막스(Planck, Max) 26~27

플리스, 빌헬름(Fliess, Wilhelm) 185

피스터, 오스카어(Pfister, Oskar) 186

피카소, 파블로(Picasso, Pablo) 132, 288

ⓗ

하우얼스, 윌리엄 딘(Howells, William Dean) 180

　　『그들의 신혼여행(*Their Wedding Journey*)』 172

하이데거, 마르틴(Heidegger, Martin) 94, 95~97, 98, 104, 193

　　니체에 관한 ―의 견해 120, 133

　　『존재와 시간(*Sein und Zeit*)』 305

하이제, 파울(Heyse, Paul) 153

헤겔, 게오르크 빌헬름 프리드리히(Hegel, Georg Wilhelm Friedrich) 108, 110

　　『논리학(*Wissenschaft der Logik*)』 116

　　『철학적 학문의 백과사전 강요(*Enzyklopädie der philosophischen Wissenschaften im Grundrisse*)』 187~189

　　『법철학(*Grundlinien der Philosophie des Rechts*)』 187

　　『정신현상학(*Phänomenologie des Geistes*)』 110, 114, 116

　　―과 읽기의 변증법적 접근법 112

　　―의 강의 187~188

　　―의 '비평' 판본 187~191

　　『헤겔의 청년기 신학 저술(*Hegels theologische Jugendschrifen*)』 176

헤라클레이토스(Herakleitos) 293

헤시오도스(Hesiodos) 98

현대언어협회(Modern Language Association, MLA) 172, 194

호메로스(Homeros) 91, 98, 139, 158, 198, 288

『일리아스(*Ilias*)』 116, 213

호프마이스터, 요하네스(Hoffmeister, Johannes) 190

홉스, 토머스(Hobbes, Thomas) 139, 293

횔덜린, 프리드리히(Hölderlin, Friedrich) 95

흄, 데이비드(Hume, David) 139, 294

『논고(*Enquiries*)』 294

『영국사(*The History of England*)』 139

『자연 종교에 관한 대화(*Dialogues concerning Natural Religion*)』 294

―의 자서전 294

히틀러, 아돌프(Hitler, Adolf) 95, 252

힐베르트, 다비트(Hilbert, David) 162

인문학의 미래

비전을 만드는 인문학, 가르치고 배우기

1판 1쇄 찍음 2022년 2월 11일
1판 1쇄 펴냄 2022년 2월 18일

지은이 월터 카우프만
옮긴이 박중서

편집 최예원 조은 조준태
미술 김낙훈 한나은
전자책 이미화
마케팅 정대용 허진호 김채훈 홍수현 이지원 이지혜 이호정
홍보 이시윤 박그림
저작권 남유선 김다정 송지영
제작 임지헌 김한수 임수아 권혁진
관리 박경희 김지현 김도희

펴낸이 박상준
펴낸곳 반비

출판등록 1997. 3. 24.(제16-1444호)
(06027) 서울시 강남구 도산대로1길 62 강남출판문화센터
대표전화 515-2000 팩시밀리 515-2007
편집부 517-4263 팩시밀리 514-2329

한국어판 ⓒ (주)사이언스북스, 2022. Printed in Seoul, Korea.
ISBN 979-11-92107-84-4 (03100)
반비는 민음사출판그룹의 인문·교양 브랜드입니다.

만든 사람들
책임편집 최예원
교정교열 엄정원
디자인 이경민
조판 강준선